Zettelkasten

Michael Ende

Zettelkasten

Skizzen & Notizen

Herausgegeben von Roman Hocke

Besuchen Sie uns im Internet:
www.hockebooks.de

Michael Ende: Zettelkasten.
Skizzen & Notizen. Herausgegeben von Roman Hocke

Covergestaltung: Joachim Luetke (www.luetke.com) unter
Verwendung eines Ausschnitts des Gemäldes »Mittagsstunde«
(1946, Öl auf Leinwand, WZ 105) von Edgar Ende

Die Originalausgabe ist 1994 im Weitbrecht Verlag, Stuttgart / Wien,
erschienen.

Herstellung: BoD – Books on Demand, Norderstedt
Printed in Europe

ISBN: 978-3-95751-341-0

www.michaelende.de
www.ava-international.de

Im Bergwerk der Bilder

In seinem Archiv hat Michael Ende über die vielen Jahrzehnte seiner schriftstellerischen Arbeit hinweg stapelweise beschriebene Zettel, Blätter, aber auch anderes, ausgefalleneres Schreibmaterial wie zum Beispiel Theaterkarten und Rechnungen angesammelt. Auf ihnen sind, teils handschriftlich, teils mit Schreibmaschine geschrieben, irgendwelche Romananfänge, Einfälle jeglicher Art, einzelne Szenen aus Theaterstücken wie auch zahlreiche Entwürfe zu neuen Geschichten notiert. Aber nicht allein auf Literarisches bin ich dabei gestoßen. In dem Archiv waren auf Notizblättern auch Gedanken und Überlegungen festgehalten, die ihn irgendwann einmal beschäftigt oder bewegt haben; selbst längere Abhandlungen über die unterschiedlichsten Themen fand ich vor.

Beim Durchblättern all dieser Aufzeichnungen wurde mir klar, dass die große Bandbreite an Möglichkeiten, die Vielgestaltigkeit seiner Texte, ein wesentliches Merkmal dieses Erzählers phantastischer Literatur ausmacht. Vor allem aber wirft das Nebeneinander von Bildern und Gedanken ein Licht auf ein spannungsreiches und vielleicht deswegen so ergiebiges Verhältnis: Michael Endes Bilderwelt, die mittlerweile durch sein Erzählwerk weltweit einem großen Publikum bekannt ist, scheint sich aus einer Gedankenwelt zu speisen, die zwar unbekannter, aber ebenso interessant und originell sein dürfte.

Das vorliegende Lesebuch will das Nebeneinander der beiden Welten aufzeigen, in denen Michael Ende literarisch zu Hause ist. Selbstverständlich konnte dabei nur ein wirklich winziger Teil des Archivs berücksichtigt werden. Gerade deswegen haben wir uns aber besonders bemüht, darin von allen verschiedenen Arten zumindest ein Beispiel zu vertreten, um die faszinierende Vielgestaltigkeit erleben zu lassen. So finden sich in dem Lesebuch phantastische Geschichten und Gedichte, Balladen und Lieder voller Poesie und Witz, Heiter-Humorvolles und Nonsenshaftes, aber auch Traumgesichte, die oft paradoxe Züge tragen oder ins Grotesk-Dämonische umschlagen. Um aber auch einen Eindruck zu verschaffen von der Gedankenwelt, aus der Michael Endes Phantasie sich entwickelt, haben wir zwischendurch Texte ganz anderer Art eingestreut: Beobachtungen und Überlegungen, Aphorismen und Nachdenkenswertes, die um Themen kreisen, die Michael Endes gedanklichen Kosmos bestimmen. Wie seine erzählerischen Texte auch, vermitteln sie eine überraschende Sichtweise auf die Welt und zeigen vermeintlich Selbstverständliches in einem neuen Licht.

Nur in Kenntnis der Wechselseitigkeit von Gedanken- und Bilderwelt gilt jener Satz, der da heißt, Michael Ende sei in den beiden so gegensätzlichen Welten zu Hause: In der realen Welt und in der Welt der Vorstellungen, die er selbst in einem seiner schönsten Bücher Phantásien genannt hat.

Roman Hocke

Eine ganz normale Geistergeschichte

Wir trafen uns damals meistens im *Leopold,* einem jener Schwabinger Lokale, die an Gemütlichkeit einem Bahnhofswartesaal 3. Klasse gleichkamen, aber den Vorteil hatten, um 12 Uhr nachts zu schließen. Man wurde einfach hinausgeworfen und das ersparte einem den eigenen Entschluss, nach Hause und ins Bett zu gehen, anstatt bis in die Morgenstunden herumzuhocken und immer noch ein Bier oder einen Wein zu trinken – weiß der Teufel warum und das war nicht nur eine Frage des zu erwartenden Katzenjammers am nächsten Tag, sondern vor allem des Geldes. Wir hatten alle keins. Aber ins *Leopold* konnte man gehen; es wurde geduldet, dass man stundenlang bei einem einzigen Glas Wein saß. So was gibt's heute vermutlich nicht mehr. Jedenfalls traf man dort immer irgendeinen Bekannten, mit dem man ein bisschen diskutieren konnte (wir waren alle mehr oder weniger Existenzialisten zu jener Zeit, und wer sich's leisten konnte, trug einen schwarzen Rollkragenpulli), und wenn wirklich einmal keiner der Freunde da war, musste man nur ein bisschen warten. Früher oder später kam schon einer.

An dem Abend, von dem ich erzählen will, war an unserem Stammtisch bereits eine ganze Gesellschaft versammelt. Da war der baumlange Maler Oskar P., der aus irgendeinem Grund Oki genannt wurde, mit seiner winzigen baltischen Frau, die für ihn das Geld verdiente, meistens etwas indigniert dreinblickte und Ökchen hieß. Eigentlich hieß sie Inge, aber da es zu viele Inges in unserem Kreis gab, kannte man sie nur unter diesem Namen. Dann war da der kleine Heinz H., ebenfalls Maler und Autodidakt, der Einzige unter uns, dem es gelungen war, mit zwei Frauen in relativer Harmonie zusammenzuleben, seiner norddeutschen rechtmäßigen Ehegattin und seiner österreichischen Zweitfrau. Die beiden waren auch da, die Ehefrau strickte, die Zweitfrau weinte gerade mal wieder ein bisschen (sie tat das oft und gern), weil er sie mit sonorer Stimme, die auch an den Nebentischen gut zu verstehen war, wegen irgendeines Bildungsmangels tadelte. Daneben saß Eberhard S., ein trotz seiner jungen Jahre bereits weitgehend glatzköpfiger Physiker von freundlicher Gemütsart, der bei Siemens angestellt war. Außerdem sah ich am Tisch noch zwei ungewöhnliche Gäste: Inge S., eine Schönheit um die vierzig, von Beruf Bardame in irgendeinem der noblen Münchner Hotels, eine Frau, die einen eigentümlich trägen, pantherhaften Sex-Appeal hatte. Mehr als die Hälfte der männlichen Jugend in Schwabing war durch ihre erotische Lehre gegangen, weshalb sie den Spitznamen *Schulschiff* trug. An diesem Abend hatte sie einen jungen Kerl dabei, einen Medizinstudenten – sie nannte ihn Butzi –, der uns allen schon nach kurzer Zeit ziemlich auf die Nerven ging, weil er auf reichlich penetrante Art pausenlos den Naturburschen mimte. Angeblich kam er vom Land, aus einer Bauernfamilie, und benahm sich, als müsse er uns gegenüber bayerische Urwüchsigkeit repräsentieren.

Ökchen versuchte ihn mit einigen spitzen Bemerkungen zu bremsen, aber Butzi überhörte sie oder wollte sie überhören. Nach und nach verstummten alle und ließen den Naturburschen ins Leere laufen, bis auch ihm die dummen Witze ausgingen. Das *Schulschiff* blickte auf die Uhr und meinte, dass es nun bald Zeit sei zu gehen. Ihre Arbeit begann um halb eins im *Regina-Palast*-Hotel. Der Abend schien endgültig verloren.

Es gibt eine probate Methode, wie man allzu heterogene oder langweilige Gesellschaften mit beinahe unfehlbarer Sicherheit in eine angeregte Gesprächsrunde verwandeln kann. Man sollte sie nicht allzu oft bei den gleichen Leuten anwenden, aber beim ersten Mal funktioniert sie so gut wie immer. Jeder, der will, kann sich selbst davon überzeugen. Ich stelle sie hiermit der Allgemeinheit zur Verfügung: Man braucht nur die Frage aufzuwerfen, ob es Spukphänomene, Gespenster und dergleichen wirklich gibt oder nicht. Innerhalb weniger Minuten hat sich die Gesellschaft zu einer Art Gerichtshof formiert, mit Staatsanwaltschaft, die den Standpunkt des aufgeklärten Rationalismus vertritt, Verteidigern, die meist Argumente aus irgendwelchen parapsychologischen Veröffentlichungen ins Feld führen, und Zeugen, die eigene, mehr oder weniger merkwürdige Erlebnisse zum Thema beisteuern. Die Unentschlossenen übernehmen sozusagen die Position der Geschworenen, auf sie wird von den verschiedenen Parteien eingeredet, um sie auf die jeweilige Seite zu ziehen.

Ich warf also meine Frage in die inzwischen lastende Stille, und der Versuch gelang wie erwartet. Es dauerte nicht lang, und die Tafelrunde befand sich mitten in einer hitzigen Diskussion.

Eigentlich hatte ich damit gerechnet, dass der urwüchsige Butzi mit Hohngelächter und angeberischen Reden auf das Thema reagieren würde, stattdessen bemerkte ich, dass er zusehends stiller wurde und irgendwie bedrückt wirkte. Schließlich beteiligte er sich überhaupt nicht mehr am Gespräch, saß nur da und starrte in sein Bierglas, das er mit beiden Händen festhielt.

Ich forderte ihn auf, uns doch seine Meinung zum Thema mitzuteilen, aber er schüttelte nur den Kopf. Jetzt wurden auch die anderen auf sein sonderbares Verhalten aufmerksam und drangen in ihn.

„Ich hab's erlebt", sagte er leise. „Ich lach nie wieder über so was. Früher hab ich drüber gelacht, aber das tu ich nie wieder. Ich hab's erlebt."

Jetzt war unsere Neugier natürlich erst recht angestachelt, und wir ließen nicht locker. Er versuchte abzulenken, aber wir gaben nicht nach. Als er schließlich einsehen musste, dass alle Gegenwehr vergebens war, begann er, anfangs stockend, dann immer hastiger zu erzählen, so als wolle er die Sache rasch hinter sich bringen.

„Das Ganze war ungefähr vor einem Jahr. Ja, ziemlich genau sogar vor einem Jahr, in den Semesterferien. Ich war mit einem Kommilitonen unterwegs, auch Medizinstudent, ein Kerl aus nobler Familie, Freiherr Lazarus von Altenberg, irgendwo aus dem Schwäbischen. Unter den Adeligen gibt's ja heutzutage viele Habenichtse und ein paar Stinkreiche, die untereinander nicht verkehren. Er gehörte zu den Habenichtsen. Vielleicht war das der Grund, warum er vor nichts Respekt hatte. Er war der frechste Hund, den ich je gekannt habe. Wir waren Freunde. Ja, doch, ich glaube, das kann man behaupten. Wir waren dicke Freunde.

Also, wir hatten uns in den Semesterferien vor einem Jahr verabredet, gemeinsam eine vierzehntägige Wandertour durch die Schwäbische Alb zu unternehmen. Fragt mich aber jetzt nicht nach irgendwelchen geografischen Einzelheiten. Für so was habe ich mich nie interessiert, schon in der Schule nicht. Ich weiß also keinen einzigen Ortsnamen mehr, hab mir nichts gemerkt. Die Reiseroute hatte Lazi – so nannte ich ihn – sich vorher zurechtgelegt. Er wollte dabei irgendwelche Gegenden und Burgruinen aufsuchen, die vor, ich weiß nicht wie viel, Generationen einmal seinen Ahnen gehört hatten. Mich interessierte das eigentlich weniger, ich lief einfach so mit und überließ ihm die Entscheidung. Bei mir zu Hause gibt's höhere Berge, und die Schwäbische Alb beeindruckte mich nicht besonders.

Die ersten paar Tage hatten wir mit dem Wetter ausgesprochenes Glück, es war warm und sonnig, und man konnte sogar baden. Dabei machte ich allerdings eine Entdeckung, die mich einigermaßen überraschte. Wir hatten unser Lager am Rand eines kleinen Waldsees aufgeschlagen, und ich stürzte mich sofort ins Wasser. Aber mein Freund weigerte sich stur, mir zu folgen. Ich kam wieder ans Ufer, um ihn zu holen, und wir rauften. Ich war der Stärkere und warf ihn von einem Bootssteg aus einfach hinein. Erst danach merkte ich, dass ich das nicht hätte tun sollen. Obwohl das Wasser ihm nur bis zum Bauch ging, bekam er einen regelrechten hysterischen Anfall. Ich musste ihn tatsächlich mit Gewalt herausziehen. Nicht nur, dass er nicht schwimmen konnte, das Wasser versetzte ihn in eine Art besinnungslose Panik, so wie andere Leute Klaustrophobie oder Höhenangst haben. Warum das so war, wusste er selbst nicht oder wollte es mir nicht sagen. Na gut, von da an badete ich eben allein, wenn sich die Möglichkeit ergab, und ließ ihn in Ruhe.

Ungefähr nach einer Woche verschlechterte sich das Wetter. Es fing an zu regnen und hörte überhaupt nicht wieder auf. Wir liefen nur noch möglichst geradewegs von einer Unterkunft zur nächsten und kamen dort meistens völlig durchweicht und frierend an. Die Sache war nicht mehr sehr lustig, aber mein Freund bestand darauf, weiterzumachen. Vielleicht würde das Wetter bald wieder aufklaren. Das tat es aber keineswegs, es wurde eher noch schlechter.

Einmal kamen wir unterwegs an einen Waldsteg, der über einen Bach führen sollte. Aber der Bach war inzwischen zu einem reißenden Wildwasser angeschwollen, und der Holzsteg war weggerissen worden. Ich schlug vor, an einer schmalen Stelle zu versuchen, durch das Wasser auf die andere Seite zu kommen, aber mein Freund war dazu nicht bereit. Er zog seine Karte heraus, die schon ziemlich aufgeweicht war, und meinte dann, stromabwärts in ein paar Kilometern Entfernung gäbe es eine größere Brücke. Wir machten uns also auf den Weg.

Um es kurz zu machen: Wir fanden die Brücke nicht. Wahrscheinlich hatte Lazi den Bach auf der Karte mit einem anderen verwechselt. Es wurde schon dunkel und wir irrten noch immer im Wald herum. Schließlich mussten wir uns eingestehen, dass wir uns total verirrt hatten. Wir wussten nicht mehr, wo wir waren.

Wäre das Wetter danach gewesen, dann hätten wir uns einfach ein Feuer gemacht und im Freien übernachtet, aber es regnete weiter in Strömen. Es gab auch keine Höhle oder irgendeinen anderen Unterschlupf; die Sache fing an, ziemlich ungemütlich zu werden. Wir stolperten weiter durch die Dunkelheit in der Hoffnung, eine Ortschaft oder wenigstens eine Straße zu finden, denn schließlich ist die Schwäbische Alb ja nicht der brasilianische Urwald.

Gegen zehn Uhr nachts stießen wir tatsächlich auf eine kleine Ortschaft, die wie ausgestorben wirkte. In keinem der Häuser sahen wir Licht, einen Gasthof, wo wir ein Zimmer hätten nehmen können, schien es nicht zu geben. Mein Freund verfluchte laut alle schwäbischen Tugenden, vor allem die Sparsamkeit, die die Landeskinder dazu brachte, mit den Hühnern ins Bett zu gehen.

Schließlich entdeckten wir doch einen schwachen Lichtschein, der durch die Ritzen geschlossener Fensterläden drang. Sie gehörten zu einem großen, altertümlichen Haus direkt neben der kleinen Kirche im Zentrum des Ortes. Offensichtlich handelte es sich um das Pfarrhaus. Wir klingelten, und da das nichts nützte, hämmerten wir gegen die Tür.

Es dauerte eine Weile, bis sie geöffnet wurde.

Vor uns stand ein kleiner, dicklicher Mann in einem vielfach geflickten Schlafrock. Er hatte eine Stirnglatze, der Rest seiner weißen Haare hing ihm bis auf die Schultern herab. Sein Gesicht wirkte irgendwie teigig, aber er blickte uns freundlich an, und während wir unsere Situation erklärten und unsere Bitte um Unterkunft vorbrachten, hielt er den Kopf schräg und die Hand ans rechte Ohr. Es war klar, dass er ziemlich schwerhörig war. Als er uns endlich verstanden hatte, bat er uns ins Haus.

Er schlurfte vor uns her durch einen ungeheuer weitläufigen dunklen Flur, dessen Boden gefliest war, in sein Arbeitszimmer, in dem es pestilenzialisch nach schlechtem Pfeifentabak stank. Dort brannte auf dem Schreibtisch eine einzige Lampe mit grünem Schirm. Er setzte sich dahinter und forderte uns auf, auf dem Sofa Platz zu nehmen.

Es stellte sich heraus, dass wir richtig vermutet hatten. Er war tatsächlich der Pfarrer des Ortes und hieß Magerle – was meinem Freund ein glucksendes Kichern entlockte, das der Mann aber nicht hörte. Wir stellten uns ebenfalls vor, und er fragte uns ein bisschen aus, nach unserer Herkunft und unserem Studium und so weiter. Wir gaben ihm bereitwillig Auskunft und schließlich schien er zufrieden. Er entschuldigte sich, dass er uns nichts anbieten könne, da seine Hausbesorgerin schon um sieben Uhr gegangen sei, wie immer, und wir beeilten uns, ihm zu versichern, dass wir genügend eigenen Proviant dabeihätten und ihn überhaupt nicht weiter stören wollten, wenn er uns nur freundlicherweise eine Möglichkeit der Übernachtung bieten könne. Wir seien mit allem einverstanden und stellten überhaupt keine Ansprüche.

Er versank in Schweigen und schaute uns nur eine ganze Weile lang nachdenklich an. Ich nahm an, er habe unsere Bitte vielleicht nicht verstanden, und wiederholte sie noch einmal lauter. Er nickte lächelnd, zündete sich seine Pfeife an und paffte vor sich hin. Dann räusperte er sich und sagte: ‚Ich habe im ersten Stockwerk, gerade hier über uns, ein Gästezimmer mit zwei Betten und einem Waschbecken. Ich stelle es Ihnen gern zur Verfügung, wenn Sie es wollen, meine Herren. Ich muss Sie aber vorher darauf aufmerksam machen, dass es in diesem Hause spukt.'

Wir schauten uns an, mein Freund grinste und fragte: ,Was tut es?'

,Es spukt', antwortete Herr Magerle freundlich. ,Sie wissen doch, was das heißt, nicht wahr? Ein Gespenst geht um in diesem Haus. Es ist übrigens harmlos und tut niemandem etwas zuleide. Es macht sich eben nur zu schaffen, niemand weiß, was und warum – vor allem dort oben. Deshalb wohne und schlafe ich hier unten. Das hat schon mein Vorgänger so gehalten und dessen Vorgänger. Es kommt jede Nacht zwischen zwölf und eins.'

,Na klar', rutschte es mir heraus. ,Wann denn sonst!'

Der Pfarrer schaute mich lächelnd an. ,Ich scherze keineswegs, mein lieber junger Herr. Ich sage Ihnen das nur, damit Sie vorbereitet sind, denn es ist nicht jedermanns Sache, solche Dinge zu erleben. Es ist wirklich etwas ganz anderes, als wenn man nur darüber liest. Jetzt steht das Zimmer ja schon seit Langem leer, aber früher ist es ein paarmal vorgekommen, dass Gäste Nervenzusammenbrüche oder Herzanfälle erlitten, nur aus Angst, denn, wie gesagt, der Spuk tut keinem etwas zuleide. Wenn diese Tatsache Sie beide also nicht weiter stört, meine Herren, dann können Sie meinetwegen gern die Betten benützen.'

,Nein, wirklich', sagten wir beide, fast wie aus einem Mund. ,So was stört uns bestimmt nicht.'

Wieder betrachtete uns Pfarrer Magerle ein Weilchen und sog an seiner Pfeife. Schließlich nickt er.

,Sie sind Mediziner, Naturwissenschaftler, und vielleicht werden Sie die Frage eines alten Geistlichen vom Lande ein wenig lächerlich finden, aber ich möchte sie trotzdem stellen. Können Sie beten?'

,Wie meinen Sie das?', fragte ich.

,Nun ja, zum Beispiel das Vaterunser.'

,Ehrlich gesagt', antwortete mein Freund lachend, ,ich weiß nicht, ob ich es noch richtig zusammenkriege. Der Religionsunterricht ist leider schon ein Weilchen her.'

‚Versuchen Sie's', erwiderte Herr Magerle ernst. ‚Es hilft manchmal.'

Dann forderte er uns auf, ihm zu folgen.

Wir gingen auf den Flur hinaus. Dort führte eine breite Treppe aus altersschwarzem Eichenholz ins erste Stockwerk hinauf. Der Flur dort oben war etwas schmaler, und sein Dielenboden knarrte, als wir an einer Reihe von Türen entlanggingen. Unser Gastgeber öffnete die letzte und knipste das Licht an.

‚Das hier ist Ihr Zimmer, bitte sehr, meine Herren.'

Wir traten in einen ziemlich großen, aber niedrigen Raum mit Balkendecke. Es roch muffig und nach Staub. In der Wand, die der Tür gegenüberlag, gab es ein Fenster, die schweren Vorhänge waren zugezogen. An der linken Wand, nur durch ein Nachttischchen getrennt, standen zwei mächtige Holzbetten, die gewaltigen Plumeaus und die Kissen waren nicht überzogen. Daneben gab es ein Waschbecken an der Wand mit nur einem Wasserhahn. Gegenüber, in der rechten Wand, befand sich ein großer offener Kamin, in dem Holz aufgeschichtet war. An den freien Stellen standen Regale voller alter, verstaubter Bücher und in der Ecke zwischen dem Fenster und dem Kamin befand sich eine Art Stehpult, auf dem eine große, ledergebundene Bibel lag.

‚Tut mir leid', sagte Herr Magerle, ‚dass die Betten nicht überzogen sind, aber, wie gesagt, meine Hausbesorgerin ist schon gegangen, und ich weiß nicht, wo sie die Bezüge aufbewahrt. Wir haben eben nicht damit gerechnet ...'

‚Oh, machen Sie sich keine Sorge', unterbrach ich ihn. ‚Wir kommen sehr gut so zurecht. Wir sind Ihnen wirklich sehr dankbar.'

Ich war inzwischen hundemüde und wollte endlich schlafen.

Der Pfarrer ging zur Tür und steckte den Schlüssel in das große, altertümliche Eisenschloss. ‚Ich lasse ihn hier innen stecken', erklärte er, ‚falls Sie lieber abschließen wollen. Obwohl ...'

‚Danke sehr', sagte mein Freund laut. ‚Das wird nicht nötig sein.'

‚Also dann, ich wünsche eine gute Nacht', murmelte der Alte und öffnete die Tür. Aber er drehte sich noch einmal um und fügte hinzu: ‚Es ist ein wenig kalt hier, und wenn Sie wollen, können Sie gern den Kamin anzünden. Es ist genügend Holz da.'

‚Sehr freundlich, Herr Pfarrer', rief ich, ‚und ebenfalls recht gute Nacht.'

Die Tür schloss sich und wir schauten uns an und brachen in ein ziemlich albernes Gelächter aus. Wir hatten es bisher nur mit Mühe unterdrückt.

‚Das gibt's nicht!', rief mein Freund und warf sich auf eines der Betten, ‚also das gibt's doch einfach nicht! Oh, ich liebe meine Schwaben und ihre dichterische Phantasie! Glaubst du, man würde einen solchen Typ noch irgendwo sonst auf der Welt finden?'

‚Weißt du was', sagte ich und setzte mich zu ihm. ‚Ich hab den Eindruck, der verrückte Kerl glaubt selber daran.'

‚Ach was!', antwortete Lazi. ‚Da kennst du diese Art von Schlitzohr schlecht. Er lacht sich ins Fäustchen, weil er meint, dass er uns Angst gemacht hat.'

‚Nein, im Ernst', beharrte ich, ‚der hat nicht gelogen. Der spinnt einfach.'

Mein Freund richtete sich auf.

‚Du glaubst, dass er nicht alle Tassen im Schrank hat?'

‚Ja, genau.'

Lazi hockte sich vor den Kamin und zündete die vorbereiteten Holzspäne an. Die Flämmchen leckten an den Buchenscheiten empor, und das Feuer begann zu prasseln.

‚Irgendwie kommt mir das komisch vor', sagte mein Freund. ‚Das sieht *doch* fast aus, als ob er Gäste erwartet hätte.'

Ich musste gähnen. ‚Nicht unbedingt. Die Betten sind nicht überzogen und nicht mal ein Butterbrot oder ein Glas Bier.'

Wir zogen unsere nassen Sachen aus und hängten sie über zwei Stühle, die wir in die Nähe des Feuers stellten. Es wurde schon langsam angenehm warm im Zimmer. Wir holten unsere Trainingsanzüge aus unseren Rucksäcken, auch trockene Wollsocken und schlüpften hinein. Dann packten wir unseren Proviant und unsere Thermosflaschen aus und aßen und tranken. Irgendwo im Haus schlug eine Standuhr elf Mal.

Lazi kicherte plötzlich. ‚Weißt du was', sagte er kauend, ‚ganz gleich, ob der alte Kauz verrückt ist oder nur so tut, ich bin fast sicher, dass er irgendeine Schau veranstalten wird, so mit Bettlaken und *Huhu!* und *Bubu!* Wir sollten ihm eine kleine Lehre erteilen, damit er sich's in Zukunft überlegt, ob sich das Spuken für ihn lohnt. Was hältst du davon?'

‚Meinetwegen', antwortete ich, schon halb schlafend.

Jeder von uns hatte eine große Stablampe dabei, die legten wir uns auf dem Nachttischchen zurecht. Lazi löschte das elektrische Licht und wir krochen beide unter unsere Plumeaus. Das Zimmer war nur noch vom Schein der zuckenden Flammen erleuchtet und draußen rauschte noch immer der Regen.

Ich musste wohl eingeschlafen sein, denn plötzlich fühlte ich, wie Lazi mich schüttelte und dicht an meinem Ohr flüsterte: ‚He, wach auf! Ich glaub, es geht los.'

Ich konnte nur schwer zu mir kommen und wusste im ersten Moment nicht mehr, wo ich war.

‚Was ist denn?', murmelte ich. ‚Lass mich doch in Ruhe.'

‚Hör doch mal!', raunte mein Freund.

Das Geräusch kam offenbar unten aus dem Flur mit den Steinfliesen. Ich weiß ehrlich gesagt nicht, wie ich's beschreiben soll. Es klang so ähnlich wie kleine, nachhallende Explosionen, in unregelmäßigen Abständen – oder als schlage jemand mit einer Eisenstange auf den Boden –, oder, nun ja, wie schwere, langsame, irgendwie taumelnde Schritte von metallenen Schuhen.

‚Das ist er', zischelte mein Freund. ‚Wenn er die Treppe heraufkommt, werfen wir ihn runter. Los!'

Ich hielt ihn zurück. ‚Nein, du, runterwerfen nicht! Das könnte böse ausgehen.'

‚Na, dann jagen wir ihm einfach einen Schreck ein. Nun komm schon!'

Wir schnappten uns unsere Stablampen, öffneten leise die Tür und schlichen auf den stockfinsteren Flur hinaus. Dort tasteten wir uns an der Wand entlang bis zur breiten Eichenholztreppe und stellten uns am obersten Absatz nebeneinander auf.

‚Auf eins, zwei, drei – Licht anknipsen!', wisperte mir Lazi ins Ohr.

Wir hielten unsere Lampen bereit.

Die schweren Schritte, oder wie immer man es eben nennen will, kamen langsam auf die Treppe zu. Dazwischen hörte man jetzt noch ein eigentümliches, schleifendes oder auch klirrendes Geräusch und eine Art Keuchen, ein lang gezogenes, rasselndes Atmen wie bei einem schweren Fall von Asthma, und trotzdem war es – ich weiß nicht, wie ich sagen soll – nicht richtig räumlich, ich meine, es hatte so etwas wie einen Nachhall, ein Echo von anderswoher.

Jetzt kam das Geräusch mit zermürbender Langsamkeit die Stufen der Treppe herauf, die knarrten, als ob sie sich unter einer ungeheuer schweren Last durchbögen, Schritt für Schritt.

Als es etwa die Mitte der Treppe erreicht hatte, flüsterte Lazi mir ins Ohr: ‚Achtung! Eins – zwei – drei!'

Gleichzeitig knipsten wir unsere Stablampen an. Die blendenden Lichtkegel erleuchteten die Treppe taghell – aber da war nichts. Da war absolut nichts, nur das Geräusch kam weiter auf uns zu, Stufe um Stufe.

Völlig kopflos von der augenblicklichen Panik, die uns beide gepackt hatte, rasten wir in unser Zimmer zurück, schlugen die schwere Tür hinter uns zu, und mein Freund drehte den großen Schlüssel mehrmals um. Dann sprangen wir in unsere Betten, zogen uns mit der einen Hand die Plumeaus bis zum Kinn und hielten mit der anderen den Scheinwerferkegel unserer Lampen auf die Tür gerichtet.

Die Schritte, oder was es eben war, kamen heran und hielten dann plötzlich inne. Es wurde ganz still, selbst das Feuer im Kamin hörte auf zu knistern, nur das gleichmäßige Rauschen des Regens draußen war noch zu hören. Ich weiß nicht, wie lang diese Stille anhielt, aber ich glaube, es waren mindestens zehn Minuten. Ich hoffte schon, dass die ganze Sache vielleicht vorbei sei, da hörte ich, dass meinem Freund die Zähne klapperten. Ich brachte es aber nicht fertig, zu ihm hinzuschauen, sondern starrte wie hypnotisiert auf die Tür. Und dann bemerkte ich es ebenfalls, was er offenbar schon vor mir gesehen hatte: Die schweren geschnitzten Bretter begannen sich durchzubiegen, die ganze Tür wölbte sich nach innen, als wäre sie aus Gummi, aber ohne jedes Geräusch, immer wieder und wieder, und der furchtbare Druck von außen schien jedes Mal stärker zu werden. Ich fühlte, wie mir der kalte Schweiß von der Nase tropfte.

Dann hörte es plötzlich auf, als sei die Kraft erschöpft, einen Augenblick geschah gar nichts mehr, aber dann ging ein Hagel von Schlägen gegen die Tür los, als ob zehn riesige Kerle in rasender Wut mit schweren Hämmern und Eisenstangen auf das Holz eindreschen würden. Ich dachte, der ganze Türrahmen müsse aus der Wand brechen, aber diesmal bewegte sich nichts, der Türflügel zitterte nicht einmal.

Wieder blieb es längere Zeit still, dann sah ich, wie der Eisenschlüssel, der noch immer im Schloss steckte, sich langsam und ruckweise drehte. Meine Kopfhaut prickelte, weil sich mir buchstäblich die Haare sträubten. Der Riegel des Schlosses sprang zurück, die Klinke wurde niedergedrückt, und Zentimeter für Zentimeter öffnete sich die Tür, bis sie ganz offen stand.

Im gleichen Moment wurde es eiskalt im Zimmer. Ich meine, nicht mir wurde kalt, sondern tatsächlich wurde die Luft im Raum so frostig, dass ich meinen eigenen Atem, der nur noch stoßweise ging, vor meinem Gesicht sah. Dann erloschen die Flammen im Kamin, nur noch eine schwelende Glut blieb zurück. Die Lichtkegel unserer Stablampen zitterten, wir konnten sie kaum noch halten.

Das seltsame, rasselnde Keuchen mit dem unirdischen Nachhall setzte wieder ein und die schweren, schleifenden Schritte kamen ins Zimmer. Sie näherten sich dem Fußende meines Bettes und hielten dort inne. Ich weiß nicht, wie lang das dauerte, mir kam es vor, als seien es Stunden. Dann wandten sich die Schritte zu Lazis Bett und blieben dort stehen. Jetzt konnte ich zum ersten Mal einen Blick auf sein Gesicht werfen, und ich erkannte ihn kaum wieder, so verzerrt war es. Die Augen traten ihm aus dem Kopf und der Mund war aufgerissen, als sei er am Ersticken. Ich wollte ihn anrufen, brachte aber selbst keinen Laut heraus.

Schließlich drehten sich die Schritte von ihm weg und gingen schleppend zu dem Stehpult in der Ecke hinüber. Ich sah, wie sich die große Bibel wie von selbst aufschlug, dann wurden die

Seiten hin und her gewendet, als ob ein heftiger Wind sie bewege. Die ganze Zeit über war das rasselnde Keuchen zu hören. Nach einer Weile hörte das gespenstische Blättern auf und aus dem Kamin erhob sich ein Stück glimmender Holzkohle, schwebte durch den Raum und senkte sich auf eine Seite des Buches, wo es hin und her rutschte und sich dann mit einem kleinen Knall in Funken auflöste.

Die schweren Schritte gingen durch das Zimmer, blieben noch einmal vor Lazis Bett stehen, hinkten dann zur Tür hinaus, die krachend zuschlug, und verhallten nach und nach irgendwo im Haus. Das Feuer im Kamin brannte wieder hell, als wäre es nie ausgegangen, und im Raum war es angenehm warm.

Der Spuk war vorbei.

Als Erstes kümmerte ich mich um Lazi, um den es ziemlich schlecht stand. Er war in seine Kissen zurückgefallen, sein Gesicht war grünlich, seine Augen verdreht, sodass man nur noch das Weiße sah, und sein Puls war praktisch nicht mehr vorhanden. Ich rieb seine Hände, klopfte seine Backen und rief ihn an, aber es dauerte ein Weilchen, ehe er halbwegs wieder zu Bewusstsein kam. Zum Glück hatte ich im Rucksack noch eine kleine Taschenflasche mit ein bisschen Enzian-Schnaps, davon flößte ich ihm ein paar Schlucke ein.

Als es ihm schließlich etwas besser ging und er aufstehen konnte, untersuchten wir als Erstes die Tür. Sie war abgeschlossen. Wir schauten uns nur stumm an und Lazi schüttelte immerzu den Kopf. Ich weiß eigentlich nicht warum, aber wir unterhielten uns nur flüsternd.

Dann gingen wir zu der Bibel, die noch immer aufgeschlagen auf dem Stehpult lag. Am Rand befand sich auf der einen Seite ein Brandfleck und eine Textstelle war mit Holzkohle unterstrichen. Sie lautete: *Vater Abraham, sende doch Lazarus, dass er das Äußerste seines Fingers in Wasser tauche und netze meine Zunge, denn ich leide Pein in dieser Flamme.*

Ich musste meinen Freund festhalten, denn die Beine knickten plötzlich unter ihm ein. Ich schleppte ihn in sein Bett zurück und gab ihm noch etwas Enzian, den letzten Rest gönnte ich mir selber.

‚Ich will hier weg', wisperte Lazi immerzu. ‚Nur raus hier! Bitte, lass uns abhauen, sofort …'

Draußen rauschte noch immer der Regen, es war stockfinstere Nacht, wir hätten sowieso nicht gewusst wohin, also versuchte ich meinen Freund zu beruhigen, so gut es ging. Ich zog mir einen Stuhl an sein Bett und hielt seine Hand, bis er schließlich in einen erschöpfenden Dämmerschlaf fiel. So verbrachten wir den Rest der Nacht.

Am nächsten Morgen empfing uns Pfarrer Magerle mit einem reichlichen Frühstück. Die Hausbesorgerin war inzwischen da und hatte alles vorbereitet. Eine ältere, hagere Frau mit Schnurrbartanflug und auffallend großen Schuhen, die uns grußlos den Kaffee auf den Tisch stellte und wieder verschwand.

Der alte Kauz sah uns prüfend an, während wir ohne großen Appetit die Mahlzeit einnahmen. Auf seinem teigigen Gesicht lag das gleiche Lächeln wie am Abend zuvor.

‚Haben die jungen Herren gut geschlafen?', erkundigte er sich.

Lazi verhielt sich schweigsam, also antwortete ich: ‚Das kann man nicht gerade behaupten.'

Der Pfarrer nickte. ‚Das dachte ich mir.'

‚Haben Sie denn nichts gehört von dem – Heidenkrach?', fragte ich.

Er schüttelte den Kopf. ‚Nein, man hört nie etwas davon im übrigen Haus. Nicht mal im Nebenzimmer.'

Er schien darauf zu warten, dass wir etwas erzählten, aber keiner von uns beiden hatte Lust dazu. Erst als wir fertig waren, sagte ich: ‚Übrigens, das Brandloch in der alten Bibel – also, das ist nicht unsere Schuld.'

‚Schuld?', fragte er. ‚Was meinen Sie damit?'

‚Na ja, ich wollte nur sagen – *wir* haben es nicht verursacht.'

Magerle heftete seine Augen auf Lazi und sagte leise: ‚Das ist etwas anderes.'

Da mein Freund immer noch nichts sagte, bedankte ich mich für die erwiesene Gastfreundschaft und wir brachen auf.

Der Morgen war windig und ziemlich kühl, aber es hatte aufgehört zu regnen.

Nach einem Weg von etwa einer Stunde kamen wir zu einer Bahnstation und stiegen in den nächsten Zug. Stillschweigend waren wir uns einig, unsere Wandertour abzubrechen. Wir fuhren nach München zurück. Lazi sagte während der ganzen Fahrt kein Wort."

Der Erzähler trank sein Bierglas auf einen Zug leer und lehnte sich zurück.

Unter seinen Zuhörern fing ein geraunter Meinungsaustausch an. Die Erstfrau nahm ihre Strickarbeit wieder auf, die sie zuletzt hatte sinken lassen.

„Also, ich weiß nicht recht", sagte Oki zu seiner Frau, die ihn mit geflüsterten Fragen bedrängte.

Eberhard S., der Physiker, lächelte sardonisch.

Das *Schulschiff* betrachtete Butzi mit einem gewissen überraschten Besitzerstolz, als habe sie jetzt erst bemerkt, was für ein rares Exemplar sie da aufgegabelt hatte, und fragte: „Ist deine Geschichte zu Ende?"

„Ja", antwortete er. „*Meine* ist zu Ende, aber die eigentliche Geschichte fängt jetzt erst an. Nur kann ich sie nicht erzählen, weil ich sie nicht weiß. Sie betrifft Lazarus."

„Wieso?", fragte Heinz H. „Was war denn mit ihm?"

„Ich habe kaum etwas aus ihm herauskriegen können", antwortete Butzi, der plötzlich müde wirkte und keine Lust mehr zu haben schien, weiterzureden. „Nach unserem gemeinsamen Erlebnis habe ich ihn kaum noch gesehen. Er ging mir aus dem Weg, ich weiß nicht, warum. Das Einzige, was ich erfahren habe, ist, dass es da vor mehreren Generationen irgendeinen Vorfahren von ihm in der Gegend gab, der seinen eigenen Bruder ersäuft hat, um in den Alleinbesitz des Familienvermögens zu kommen. Die Sache ist aber nie geklärt worden, weil man die Leiche nicht gefunden hat. Die Witwe des Ermordeten zwang er, ihn zu heiraten. Aus dieser fluchbeladenen Verbindung entstammte ein einziger Sohn, der dann der Ururahn meines Freundes wurde. Was die ganze Angelegenheit mit dem alten Pfarrhaus zu tun hat – ich habe keine Ahnung."

„Aber das wär doch grad interessant!“, rief die österreichische Nebenfrau. „Fragen S' ihn doch unbedingt.“

Butzi verzog sein Gesicht zu einem freudlosen Grinsen. „Das würde ich schon tun, wenn ich könnte. Aber leider kann ich's nicht mehr. Mein Freund ist tot.“

Einen Moment lang herrschte betroffenes Schweigen.

„Wie ist er denn gestorben?“, fragte Ökchen.

Butzi zögerte, offenbar mochte er nicht antworten.

„Eine Krankheit?“, drang Ökchen in ihn. „Ein Unfall? Oder Selbstmord?“

Butzi drehte das leere Bierglas zwischen seinen Händen und sagte leise: „Er ist ertrunken – in einer Waschschüssel.“

Die Zuhörer wechselten Blicke und schienen bereit, in schallendes Gelächter auszubrechen, aber Butzis Gesichtsausdruck hielt alle zurück. Er schien ganz und gar keinen Spaß gemacht zu haben, er war sogar etwas blass geworden und hatte rote Flecken auf den Backen.

„Was soll das heißen?“, fragte der kleine Heinz H. ein wenig zu laut.

Butzi atmete tief durch und sagte, ohne einen von uns anzusehen: „Ich war ja nicht dabei, also weiß ich nicht, wie es passiert ist. Das war vor zwei Monaten. Er wohnte in der Amalienstraße, in der Nähe der Universität. Seine Studentenbude hatte ein Fenster, das nach hinten hinausging, zum Hof. Kostete nicht viel, weil er ja kein Geld hatte. Ein winziges Zimmer ohne Heizung und eigenes Wasser. Offenbar hatte er seine Waschschüssel aufs Fensterbrett gestellt und sich da bei offenem Fenster gewaschen. Das Rollo konnte man mit einem Riemen an der Wand rauf und runter lassen. Es war alt und verrostet und aus irgendeinem Grund muss der Riemen gerissen sein. Das Rollo hat ihn wahrscheinlich wie ein Fallbeil ins Genick getroffen und seinen Kopf in die Waschschüssel gedrückt. Als man ihn einen Tag später fand, konnte man es kaum hochkriegen.“

Butzi blickte auf und schaute uns der Reihe nach an. „Tja“, sagte er mit einem angestrengten Lächeln, „das ist alles. Mehr weiß ich nicht.“

Unsere Kellnerin, die dicke Zenzi, kam an unseren Tisch und forderte uns barsch auf, auszutrinken und zu zahlen. „Feierabend, meine Herrschaften! Unsereins will auch endlich heim und ins Bett, und morgen früh ist die Nacht rum. Ihr seid's eh immer die Letzten."

Tatsächlich war das *Leopold* inzwischen leer. Wir zahlten und gingen. Butzi wurde vom *Schulschiff* im Auto mitgenommen. Eberhard S. und ich gingen noch ein Stück gemeinsam, weil wir den gleichen Weg hatten. Wir schwiegen beide, bis wir vor seiner Haustür angelangt waren.

„Wie fandest du denn die Geschichte?", fragte ich.

„Na ja", sagte er. „Eine ganz normale Geistergeschichte. Die Schritte, der rasselnde Atem, die plötzliche Kälte – lauter Klischees, die man aus hundert anderen Storys kennt. Nicht besonders originell, außer der Sache mit der Waschschüssel vielleicht."

„So sind die Phänomene eben", wandte ich ein. „In allen Berichten sind es immer die gleichen. Das spricht eigentlich für ihre Authentizität."

„Willst du damit etwa sagen, dass du ihm die Geschichte glaubst?"

Ich nickte. „Und du?"

Er lachte und klopfte mir auf die Schulter. „Nein, mein Lieber, und an den Weihnachtsmann glaube ich auch nicht, wenn du mir's nicht übel nimmst. Aber ich muss zugeben, dass er's spannend gemacht hat. Immerhin, das hätte ich ihm vorher nicht zugetraut. Schlaf gut! Servus – bis bald."

„Servus", sagte ich. „Schlaf auch gut."

Und ich überlegte mir, wo ich noch hingehen könnte, um unter Leuten zu sein.

Nieselpriem und Naselküss

Auf seiner Suche nach dem sagenumwobenen Lande Unsinnsibar entdeckte der weltberühmte Juxologe und Quatschonom Stanislaus Stups eines Tages mitten im Ozean eine Insel, die auf keiner Karte verzeichnet stand. Er befahl dem Kapitän seines Schiffes, vor der Küste Anker zu werfen, und ruderte mit einem Boot allein an Land.

Die ganze Insel hatte die Gestalt eines spitzen, ultramarinblauen Hutes. Der Strand war sozusagen die Krempe und nur zwanzig oder dreißig Meter breit, dahinter erhob sich ein kegelförmiger Berg aus rissigem Gestein. Irgendwelche Pflanzen schien es nicht zu geben, weder Bäume oder Büsche, noch Gras oder Moos.

Als Stups um den Berg herumging und abzuschätzen versuchte, wie hoch er wohl sein mochte, stand er plötzlich vor einem Wegweiser, der nach zwei Richtungen wies. Auf dem Arm, der nach rechts zeigte, stand „Zum Nieselpriem", der andere trug die Aufschrift „Zum Naselküss".

Stups konnte sich zunächst nicht entscheiden, in welche Richtung er gehen sollte, denn er vermochte sich weder unter dem einen noch unter dem anderen Namen etwas vorzustellen. Doch dann entdeckte er etwas, das ihm die Wahl leicht machte: Es gab überhaupt nur einen Weg, nämlich den nach rechts. Auf der linken Seite, also dort, wo es zum Naselküss ging, lag nur unwegsames, schwer zu erkletterndes Felsgelände.

Stups entschied sich also für die bequeme, gut ausgebaute Straße zum Nieselpriem, die immer rechts herum in einer großen Spirale um den Bergkegel aufwärts führte. Offenbar wohnte dieser Nieselpriem oben auf dem Gipfel.

Nachdem er etwa in halber Höhe angelangt war, blieb der Forschungsreisende stehen, um zu verschnaufen und zurückzublicken. Er blickte hinunter auf das Schiff, das draußen im Meer vor Anker lag, er sah auch das kleine Boot am Strand – aber wo war die Straße, auf der er gekommen war? Es gab keine Straße mehr, sie war spurlos verschwunden. Das heißt, *hinter* ihm gab es keine Straße mehr, denn das Stück, das noch vor ihm lag und sich bis zum Gipfel hinaufwand, war zweifellos vorhanden. Diese Entdeckung befremdete den Forscher, er hatte das ungute Gefühl, in eine Falle zu gehen.

Vorsichtig und Schritt für Schritt stieg er weiter bergan, wobei er immer wieder über die Schulter hinter sich blickte, und tatsächlich, er konnte beobachten, wie unmittelbar hinter seinen Fersen der Weg undeutlich wurde und verschwand, so spurlos verschwand, als sei er nie vorhanden gewesen. Stups hielt inne und überlegte. Sollte er überhaupt weitergehen, oder war es nicht ratsamer, umzukehren? Aber umkehren, das hieß, über den rissigen, blauen Fels hinunterzuklettern. Wenn er dabei den Halt verlor, würde er abstürzen und sich Hals und Bein brechen. Außerdem, so sagte sich Stups, war dieser eine sonderbare Umstand mit dem verschwindenden Weg noch kein ausreichender Grund aufzugeben. Die Entdeckung des sagenumwobenen Landes Unsinnsibar würde ihn sicherlich noch vor weitaus schwierigere Aufgaben stellen. Es war ja auch durchaus nicht gesagt, dass die Sache wirklich bedrohlich war, bisher jedenfalls war ihm schließlich noch nichts Schlimmes dabei zugestoßen.

Er fasste sich also ein Herz und stieg weiter aufwärts. Die Wegspirale wurde immer enger, je näher er dem Gipfel kam, und als er die letzte Biegung hinter sich hatte, stand er unversehens vor einer kleinen, kreisrunden Holzhütte von ziemlich ärmlichem Aussehen. Der Weg endete vor der Tür dieser Hütte.

Stups trat näher und fand auf der Tür ein Schild mit der Aufschrift:

Nieselpriem
Besuche herzlich erwünscht, aber sinnlos
Bitte mindestens siebenmal klopfen!

Stups pochte also siebenmal, und dann, wegen des Wörtchens „mindestens“, noch weitere dreimal. Danach lauschte er und hörte aus dem Inneren der Hütte ein Geräusch näher kommen, das wie das Bimmeln zahlloser Glöckchen klang. Die Tür öffnete sich und in ihr stand eine höchst seltsame Gestalt. Es war ein kleiner Mann, kaum größer als Stups selbst, in einem knallroten

Anzug, mit einem ebenso knallroten Zylinderhut auf dem Kopf und einem gewaltigen schwarzen Schnurrbart unter der dicken Nase, dessen Spitzen einen halben Meter nach links und nach rechts wegstanden wie zwei Türkensäbel. An Armen und Beinen, an der Krempe seines Hutes, an beiden Ohren, ja selbst an den Spitzen seines Schnurrbartes hingen silberne Schellen, die bei jeder Bewegung klingelten. Und an Bewegung ließ es der sonderbare Kerl nicht fehlen. Er hüpfte und zappelte fast ohne Unterbrechung. Dabei blickte er allerdings so jämmerlich und todtraurig drein, als sei ihm ganz und gar nicht nach Hüpfen zumute.

„Aha!“, rief er, als er des Forschungsreisenden ansichtig wurde. „Da steht zweifellos ein Besucher. Das hilft mir zwar nichts, aber ich möchte doch zumindest wissen, mit wem ich die Ehre habe.“

„Stups“, sagte Stups mit einer kleinen Verbeugung. „Stanislaus Stups, Juxonom und Quatschologe auf einer wichtigen Entdeckungsreise.“

„Jammerschade!“, antwortete der seltsame Bursche und machte einen Sprung, der alle Schellen bimmeln ließ. „Ich bin der Nieselpriem, aber es ist nicht der Mühe wert, verehrter Herr, dass Sie sich das zu merken versuchen. Lassen Sie's sein!“

„Was ist jammerschade“, fragte Stups, „und warum ist es nicht der Mühe wert?“

„Ach, es ist sinnlos, dass ich Ihnen das erkläre, mein Bester, denn Sie werden es auf keinen Fall behalten.“

„Ich versichere Ihnen“, widersprach Stups, „dass ich für gewöhnlich ein ziemlich gutes Gedächtnis habe.“

„Für gewöhnlich, für gewöhnlich!“, rief der Nieselpriem und winkte mutlos ab. „Das wird Ihnen bei mir absolut nichts nützen. Es dreht sich nicht um Ihr Gedächtnis, es liegt an mir.“

Stups hatte den Eindruck, vielleicht nicht ganz erwünscht zu sein, und sagte deshalb höflich, wie er nun einmal war: „Ich bitte sehr um Entschuldigung, falls ich Sie gestört haben sollte, Herr Nieselpriem. Vielleicht komme ich besser ein andermal, wenn es Ihre Zeit erlaubt.“

„Aber um Himmels willen, nein!", erwiderte der Nieselpriem bestürzt. „Bitte, treten Sie doch ein – auch wenn es ganz und gar zwecklos ist."

Stups folgte dem Hausherrn ins Innere der armseligen Hütte. Es bestand aus einem einzigen Raum, die wenigen Möbel waren aus morschen Holzbrettern zusammengenagelt – offenbar handelte es sich um angeschwemmtes Treibholz – und das Geschirr bestand aus verrosteten Blechbüchsen und Ähnlichem. Merkwürdigerweise war für zwei Personen gedeckt.

Der Nieselpriem forderte Stups auf, am Tisch Platz zu nehmen. Unter ständigem Seufzen goss er aus einem kleinen Fass zwei Büchsen voll.

„Es ist Rum aus einem Schiffbruch", erklärte er. „Bitte trinken Sie nur, er wird sowieso nicht lange vorhalten."

„Haben Sie mich denn erwartet?", fragte Stups. Die offensichtliche Verzweiflung seines Gastgebers erregte sein Mitgefühl.

„Nicht die Bohne", antwortete der klagend. „Die zweite Büchse war eigentlich für meinen Bruder Naselküss bestimmt. Aber sie ist natürlich ganz überflüssig, denn er weiß ja überhaupt nichts von mir. Er hat mich vergessen, wie jeder andere mich vergisst. Das ist nun einmal mein Schicksal, lieber Herr."

Der Nieselpriem schien am Rande der Tränen zu sein.

„Das tut mir aufrichtig leid", murmelte Stups und trank einen kleinen Schluck des Feuerwassers. „Ich kann mir kaum vorstellen, dass man Sie vergessen kann, so wie Sie aussehen."

Nieselpriem nickte kummervoll. „Ja, ich gebe mir wahrhaftig alle Mühe, in jeder Hinsicht aufzufallen. Diese Kleidung mit den Glöckchen trage ich keineswegs, weil es mir gefällt, sondern nur in der Hoffnung, vielleicht doch eines Tages jemandem im Gedächtnis haften zu bleiben. Aber ich weiß, ich weiß, dass alles vergeblich ist. Es ist eine Fähigkeit, die jeder andere hat, ohne sich je darüber zu wundern, aber mir, sehen Sie, mir mangelt sie vollständig. Und zwar immer schon. Es war nie anders um mich bestellt. Und auch Sie, verehrter Herr, nehmen mich nur wahr, solange Sie mich vor sich sehen. Im Augenblick, in dem wir uns trennen, werden Sie nichts mehr von mir wissen. Sie werden mich so völlig vergessen haben, als wären wir uns niemals begegnet. Können Sie sich vorstellen, was das für einen wie mich bedeutet? Sie sehen vor sich eine tragische Person!"

Er schluchzte kurz auf und trank seine Büchse auf einen Zug leer.

„Handelt es sich um eine Krankheit?", wollte Stups wissen und nippte vorsichtig an der seinen.

Der Nieselpriem füllte sich noch einmal nach.

„Ich war schon einmal bei einem Arzt deswegen, in meinen jungen Jahren, weil ich mir sagte: Nieselpriem, dir fehlt offenbar etwas! Dir fehlt eben genau das, was alle anderen befähigt, allen anderen im Gedächtnis zu bleiben. Ich habe dem Doktor mein Leiden genau beschrieben. Er hat sich nachdenklich alles angehört und meinte dann, er wolle sich die Sache überlegen."

Wieder kippte der Nieselpriem seinen Rum auf einen Schluck hinunter.

„Und dann?", fragte Stups.

„Nichts weiter", antwortete der Nieselpriem und wischte sich Tränen aus den Augen. „Sowie ich von ihm weggegangen war, hatte er mich natürlich vergessen, also konnte er sich gar nichts überlegen. Ich habe ihm damals sogar einen Brief geschrieben, aber das half natürlich auch nichts, weil er sich ja an niemand erinnerte, der bei ihm gewesen war und Nieselpriem hieß."

„Wirklich, eine verzwickte Angelegenheit", gab Stups zu. „Also, wenn Sie jetzt zum Beispiel aus dem Zimmer gingen, dann würde ich denken, ich sei die ganze Zeit allein hier gewesen?"

„Genau", seufzte der Nieselpriem. Er wrang die Enden seines Schnurrbarts aus, der inzwischen nass von Tränen war. „Aber verstehen Sie mich nicht falsch, mein Herr. Ich weine nicht deswegen. Ich weine wegen meines geliebten Bruders, den ich nie umarmen und küssen kann – in alle Ewigkeit nicht. Es ist ein Verhängnis!"

„Ach richtig", sagte Stups. „Sie haben ja eigentlich Ihren Bruder erwartet. Warum ist er denn nicht gekommen?"

„Er kommt niemals und er kann niemals kommen", hub Nieselpriem von Neuem zu klagen an. „Das heißt, vielleicht kommt er doch, vielleicht ist er sogar schon da, aber das hilft mir nichts. Es ist schrecklich, wirklich ganz schrecklich!"

„Sie sehen mich verwirrt", gab Stups zu. „Wenn es Sie nicht zu sehr anstrengt, möchte ich Sie bitten, mir den Fall etwas genauer auseinanderzusetzen."

„Er heißt Naselküss", begann Nieselpriem, „daran erinnere ich mich mit absoluter Gewissheit."

„Tatsächlich", warf Stups ein, „diesen Namen habe ich auf dem Wegweiser dort unten am Fuße des Berges gesehen."

„Ganz recht", fuhr Nieselpriem fort. „Man muss nur in der entgegengesetzten Richtung gehen, um zu ihm zu gelangen, obgleich er ebenfalls auf der Spitze dieses Berges in eben dieser Hütte wohnt. Und doch ... und doch ..."

Wieder begann er laut zu schluchzen und musste erst eine weitere Büchse Rum hinunterschütten, ehe er sich gefasst hatte. Stups wartete geduldig ab.

„Also es ist so", nahm Nieselpriem seine Erklärung schließlich wieder auf, „wir sind Zwillinge und einander zum Verwechseln ähnlich. Und doch sind wir auch wieder ganz verschieden, ja, wir sind geradezu Gegensätze. Ich will damit sagen, dass sich die Sache bei ihm genau umgekehrt verhält wie bei mir ..."

Er unterbrach sich und blickte seinen Gast scharf in die Augen.

„Sagen Sie, Verehrtester, Sie waren doch nicht etwa schon bei ihm?"

„Nicht dass ich wüsste", erwiderte Stups. „Jedenfalls erinnere ich mich nicht."

Nieselpriem nickte schwermütig.

„Das ist der Beweis, dass Sie *nicht* bei ihm waren, denn an ihn *könnten* Sie sich erinnern. Es wäre geradezu das Einzige, was Sie könnten."

„Darf ich daraus schließen, dass Ihr Herr Bruder also nicht an demselben – wie soll ich sagen – Mangel leidet wie Sie?"

„Oh, auch er hat einen Geburtsfehler!", rief Nieselpriem. „Aber dass er daran litte, kann man beim besten Willen nicht behaupten. Ich sagte doch, dass es sich bei ihm umgekehrt verhält wie bei mir. Die Anwesenheit von Naselküss kann man niemals bemerken, solange er da ist. Erst wenn er wieder fortginge, erinnert man sich daran, dass er anwesend war. Er könnte zum Beispiel jetzt bei uns sein, und doch wüssten wir nichts davon. Aber sobald er uns verlassen hätte, könnten wir beide uns ganz genau daran erinnern, dass er bei uns war und was er gesagt und getan hat."

Stups konnte sich des Gefühls nicht erwehren, dass sich alles in seinem Kopf zu drehen anfing. Nur um irgendetwas Hilfreiches zu sagen, murmelte er: „Nun, ich verspreche Ihnen, dass ich Ihren Herr Bruder von Ihnen grüßen werde, falls ich ihn zufällig treffen sollte."

„Eben nicht!", schrie Nieselpriem, der langsam die Geduld verlor. „Sie verstehen aber schon rein gar nichts von dem, was man Ihnen sagt. Und Sie wollen ein Forscher sein? Dass Sie meinen geliebten Zwillingsbruder von mir grüßen werden, ist völlig ausgeschlossen. Erstens, weil Sie bei ihm immer erst hinterher wissen werden, dass Sie ihm begegnet sind, und zweitens, weil Sie sich an mich nicht mehr erinnern können, sobald wir uns getrennt haben. Das ist ja eben auch der Grund, warum er überhaupt nichts von meinem Dasein weiß und niemals etwas davon wissen wird. Haben Sie wenigstens das nun begriffen, mein Herr?"

Stups nickte, mehr aus Höflichkeit als aus Überzeugung.

„Na gut", fuhr Nieselpriem fort, „ich will es Ihnen glauben, denn bis hierher ist die Sache ja auch noch ziemlich einfach. Schwierig wird sie eigentlich erst dadurch, dass mein geliebter Zwillingsbruder Naselküss mir äußerlich zum Verwechseln gleicht. Er trägt sogar dieselbe Kleidung mit den Glöckchen, wahrscheinlich zum Schabernack. Denn innerlich, in unserem Charakter, sind wir ganz verschieden. Er ist zum Beispiel im Gegensatz zu mir immer überaus lustig und zu allerlei Streichen aufgelegt, die mitunter geradezu verantwortungslos sind. Oh, ich könnte Ihnen da wirklich schlimme Sachen erzählen, die er angestellt hat. Er kann sich eben alles ohne jedes Risiko leisten, weil seine Anwesenheit ja von niemand bemerkt werden kann. Ich bin es dann natürlich, der zur Rechenschaft für seine Frechheiten gezogen wird, da wir uns eben zum Verwechseln ähnlich sehen. Und wie könnte ich beweisen, dass ich nicht er bin?"

„Aber“, warf Stups ein, „soweit ich sehen konnte, ist diese Insel doch unbewohnt, außer Ihnen natürlich und – vielleicht Ihrem Herrn Bruder. Wem also kann er da Streiche spielen?“

„Das ist ja gerade der Grund“, erklärte Nieselpriem, „warum wir jetzt hier in völliger Weltabgeschiedenheit leben. Das fällt mir sehr schwer, denn ich bin im Grunde ein durchaus geselliger Mensch. Aber früher, als wir noch an anderen Orten unter anderen Leuten wohnten, war es oft ganz unerträglich für mich. Ein paarmal wurde ich sogar in den Kerker geworfen für Dinge, die ich nicht angerichtet hatte, sondern mein Bruder. Doch kann man ihm das nicht übel nehmen, da er ja von meiner Existenz nichts weiß, wenn er nicht zufällig bei mir ist, was wiederum ich nicht bemerken kann.“

„Könnten Sie sich denn nicht trennen“, fragte Stups, „um Ihr schweres Schicksal zu erleichtern?“

„Wie denn?“, rief Nieselpriem. „Sagen Sie mir wie? Und außerdem, ich liebe ihn doch, er ist mein Bruder und mein einziger Angehöriger.“

„Tja“, sagte Stups, „dann weiß ich Ihnen leider auch keinen Rat.“

„Sehen Sie“, schluchzte der Nieselpriem, „es gibt keinen. Ich muss das Verhängnis allein ertragen, denn er, mein Bruder, hat ja die weitaus erfreulichere Seite davon zugeteilt bekommen. Falls Sie ihm übrigens begegnen, so sollten Sie ihm kein Wort glauben. Er nimmt es, im Gegensatz zu mir, mit der Wahrheit niemals sehr genau. Richtiger gesagt, er lügt, wenn er den Mund aufmacht. Aber was rede ich da? Es ist ja ganz sinnlos, dass ich Ihnen diese Warnung mit auf den Weg gebe, denn Sie werden mich und unser Gespräch ja vergessen, sobald wir uns trennen.“

„Hören Sie“, sagte Stups, dem die ständige Heulerei seines Gastgebers allmählich zu viel wurde. „Ich mache Ihnen einen Vorschlag. Kommen Sie mit mir auf mein Schiff und begleiten Sie mich auf meiner Forschungsreise.“

Nieselpriem starrte ihn ganz entgeistert an. „Und meinen armen Bruder soll ich hierlassen? Ganz allein und ohne jemand, der für ihn die Verantwortung trägt? Wie denken Sie sich das, mein Herr?“

„Er kann ja auch mitkommen“, schlug Stups vor.

„Können Sie mir denn garantieren, dass er das wirklich tut?“

Stups dachte eine Weile nach und schüttelte dann den Kopf. „Nein, wenn die Dinge tatsächlich so liegen, wie Sie sie beschrieben haben, kann man das niemals wissen.“

„Na bitte“, meinte der Nieselpriem, „da sehen Sie's nun selbst.“

„Ich jedenfalls“, sagte Stups und erhob sich, „muss nun aber leider gehen. Man erwartet mich auf dem Schiff. Besten Dank für Ihre Gastfreundschaft.“

„Wohin fahren Sie denn?“, fragte der Nieselpriem, offensichtlich, um den Abschied noch etwas hinauszuzögern.

„Wir sind auf einer Expedition“, erklärte Stups. „Wir suchen das geheimnisumwitterte Land Unsinnsibar. Nach allem, was ich gehört habe, müssen wir ihm schon ziemlich nahe sein.“

Der Nieselpriem nickte. „Nahe vielleicht schon, aber Sie werden es nicht erreichen.“

„Und warum nicht?“

„Das sollten Sie meinen lieben Bruder Naselküss fragen. Ich wünsche Ihnen jedenfalls gute Reise, mein Herr.“

Sie schüttelten sich die Hände, und Stups beeilte sich, aus der Hütte zu kommen.

Eine Straße, die den Bergkegel abwärts führte, war ja nicht mehr vorhanden, also machte er sich wohl oder übel an den mühevollen Abstieg über das nackte, rissige Gestein. Er bewegte sich schräg zum Abhang, immer in einer Spirale um den ultramarinblauen Berg herum, denn der gerade Weg nach unten wäre viel zu steil gewesen. Nach einer Weile war er außer Atem und der helle Schweiß rann ihm von der Stirn. Er setzte sich nieder, blickte zum Gipfel zurück und bemerkte, dass sich hinter ihm, eben dort, wo er gegangen war, eine Straße geformt hatte. In Windungen lief sie um den Kegel herum, genau bis zu der Stelle, wo Stups sich gerade befand. Dort hörte sie auf, und vor ihm lag nichts als das rissige Felsgestein.

Als er schließlich den Fuß des Berges erreichte, traf er genau auf die Stelle, an welcher der Wegweiser mit den beiden Richtungszeigern stand, nur dass es jetzt eine Straße nach links gab, also in der Richtung, in der es laut Inschrift „Zum Naselküss" ging.

Stups wunderte sich darüber keineswegs, denn er erinnerte sich genau, dass er von ihm kam. Es war eine äußerst lustige Begegnung gewesen und er musste in Gedanken daran noch jetzt schmunzeln. Nur einen kurzen Augenblick lang kam ihm irgendetwas daran ungewöhnlich vor, aber er konnte nicht herausfinden, was. Also zuckte er die Schultern und fuhr in dem kleinen Boot zum Schiff zurück.

Der Kapitän saß noch immer, wie er es seit Beginn der Reise getan hatte, in seiner Kajüte und schrieb am wer weiß wievielten Band seines umfangreichen Romans, der von einem Kapitän handelte, welcher an einem Buch schrieb, das von einem Kapitän handelte, welcher an einem Buch schrieb ... Der Laderaum des Schiffes war bereits über die Hälfte mit Stapeln von Papierbündeln gefüllt, aber ein Ende des gewaltigen Epos war noch lange nicht in Sicht. Als Stups eintrat, blickte der Schreibende kurz von seinem Manuskript auf, grüßte zerstreut und fragte: „Nun, wie war's?"

„Sehr amüsant", antwortete Stups. „Zuerst bin ich zu der Hütte auf den Berggipfel hinaufgeklommen. Auf deren Tür stand: ‚Zum Naselküss. Aber ich bin gerade nicht da. Such mich.' Ich ging hinein, aber da war tatsächlich niemand zu Hause. Ich wartete eine Weile, dann ging ich hinaus und um die Hütte herum. Dort traf ich einen kleinen Mann in knallrotem Anzug, einem gleichfarbigen Zylinder auf dem Kopf und einem riesigen Schnurrbart unter der Nase. Er hatte am ganzen Leib Glöckchen hängen. Er hüpfte herum und lachte und sagte: ‚Mein Herr, Sie wollten vermutlich *Zum Nieselpriem,* nicht wahr?' Ich bejahte. Da schlug er sich auf die Schenkel vor Vergnügen und rief: ‚Na, da sind Sie mir ja fein auf meinen Jux hereingefallen. Alle fallen darauf herein, die unten den Wegweiser lesen. Sie müssen nämlich wissen, mein Herr, dass es diesen Nieselpriem überhaupt nicht gibt. Ich müsste das doch wissen, wenn außer mir noch jemand die Hütte hier oben bewohnen würde. Ich wohne allein hier, und die Sache mit dem Nieselpriem habe ich mir bloß ausgedacht, einfach zum Spaß. Oder haben Sie ihn etwa gesehen? Nein, haben Sie nicht …'"

„Soso", sagte der Kapitän. „Sehr interessant." Und er fuhr fort, an seinem Manuskript zu schreiben.

Stups strich sich das Kinn und dachte ein wenig nach.

„Aber da war noch etwas, was dieser Naselküss gesagt hat", fuhr er fort. „Was war es nur? Ja, jetzt erinnere ich mich. Er sagte: ‚Wenn ich die Leute zum Narren halte, dann brauche ich mir keine Sorgen zu machen, ob ich vielleicht doch einmal an den Falschen geraten könnte, einen, der keinen Spaß versteht. Vielleicht denken Sie jetzt, dass ich so stark eigentlich gar nicht aussehe, als ob ich mir das leisten könnte. Aber sehen Sie, mein Herr, das ist eben das Feine, ich brauche überhaupt nicht stark zu sein, denn mich bemerkt niemand, solange ich anwesend bin. Auch Sie, mein Herr, bemerken mich jetzt nicht. Sie werden sich erst später an mich erinnern. Ich könnte Ihnen also zum Beispiel all Ihr Geld klauen, ohne dass Sie etwas davon spitzkriegen. Denn wenn Sie sich meiner erinnern, dann bin ich ja schon längst weg. Ist das nicht köstlich?'"

„Das ist natürlich Unsinn", murmelte der Kapitän zerstreut.

„Eben!", sagte Stups und suchte in all seinen Taschen, ohne etwas zu finden. Dabei hatte er seine Geldbörse doch vorher eingesteckt.

„Haben Sie den Kerl mit aufs Schiff gebracht?", fragte der Kapitän.

Stups starrte nachdenklich vor sich hin, dann sagte er: „Das wüsste ich auch gern."

„Lassen Sie mich jetzt arbeiten", brummte der Kapitän. „Ich bin kurz davor, ein Kapitel abzuschließen."

Stups trat aufs Deck hinaus. Am Steuerrad stand Matthias Galli, der Riese.

„Anker lichten!", rief ihm Stups zu. „Die Fahrt geht weiter."

„Welcher Kurs?", fragte der Steuermann.

„Zwei Strich Süd-Nord-Ost-West", befahl Stups.

„Ay, ay, Sir!", antwortete der Große Gallimatthias.

Vierundzwanzig Fragen an den geneigten Leser

Wenn Sie ein Buch wie dieses hier zusammenstellen sollten, nach welchen Kriterien würden Sie Ihre Auswahl treffen?

Gibt es Bücher oder Stellen aus Büchern, die Ihr Leben verändert haben?

Halten Sie es für Zufall, wenn Sie, von Lebensfragen bedrängt, genau im richtigen Augenblick genau das richtige Buch in die Hand bekommen, es an genau der richtigen Stelle aufschlagen und genau die richtige Antwort finden?

Gehört die Bibel, die von Engeln, Dämonen und Wundern berichtet, zur phantastischen Literatur?

Gibt es eine Stadt namens Moskau, so wie Tolstoi sie beschreibt, eine Stadt namens Berlin, von der Fontane erzählt, eine Stadt namens Paris, wie Maupassant sie schildert, wirklich, oder hat es sie jemals gegeben?

Ist der Mond, den Goethe duzte („Füllest wieder Busch und Tal …“), und der Klumpen aus Schlacke und Staub, auf dem die beiden Astronauten herumtaumelten, ein und derselbe Himmelskörper?

Kann die Schilderung von Kriegsgräueln einen Menschen belehren oder gar verändern, der diese Kriegsgräuel unbelehrt und unverändert erlebt hat?

Ist das Leiden von tausend Menschen mehr Leiden als das eines einzelnen?

Ist eine rote Fläche von einem Quadratkilometer röter als eine gleichfarbige Fläche von einem Quadratmeter?

Um sich eine Welt „an sich", außerhalb der menschlichen Vorstellungen von der Welt, vorzustellen – bedarf es dazu nicht wenigstens *eines* Menschen, nämlich dessen, der sich diese Welt vorstellt?

Wenn unsere Vorstellungen von der Wirklichkeit sich ändern, ändert sich dann auch die Wirklichkeit?

Können Sie etwas denken, wofür es kein Wort gibt?

Wie kann ein kleines Kind, das noch nicht sprechen und damit angeblich noch nicht denken kann, verstehen, dass Wörter Bedeutung haben?

Können Sie erklären, was die Wörter „schon" oder „eben" bedeuten?

Was meinen Sie damit, wenn Sie sagen, dass Sie ein Gedicht „verstanden" haben?

Halten Sie für möglich, dass die Menschen in hundert oder zweihundert Jahren über unsere Vorstellungen von der Welt den Kopf schütteln werden?

Was treibt wohl einen Nihilisten dazu, andere Menschen von seiner Ansicht, dass alles sinnlos sei, überzeugen zu wollen?

Erwartet man zu Recht von einem Maler, der ein gutes Christusbild malt, dass er selbst eine Art Christus sein sollte?

Was rechtfertigt die Darstellung eines entsetzlichen Foltertodes durch ein schönes Bild, durch schöne Musik oder in schönen Versen?

Ist Schönheit eine objektive Tatsache oder ein subjektives Erlebnis, oder ist die Frage so überhaupt falsch gestellt?

Wenn man die Hände zusammenschlägt – welchen Ton macht dann eine Hand?

Liegt die Kraft, die eine Kompassnadel dazu veranlasst, immer nach Norden zu zeigen, in der Nadel oder im Erdball?

Wenn mehrere Menschen das gleiche Buch lesen, lesen sie dann wirklich dasselbe?

Wo geschieht das, was zwischen einem Leser und seinem Buch vorgeht?

Kann man ohne Geist den Geist leugnen?

Warum schreiben Leute dicke Romane darüber, dass es nicht mehr möglich sei, Romane zu schreiben?

Wer denkt sich wohl die Geschichten derjenigen Autoren aus, die behaupten, keine „allwissenden Erzähler" zu sein?

Was ist der Unterschied zwischen einer dichterischen Fiktion und einer Lüge?

Wenn Kunst im Weglassen besteht, ist es dann nicht die höchste Kunst, gar nichts zu machen?

Sind eigentlich die Leser verpflichtet, einen Dichter zu verstehen, oder ist ein Dichter verpflichtet, sich den Lesern verständlich zu machen?

Wenn ich das Wort „Baum" in Morseschrift, in gotischen Lettern, in Blindenschrift und im chinesischen Ideogramm vor mir sehe, aber dieser Schriften unkundig bin, muss ich da nicht annehmen, es handle sich um ganz verschiedene Dinge?

Wenn Kafka uns mit seinen Romanen das sagen wollte, was seine Interpreten interpretieren, warum hat er's dann nicht gesagt?

Was tun die Personen in einem Buch, wenn es gerade niemand liest?

Ist der Wunsch nach Schönheit der Wunsch nach Beschönigung?

Haben Sie schon jemals einen Durchschnittsmenschen kennengelernt?

Ist es nicht höchst verwunderlich, dass die gesamte deutsche, englische, französische, spanische und italienische Literatur nur aus sechsundzwanzig Buchstaben besteht?

Halten Sie es für möglich, dass Gott, wie die Kabbala lehrt, die Welt aus zweiundzwanzig Buchstaben und zehn Zahlen schuf?

Könnte es den Tanz, der die Schwerkraft überwindet, ohne die Schwerkraft geben?

Welcher elektrochemische Prozess in unserem Hirn hat wohl den Gedanken hervorgebracht, dass Gedanken nichts anderes seien als elektrochemische Prozesse in unserem Hirn?

Wenn Wirklichkeit etwas mit „wirken" zu tun hat, welche Wirklichkeit hat dann ein Traum?

Gibt es Bücher, die einen krank oder gesund machen?

Haben Sie auch beobachtet, dass jedem Menschen im Lauf seines Lebens von einer Fee drei Wünsche erfüllt werden?

Was ist Ihrer Ansicht nach schwerer zu machen – das Schwere oder das Leichte?

Werden Sie nachzählen, ob es auch wirklich vierundvierzig Fragen waren, oder glauben Sie mir aufs Wort?

Der Tod und der Spiegel

Ein Märchen

Es war einmal in alten, alten Zeiten ein Menschenkind, das spielte jeden Tag mit dem Tod, denn es hatte noch keine anderen Spielkameraden. Und der Tod war freundlich zu ihm und tat ihm nichts zuleide, sondern brachte ihm oft aus den höheren Welten, wo er zu Hause war, die schönsten Geschenke mit. Dem Kind war auch gar nicht bange vor dem Tod, es hatte nämlich noch niemals seine irdischen Augen geöffnet. Das war nicht nötig, denn es konnte noch inwendig mit dem Herzen sehen, und da hatte sein Freund eine wunderbare, lichte Gestalt.

Da hing aber ein Spiegel an der Wand des Hauses, in dem das Kind wohnte, der war eifersüchtig auf diese Freundschaft. Er wollte, dass das Kind nur Augen für ihn haben sollte, denn dazu war er schließlich da. Was ist ein Spiegel, in den niemand blickt?

Eines Tages brachte der Tod dem Kind eine schimmernde Krone mit. Das Kind freute sich, und als er fortgegangen war, ging es mit der Krone auf dem Kopf in der Stube herum. Da rief der Spiegel:

Rasch, Kind, die Augen aufgemacht!
Schau, was der Tod dir mitgebracht!

Aber das Kind tat nicht, was der Spiegel wollte, denn der Tod hatte es gewarnt, es solle nicht darauf hören.

Ein andermal schenkte der Tod ihm ein schönes silbernes Königszepter. Als es allein war, spielte das Kind damit und war glücklich. Und wieder rief der Spiegel:

Rasch, Kind, die Augen aufgetan!
Ich zeige dir die Wahrheit an.

Aber das Kind tat nicht, wie der Spiegel ihm riet.

Wieder eine Zeit später brachte der Tod dem Kind ein Paar schöne rote Schuhe zum Geschenk, die es für immer tragen durfte und die sich nie ablaufen würden. Das Kind tanzte damit in der Stube herum, da rief der Spiegel:

Hüte dich vor der dunklen Macht,
weil dich der Tod zunichtemacht!

Da bekam das Kind es nun doch ein wenig mit der Angst und dachte: Ein Blick kann ja nichts schaden. Und es öffnete seine Augen und betrachtete sich selbst im Spiegel. Und der Spiegel zeigte ihm seine Wahrheit, nämlich dass die schimmernde Krone nur aus verdorrten Disteln und Dornen geflochten war, und das silberne Zepter war nichts weiter als ein bleiches Knöchelchen und die roten Schuhe zwei schlechte irdene Bratrainen. Und als das Kind sich selbst ins Gesicht sah, da entdeckte es hinter seinen rosigen Wangen nur einen vermoderten Totenschädel, der es grausig angrinste. Und vor lauter Traurigkeit und Entsetzen blieb dem Kind das Herz stehen.

Seither geht der Tod unter den Menschenkindern umher und drückt ihnen die Augen zu, damit sie wieder inwendig schauen lernen.

Und die Spiegel, die muss man zuhängen, wenn er kommt.

Das ist das Märchen von den zweierlei Gesichten.

Baumsprache

Eine Liebesszene wird indirekt beschrieben durch die Unterhaltung des Mondes mit einem Baum, die beide die zärtlichen Spiele, die uns verborgen bleiben, mit Interesse beobachten.

BAUM
Schschschsssssschchchchch …

MOND
Wie bitte?

BAUM
Zzzzzzssssschwwwwschschsch …

MOND
Ich verstehe nicht, mein Lieber.

BAUM
O verzeihen Sie, das war Baumsprache.

MOND
Aha. Und was soll das heißen?

BAUM
Es bedeutet – nun ja, wie soll ich sagen? Es drückt etwas aus, es bezeichnet sehr genau etwas in der Liebe, was nur Bäume kennen. Und vielleicht zwei oder drei Menschen auf der Welt, denn es gibt ja nichts in der Natur, wofür es im Menschen keine Entsprechung gibt. Es ist etwas höchst Wunderbares – aber man kann es leider nicht übersetzen.

Lobgesang auf einen Nicht-Erfinder

Professor Doktor Hopfer sprach:
„Dem Denker zeigen nach und nach
sich klar des Fortschritts Grenzen,
denn vieles, was die Wissenschaft
hervorbringt, ist höchst zweifelhaft!"
Er zog die Konsequenzen.

Er scheute Mühe nicht, noch Hohn,
und mochte auch Gefahr ihm droh'n
und sein Vermögen schwinden,
er war bei Tag und auch bei Nacht
nur auf sein großes Werk bedacht.
Das war: *Nichts* zu erfinden.

Nach vielen Jahren harter Fron,
da krönte der ersehnte Lohn
all die Experimente.
Das Folgende erfand er nicht,
obgleich er es (laut Fachbericht)
erfunden haben könnte:

Einen Hund mit Stecker, der automatisch bellt
und den man elektrisch als Wecker stellt.
Eine Pille, die völlig ersetzt, zu ruhn
und mit Schlafen und Träumen die Zeit zu vertun.
Einen Apparat, der Gedichte und Bücher schreibt
und sie selbst auch gleich liest und sich einverleibt.
Ein Gerät, das die Jahreszeiten verhindert,
und Pulver, das böses Gewissen vermindert.
Babys, die keine Eltern mehr brauchen
und alles schon wissen und Tabak rauchen.
Ein Flugzeug, das wirklich gedankenschnell fliegt
und Lärm dabei macht, dass sich Eisen verbiegt.
Nahrung, als Spritze ins Blut gegeben:

Man muss dann ein Jahr nichts mehr essen zum Leben.
Krankheiten, die man per Post verschickt
(wer sie bekommt, wird ganz plötzlich verrückt).
Ein Ding, das den Menschen die Mühe und Art,
einander gern zu haben, erspart.
Eine große Verdummungsmaschine (zum Lenken),
die den Leuten die Lust nimmt, selber zu denken.
Eine Riesenbombe, bei deren Knall
zerplatzt der gesamte Erdenball …
Noch vieles andere könnte man nennen,
doch dies genügt, das Genie zu erkennen!

Gewaltiges tat er, wie man sieht,
auf jedem Wissenschaftsgebiet.
So kann die Welt gesunden!
Ein Vorbild ist er, hoch und hehr:
Kaum einen gibt es, der wie er
so vieles nicht erfunden.

Er hat, indem er's unterdrückt,
die ganze Menschheit sehr beglückt.
Und für sein großes Opfer
verleiht man ihm (soviel ich weiß)
im nächsten Jahr den Nobelpreis.
Es lebe Pipin Hopfer!

Auch ein Grund

Selbstverständlich glaube ich – wie die Mehrzahl aller vernünftigen Menschen es immer taten und auch jetzt noch tun – an Engel, Dämonen und ein hierarchisch geordnetes geistiges Universum von Intelligenzen und Wesen der unterschiedlichsten Art. Ich tue es, weil ich überzeugt bin, dass die Kunst und die Poesie aller Zeiten und Völker der Wahrheit der Erfahrung sehr viel näher kommen als das trostlose Wirklichkeitsbild des Nur-Beweisbaren, das heute bei uns Anspruch auf alleinige Richtigkeit stellt. Und wenn es für mich nicht hundert andere gute Gründe für meine Überzeugung gäbe, so würde mir schon der eine genügen, dass mir das gegenwärtige Weltbild des Nur-Beweisbaren, trotz seiner immensen Kompliziertheit, letzten Endes ganz einfach zu langweilig ist.

***

Gute Gedichte brauchen keine Weisheit zu enthalten: Sie sind deren Ergebnis.

Anrula

Das Wesen namens Anrula wohnt in einem so fernen Land, dass alle Versuche, es zu schildern (das Land nämlich), fehlschlagen müssen, denn die Schilderung auch der exotischsten Gegenden kann nur dadurch gelingen, dass man wie von vergleichsweise Bekanntem erzählt. Ich werde beispielsweise von Bäumen sprechen: Meinetwegen wird also von Bäumen die Rede sein, die wie Frauenhaar in strömendem Wasser langsam hin und wider wallen, nicht horizontal allerdings, sondern senkrecht nach oben – flammenartig und doch auch wieder nicht. Selbst bei einer so vagen Schilderung wie der eben versuchten, greife ich auf allerlei bekannte Vorstellungen zurück: Bäume, Frauenhaar, Wasser, Flammen.

Wie aber, wenn ich mich nun immer weiter und weiter von der uns bekannten Welt der Vergleiche entferne? Wenn ich beispielsweise diese eben bezeichneten baumartigen Wesen als Vergleich heranziehen müsste für Gebilde noch entlegenerer Art, sagen wir Cogalen, und nur durch den Vergleich mit diesen Cogalen könnte ich erklären, von welcher Beschaffenheit etwa das oben angeführte Wesen – Anrula mit Namen – ist? Wobei es sich von selbst versteht, dass der Name Anrula bereits eine beinahe unzulässige Annäherung an die uns bekannte Welt ist, insofern er nämlich aus Lauten gebildet wird, die für den Menschen aussprechbar sind. Stellen wir uns vielmehr vor, ein Stein, der in die Tiefe eines Brunnens fällt, brächte einen ähnlichen Laut hervor – obgleich auch dies schon wieder falsch ist, denn das Wort „Laut“ trifft nicht zu, ebenso wenig der Begriff „Name“. In unserem Sinn hat das Wesen keinerlei Namen und erst recht keinen, der durch Laute bezeichnet werden kann. Es ist schließlich noch nicht einmal ein Wesen in unserem Sinn, gleicht weder einem Stein, noch einer Pflanze, noch einem Tier oder einem Menschen, auch ist es kein Geist. Was ist es also?

Die Quest

Das Labyrinth ist der Körper des Minotaurus. Wenn Theseus von Kammer zu Kammer geht, auf der Suche nach dem Ungeheuer, verwandelt er sich nach und nach in den Minotaurus. Dieser hat sich ihn „einverleibt“. Daher ist es unmöglich, dass Theseus ihn zuletzt tötet, es sei denn, er tötete sich selbst.

Jeder verwandelt sich in das, was er sucht.

Die Wunschuhr

… dessen Großvater bei einem zweifelhaften Uhrmacher eine Pendule erworben habe, welche durch eine geheimnisvolle Vorrichtung imstande gewesen sei, jene besondere Stunde im Leben ihres Besitzers anzuzeigen, in der ihm jedweder Wunsch, sei er nun bescheiden oder frevelhaft, in Erfüllung gehe. Die Wunschstunde sei, so wurde ich belehrt, im Leben eines jeden Menschen enthalten, gehe aber bei den meisten unbemerkt und daher ungenutzt vorüber. Der Großvater nun habe sein Leben damit verbracht, die Uhr mit dem rätselhaften Anzeiger zu beobachten, um nur ja die unwiederbringliche Stunde nicht zu versäumen. Seine sämtlichen Wünsche habe er, in der Reihenfolge ihrer Dringlichkeit, Tag und Nacht im Geiste gegenwärtig gehalten. Selbstverständlich habe die Uhr niemals irgendeine besondere Stunde angezeigt, wie das wohl kein vernünftiger Mensch anders erwarten könne. Das Leben des Großvaters sei so über seiner immerwährenden Erwartung hingegangen, und man könne schon mit einer gewissen Berechtigung behaupten, dass der arme Mann einem Schwindler aufgesessen sei. Nun aber komme erst das höchst Absonderliche: Obgleich der Großvater, wie gesagt, so gut wie nichts dazu getan, außer eben geduldig zu warten, habe sich ein Wunsch nach dem anderen erfüllt, und zwar – und dies sei gewiss der Gipfel des Erstaunlichen – in der nämlichen Reihenfolge, welche er selbst seinen Wünschen von Anfang an gegeben habe …

Parallelgeschichten

Zwei Geschichten könnten nebeneinander herlaufen, auf der linken und rechten Seite des Buches oder, vielleicht besser noch, auf derselben Seite, die in eine linke und rechte Hälfte unterteilt ist. Manchmal gerät eine Figur aus der einen in die andere Geschichte hinüber, tritt z. B. durch eine bestimmte Tür und ist plötzlich dort, oder sie schläft ein, träumt …

Die parallelen Geschichten müssten unmerklich aufeinander wirken: Auf der linken Seite macht jemand das Licht aus und ein anderer in der anderen Geschichte erblindet plötzlich. Oder der eine tut etwas, das ihm selbst völlig unbegreiflich ist, eben das aber rettet jemanden in der anderen Geschichte aus tödlicher Gefahr.

Es könnten auch die Geschichten zweier Liebender sein, die sich gegenseitig suchen, immer wieder die Seiten wechseln und sich so ständig verfehlen.

Die Parallelgeschichten könnten auch zyklisch gebaut sein, sich also seitenverkehrt am Anfang und am Ende berühren. Die eine Geschichte endet dort, wo die andere beginnt. Der eine erwacht, schläft ein oder stirbt und ist nun der andere, den er gesucht oder verfolgt hat, der seinerseits die Rolle des Ersten übernimmt, also etwa: Ein Mörder schläft ein und träumt sich als sein Opfer. Im Augenblick des Mordes wacht er auf und ist wieder der Mörder … Das Opfer durchläuft natürlich inzwischen den Gegenpart. Das würde bedeuten, sie sind eigentlich identisch, der Mord ist ein Selbstmord.

Eine Spielregel, die viele Möglichkeiten bietet.

Gedanken eines zentraleuropäischen Eingeborenen

„Es war einmal ein arm Kind und hatt kein Vater und keine Mutter, war alles tot und war niemand mehr auf der Welt. Alles tot, und es is hingangen und hat gesucht Tag und Nacht. Und weil auf der Erde niemand mehr war, wollt's in Himmel gehn, und der Mond guckt es so freundlich an, und wie es endlich zum Mond kam, war's ein Stück faul Holz. Und da is es zur Sonn gangen, und wie es zur Sonn kam, war's ein verwelkt Sonneblum. Und wie's zu den Sternen kam, waren's kleine goldene Mücken, die waren angesteckt, wie der Neuntöter sie auf die Schlehen steckt. Und wie's wieder auf die Erde wollt, war die Erde ein umgestürzter Hafen. Und es war ganz allein, und da hat sich's hingesetzt und geweint, und da sitzt es noch und is ganz allein."
(Büchner, Woyzeck)

Es hat keinen Zweck, meine Herkunft zu verleugnen: Ich bin ein Primitiver und stamme aus einem zentraleuropäischen Reservat. Auch wenn ich mir noch so Mühe gäbe, mich zu verstellen, jeder wissenschaftlich aufgeklärte Bewohner der großen Zivilisationswüste dort draußen würde mich bald durchschauen. Es sind bestimmte Gesten, ein bestimmter Tonfall, offenbar auch eine bestimmte Art zu schweigen, die unsereinen verraten. Ich gebe es also lieber gleich zu.

Das Reservat, aus dem ich stamme, heißt: Kinderliteratur. Es gehört zu jenen Reservaten, die von den Bewohnern der Zivilisationswüste mit mildem Lächeln geduldet, von einigen Good-doer-Vereinen sogar gehätschelt, im Grunde aber von allen verachtet werden – wie übrigens das meiste, was mit Kindern zu tun hat. Wir sind also noch vergleichsweise gut dran. Ab und zu wird es zwar bei den Bewohnern der Zivilisationswüste Mode, sich mit uns zu beschäftigen, dann ziehen Scharen von eifrigen Missionaren durch unsere Wälder und Prärien, vermessen unsere Landschaft und ermahnen uns gütig oder streng, uns endlich der allein selig machenden wissenschaftlichen Aufklärung zu unterwerfen und in Zukunft nur noch realistische, gesellschaftlich relevante, sozialkritische oder wenigstens emanzipatorisch wertvolle Geschichten zu erzählen. Wir versprechen natürlich alles, was sie wollen, machen auch die von ihnen verlangten Verbeugungen in die vier Himmelsrichtungen, die bei ihnen Marx, Freud, Einstein und Darwin heißen. Dann gehen sie sehr zufrieden wieder fort. Das ist schon ein Weilchen her, und inzwischen lässt man uns etwas in Ruhe.

Nun gibt es innerhalb unseres Reservats noch eine besondere Enklave, die von jenen Missionaren gehasst wird wie die Pest, weil selbst die Gutwilligsten unter ihnen die Hoffnung aufgegeben haben, den Geist der Finsternis aus ihr zu vertreiben. Diese Enklave heißt „das phantastische Kinderbuch". Es handelt sich da um eine Gegend, in der sich sozusagen zwei verschiedene Reservate überlappen, nämlich das jener eben schon beschriebenen „unberührbaren" Literatur mit dem der phantastischen Literatur, die ja zwar ganz generell als eskapistisch und daher wertlos gilt, die aber doch immerhin als Kuriosum zur Kenntnis genommen wird, sofern sie sich nur erwartungsgemäß geisteskrank, schockierend oder doch wenigstens obszön gebärdet. Die Überschneidung der beiden Reservatsgebiete summiert den jeweiligen Tabueffekt nicht nur, sie multipliziert ihn. Wenn der gutwillige Missionar das realistische Kinderbuch noch gebilligt hat, weil es lehrreich oder erzieherisch wirkt, so bleibt ihm beim phantastischen Kinderbuch gewöhnlich ganz einfach die Spucke weg. Er findet keine Maßstäbe, keine Kriterien mehr, an die er hier noch mit seiner Heilsbotschaft anknüpfen könnte. Dass diese Tatsache im Allgemeinen nicht zugunsten der Bücher ausschlägt, wird niemand verwundern. Jedenfalls wagen sich nur die vorurteilslosesten unter den Meinungs-Bildnern ins Innere dieser Zone. Sie scheuen nicht Entbehrungen noch Strapazen und suchen unentmutigt und mit bewundernswertem Fleiß, ob es da nicht doch am Ende irgendetwas wissenschaftlich Wertvolles herauszuinterpretieren gibt. Der Große Gallimatthias möge sie dafür segnen!

Diese Enklave innerhalb unseres Reservats ist also der Ort meiner Herkunft. Von einem, der solche Peinlichkeiten ohne Scham eingesteht, erwartet man ja aufseiten der zivilisierten Leute, dass er wenigstens hinzufügt: Und ich bin stolz darauf!

(Etwa nach Tucholskys Formel: Ich bin stolz darauf, Jude zu sein. Wenn ich nicht stolz darauf bin, bin ich auch Jude. Da bin ich schon lieber gleich stolz.)

Nein, ich bin nicht stolz darauf. Ich bin nicht stolz darauf, aus dem einfachen Grund, dass diese ganzen Einteilungen in Kinderliteratur und Erwachsenenliteratur, phantastische Literatur und realistische Literatur, Literatur für katholische Hausfrauen und Literatur für linkshändige Dreiradfahrer ein so hanebüchener Schwachsinn sind, dass wir Eingeborenen schon sehr viel Feuerwasser trinken müssen, bis wir glauben können, dass die Bewohner der Zivilisationswüste es wirklich ernst damit meinen.

Nun ist es mir und einigen meines Stammes neuerdings gelungen, die Grenzen unseres Reservats zu sprengen, die Aufmerksamkeit der „richtigen" Literaturwelt zu erregen, ihre Maßstäbe ein bisschen durcheinanderzubringen und sogar auf der Bestseller-Liste zu stehen. Ich sehe vor meinem inneren Blick die hochgezogenen Augenbrauen der Wohlwollenden und wie sie mir zunicken und zu fragen scheinen: Na?

Nein, auch darauf bin ich nicht stolz. Solche Dinge widerfahren uns Eingeborenen manchmal, ohne dass wir sie beabsichtigt haben. Wie könnten wir denn auf die Anerkennung einer Welt stolz sein, die für unsereins unbewohnbar ist? Solche Erfolge beweisen nur, dass die Zivilisationswüste nach und nach für eine immer größere Anzahl ihrer Bewohner ebenfalls unbewohnbar zu werden scheint. Viele von denen, denen die wissenschaftliche Aufklärung das Grundwasser des Lebens abgegraben hat, fühlen ganz einfach einen verzweifelten Durst nach dem Wunderbaren. In ihrer abgehäuteten, funktionalen Welt hat man alles Geheimnisvolle wegerklärt – oder, falls das noch nicht völlig gelungen ist, das Versprechen gegeben, es demnächst endgültig wegzuerklären. In unserem Reservat, das auf allen Seiten von Planierraupen, Chemikalien und Rationalisierungsmaßnahmen bedroht ist, sprudeln noch ein paar Quellen. Deshalb kommen die Durstigen. Aber dass sie Durst haben, ist für uns kein Grund, stolz zu sein.

Ich habe gehört, dass man neuerdings an den Grenzen aller Reservate, die dem unseren ähnlich sind, große Warntafeln aufgestellt hat mit der Inschrift: „Vorsicht! Hier beginnt das Gebiet des Irrationalen! Lebensgefahr! Nicht weitergehen!“

Wir einfältigen Eingeborenen fragen uns vergeblich, was damit wohl gemeint sein kann. Das, was man in der Zivilisationswüste Rationalität und wissenschaftliche Aufklärung nennt, scheint uns nämlich das Gegenteil dessen hervorgebracht zu haben, was Vernunft und Loyalität jedem gesunden Menschen gebieten. Wir sehen, dass diese Leute mit ihrer wissenschaftlichen Aufklärung den Himmel, die Erde und die Gewässer vergiften. Wir sehen, dass sie sich selbst körperlich und seelisch zugrunde richten. Wir sehen, dass sie als Gipfel ihrer Erkenntnisse eine Bombe geschaffen haben, mit der man alles Leben auf der Erde nicht nur einmal, sondern viele Male vernichten kann. Wenn diese Ergebnisse ihrer Rationalität ihnen keine Angst machen, warum haben sie dann solche Angst vor unserer Irrationalität? Aber sie haben keine Angst vor ihrer Rationalität, sie sind sogar stolz darauf. Sind sie denn krank im Kopf?

Die Missionare aus der Zivilisationswüste sagen uns, alle diese schrecklichen Dinge sprächen durchaus nicht gegen die wissenschaftliche Aufklärung, es handle sich da nur um die falsche Anwendung an sich richtiger Erkenntnisse. Wir dagegen fragen uns, wie lange es wohl noch dauern wird, bis sie endlich begreifen, dass es nicht darum geht, von ihren Erkenntnissen einen anderen Gebrauch zu machen, sondern darum, nach einer anderen Art von Erkenntnissen zu streben. Das, was sie Rationalität nennen, hat sie offenbar blind gemacht. Können sie denn wirklich nicht sehen, dass der Tod schon von Anfang an in dieser Art ihres Denkens steckte und nun nach und nach hervortritt? Können sie denn wirklich glauben, dass ein totes und tödliches Denken, wenn es nur richtig angewendet wird, dem Leben dient?

Es liegt mir weiß Gott fern, nun sozusagen den umgekehrten Missionar zu machen, aber für diejenigen, die es interessiert, möchte ich doch versuchen, genauer zu erklären, was ich gemeint habe. Dazu muss ich ein wenig erzählen, wie es überhaupt zu dem Reservat kam, aus dem ich stamme.

In der Zivilisationswüste wird darüber nämlich eine ganz und gar unwahre Geschichte verbreitet. Sie sagen dort – und so kann man es in allen ihrer einschlägigen Untersuchungen lesen –, dass die Kinder- und Jugendliteratur aus einem zunehmenden Interesse der modernen, zivilisierten Menschheit am Kind und seinen Bedürfnissen entstanden sei. Das ist zumindest ein Euphemismus, oder besser gesagt, es ist die hübsch polierte Vorderseite einer Münze, deren Rückseite ein sehr viel weniger erfreuliches Bild zeigt.

Wann tauchte überhaupt die Notwendigkeit auf, den Kindern eine eigene Welt und damit auch eine eigene Literatur zu schaffen? In anderen Kulturen – sofern diese nicht auch schon unter den Einfluss der wissenschaftlichen Aufklärung geraten sind – leben Kinder und Erwachsene durchaus gemeinsam in einer Welt. Im älteren Europa war es nicht anders. Wann und warum zerfiel diese Welt in zwei Teile?

Die Anfänge dessen, was wir heute Kinderliteratur nennen, liegen etwa am Beginn des neunzehnten Jahrhunderts. Vorher gab es die Märchen, aber die waren ja keineswegs „nur für Kinder" bestimmt. In der Zivilisationswüste nimmt man an, das Volk habe sich diese Geschichten zurechtgefabelt, weil es eben unwissend und naiv war. Wir in unserem Reservat wissen es besser: Das Volk denkt sich solche Geschichten nicht aus, es erzählt sie nur gewissenhaft und genau im Wortlaut weiter. Die anonymen Autoren der Märchen waren in Wahrheit weise Männer, die sehr genau wussten, was sie sagten – bis in jede Einzelheit hinein. Es gab auch die Heiligenlegenden und die biblischen Geschichten, es gab die alten magischen Entsprechungssysteme, in denen alles mit allem zusammenhing, es gab die Alchemie, die Astrologie und das Universum der Mythen. Diese Welt war für Erwachsene wie für Kinder gleichermaßen bewohnbar, die Unterschiede bestanden nur im Grade des Wissens und der Weisheit.

Mit dem Beginn der Neuzeit wurde das anders. Zu diesem Zeitpunkt begann der moderne Intellektualismus die alte Geistigkeit Europas auf allen Gebieten zu verdrängen. In seinen verschiedenen Erscheinungsformen, der „objektiven" Naturwissenschaft mit ihrem späteren Anhang von Technik und Industrie auf der einen Seite und einer sich immer mehr in dürren Abstraktionen verlierenden Geisteswissenschaft und Theologie auf der anderen, rottete er mit Feuereifer die letzten Reste aller bis dahin noch bestehenden anthropomorphistischen, also menschenverwandten Weltvorstellungen aus. Im 19. Jahrhundert war sein Triumph vollkommen: Das Bild der Welt war buchstäblich unmenschlich geworden.

Im Kosmos erblickte man von da an nichts mehr als eine teilnahmslose und wesenlose Maschinerie, die nach einer begrenzten Anzahl physikalischer Gesetze funktioniert. Unser Planetensystem, ein gleichgültiges Staubwölkchen am Rande der Galaxis, war eines Tages zufällig aus einem gigantischen Wasserstoffnebel herausgetrudelt und würde so weitertrudeln, bis es dermaleinst dem Hitze- oder Kältetod anheimfallen wird. In der kosmischen Friedhofsstille, die danach kommt, wird die ganze Geschichte der Menschheit mit ihren Kulturen, Religionen, Kämpfen und Leiden nichts gewesen sein als ein sinnloses, kaum wahrnehmbares winziges Intermezzo in einer unabsehbaren Folge gewaltiger, aber ebenfalls sinnloser Vorgänge.

Und der Mensch selber? Ein Eiweißklümpchen hatte zufällig unter dem Einfluss kosmischer Strahlungen angefangen, sich zu vervielfältigen, das jeweils stärkere und besser angepasste Lebewesen hatte die anderen aufgefressen und sich so immer höher entwickelt, bis sich schließlich über lurch- und affenartige Vorformen der Gipfel der natürlichen Auslese herausgemendelt hatte: Der Universitätsprofessor! Und das, was man bis dahin irrtümlicherweise für die menschliche Seele gehalten hatte, mit all ihren Idealen von Freiheit, Intelligenz, Verantwortung, Liebe, schöpferischer Kraft, Humor und Menschenwürde, wurde zur puren Illusion erklärt. „Objektiv gesehen" gab es nur eine Summe automatischer, elektrochemischer Prozesse in Hirn und Nervensystem, die man mit den entsprechenden Drähten im Kopf oder durch Psychopharmaka beliebig modeln konnte.

Dieses trostlose, buchstäblich von allen guten Geistern verlassene Vorstellungsgebäude war nun also die Welt des Erwachsenen geworden. Er war stolz auf seine erbarmungslose „Wahrheitsliebe", und vor allem war er stolz darauf, dem ganzen Schwindel der Schöpfung nun endlich auf die Schliche gekommen zu sein. Die pausenlos hergebetete Entzauberungsformel lautete: „Heute wissen wir, es handelt sich nur …" Mit diesem „nur" konnte man selbst die dümmsten und unwahrscheinlichsten Hypothesen zur wissenschaftlichen Tatsache erklären. Für uns Eingeborene wird diese blindwütige Entzauberungsversessenheit immer ein Rätsel bleiben.

Aber auch der rabiateste Missionar der allein selig machenden wissenschaftlichen Aufklärung spürte irgendwie dunkel, dass Kinder in einer solchen Vorstellungswelt nicht leben, nicht atmen, nicht gedeihen konnten, dass sie in dieser verwüsteten Landschaft ganz einfach seelisch verhungern und verdursten mussten. Eben deshalb duldete man die Schaffung unseres Reservats, in dem die kleinen Wilden wenigstens für ein paar Jahre ihren animistischen und anthropomorphistischen Trieben frönen dürfen, in dem ihnen für eine Weile erlaubt wird, sich die Natur von wunderbaren und geheimnisvollen Wesen, von Elfen, Zwergen und Feen bevölkert zu denken – bis zu dem Augenblick, in dem man sie für „reif" genug hält, mit all den Vorstellungen bekannt gemacht zu werden, die man heute die „objektiven Tatsachen" nennt. Dann belehrt man den kleinen Wilden, dass es keinen „guten Mond" gibt, der „so stille durch die Abendwolken hingeht", und bei dessen „Scheinen man fühlt, dass man nicht verlassen ist", sondern nur einen wesenlosen Klumpen aus Schlacke und Staub, der durch einige Gesetze der Mechanik auf seiner Umlaufbahn gehalten wird. Es gibt auch keine „liebe Sonne", die dem kleinen Wilden vom Himmel herunter „zulacht", sondern nur einen Gasball, der durch unaufhörliche Kernreaktionen unvorstellbare Energiemengen sinnlos in ein leeres Weltall hinausschleudert. Es gibt auch keine „Mutter Erde", die uns, ihre „Kinder, ernährt" und der wir „Dank und Ehrfurcht schulden", sondern einen Haufen chemischer Substanzen, die man zu allen erdenklichen Zwecken ausbeuten kann, wenn man es nur gerissen genug anfängt. Kurzum, dem kleinen Wilden wird klargemacht, dass alles, was ihm die Welt bis dahin verwandt und heimatlich erscheinen ließ, nichts als ein plumper betulicher Schwindel war. Es gibt kein Christkind, keinen Klapperstorch, keinen Osterhasen, keinen Schutzengel und keine Zwerge. Der kleine Wilde erfährt, dass man ihn bisher die ganze Zeit schlicht für dumm verkauft hat. Dieser grundlegende Vertrauensbruch wird nur deswegen nicht ernst genommen, weil er meist unbemerkt über die Bühne geht. Zurück bleibt eine unbewusste, aber deshalb nicht weniger tiefe Enttäuschung. Und die Überzeugung, nur das könne wahr sein, was nach Enttäuschung schmeckt. Von diesem Augenblick an ist er tatsächlich „reif", ein Bewohner der Zivilisationswüste zu werden.

„Und es war ganz allein, und da hat sich's hingesetzt und geweint, und da sitzt es noch und ist ganz allein."

Wir Eingeborenen dagegen glauben, dass eine Welt, die für Kinder nicht bewohnbar ist, es letzten Endes auch für Erwachsene nicht sein kann. Der heutige sogenannte Erwachsene, dem man mit einem geradezu lächerlich armseligen Realitätsbegriff das Hirn vernagelt hat, betrachtet alles Wunderbare und Geheimnisvolle als „irrational", als „phantastisch" oder „eskapistisch" oder wie die abwertend gemeinten Vokabeln alle heißen mögen. Doch räumt er all dem, was er für sich selbst als unbrauchbar erachtet, in der Kinderliteratur nolens volens ein gewisses Daseinsrecht ein. Manchmal nascht er wohl heimlich daran, wenn ihn der große Katzenjammer ob seiner total entzauberten Welt überkommt, aber eben nur, wenn es keiner sieht. Sonst schämt er sich. Danach schreit er dann meistens nur umso lauter nach den Entzauberern.

Ich frage mich allen Ernstes, ob eine Geschichte wie die *Odyssee* – einmal angenommen, es gäbe sie noch nicht und sie würde von einem heutigen Homer geschrieben – überhaupt anders im Druck erscheinen könnte als unter der entschuldigenden Bezeichnung „Kinderbuch". Es wimmelt doch darin von Riesen, Windkönigen, Zauberfeen und anderen „unrealistischen" Gestalten. Auch der *Faust* könnte heute eigentlich nur als Märchenstück angeboten werden, denn jeder wissenschaftlich aufgeklärte Zeitgenosse weiß doch, dass es den Teufel nicht gibt und dass man infolgedessen auch keinen Pakt mit ihm abschließen kann.

Verzeihung! Ich vergaß, das ist ja Dichtung. Da braucht man die Sache nicht so ernst zu nehmen, nicht wahr? Das ist alles nur symbolisch gemeint. Schon klar. Die Zivilisationswüste ist gerettet.

Aber ich muss noch einmal auf den Realitätsbegriff zurückkommen. Gutgläubige Leute versichern mir, man sei doch schon längst an allen Fronten dabei, den sogenannten Klotzmaterialismus zu überwinden. Wir Eingeborene haben offen gestanden nicht den Eindruck. Im Gegenteil. Wie wir beispielsweise dem berühmten und gefeierten Buch *Jenseits von Freiheit und Würde* des amerikanischen Verhaltensforschers B. F. Skinner entnehmen, ist die Wissenschaft nunmehr sogar im Begriff, den Anthropomorphismus auch noch aus seinen letzten Schlupfwinkeln zu vertreiben, nämlich aus der Wissenschaft vom Menschen selbst. Auch der Mensch, so erfahren wir dort, ist in Wirklichkeit – also „objektiv" betrachtet – gar nicht menschenähnlich. Gerade das, was wir für das eigentliche Wesen des Menschen gehalten haben, nämlich seine Freiheit und seine Würde, gibt es nicht. Das war alles nichts als ein naiver, unwissenschaftlicher Aberglaube. Wir, die Eingeborenen des Reservats, wundern uns nicht, wenn junge Leute, die in der Zivilisationswüste aufgewachsen sind und mit solchen „Wahrheiten" zu leben versuchen, ohne Skrupel Bomben legen und um sich schießen. Ob es ein paar Systeme von „eingeschliffenen Reflexen" mehr oder weniger in der Welt gibt, spielt ja nun wirklich keine Rolle. Und mehr ist der Mensch ja nicht.

Wir möchten gerne wissen, wie man aus solchen Anschauungen heraus eigentlich begründen will, dass der Starke nicht das Recht hat, rücksichtslos auf Kosten der Schwächeren zu leben. War das denn nicht genau die Art, wie der Mensch sich zu seiner heutigen Höhe heraufentwickelt hat? Warum soll er es denn nicht weiterhin so halten? Wir möchten gern wissen, warum man eigentlich keine KZ-Experimente an sogenanntem „lebensunwertem Leben" machen darf, Experimente, die doch der Wissenschaft und damit dem Fortschritt der Menschheit dienen? Wir fragen, warum man das Problem der Überbevölkerung eigentlich nicht durch den Abwurf einiger „sauberer" Atombomben lösen soll? Wobei natürlich „objektiv" festgestellt werden müsste, wer dran glauben muss und wer nicht. Diese Entscheidung könnte man doch beruhigt einem internationalen Gremium von Experten, die wahrhaft „wertfrei" zu denken verstehen, überlassen.

Aber nein!, höre ich die Missionare der allein selig machenden wissenschaftlichen Aufklärung wie aus einem Munde rufen, das widerspräche ja jeder Ethik, jeder Moral, jeder Humanität!

Ethik, Moral, Humanität? Wo kommen denn bitte auf einmal diese Begriffe her? Haben wir nicht eben erst gehört, dass es sich da um subjektive, also illusionäre Werte handelt, die es objektiv gar nicht gibt? Was haben denn solche Werte an einem wertfreien Denken verloren? Der Orthodoxieanspruch der Aufklärer ist doch allgemein, unerbittlich und ausschließlich. Warum entsetzen sie sich dann, wenn jemand die grausigen Konsequenzen aus ihren Lehren zieht? Oder sollten sie am Ende selbst nicht wirklich ernst nehmen, was sie predigen?

Das gibt es ja: Den Professor, der die Woche über seinen Studenten vom Katheder herunter verkündet, das menschliche Bewusstsein sei nichts anderes als die Summe der elektrochemischen Prozesse in Hirn und Nervensystem, am Sonntag aber geht er als guter Bürger und Christ in die Kirche und hört sich dort an, der Mensch habe eine unsterbliche Seele. Und er bringt es fertig, das eine zu glauben und das andere zu wissen. Schon Newton brachte ja dieses Kunststück fertig, als er lehrte, man dürfe die wissenschaftlichen Wahrheiten nicht in die Religion einführen, sonst würde diese heterodox, man dürfe aber andererseits auch die religiösen Wahrheiten nicht in die Wissenschaft einführen, sonst würde diese phantastisch.

Wir Eingeborenen staunen!

Die Schizophrenie dieser Haltung ist in der Zivilisationswüste so an der Tagesordnung, dass sie inzwischen schon für den Normalzustand des vernünftigen Menschen gehalten wird. Es wird dort geradezu verlangt, dass das Denken des Menschen eines, sein moralisches Verhalten ein anderes sei. Noch einmal: Sind sie denn krank im Kopf?

Sie haben die Welt in eine „subjektive“ und eine „objektive“ auseinandergerissen. Und sie haben nicht gemerkt, dass sie damit einer totalen Fiktion aufgesessen sind. Sie wollen nicht begreifen, dass es eine Welt ohne menschliches Bewusstsein überhaupt nicht gibt, denn um sich eine solche Welt zu denken, bedarf es zumindest eines menschlichen Bewusstseins, nämlich des Bewusstseins desjenigen, der sich das menschliche Bewusstsein wegdenkt. So sind sie in einen heillosen Zirkelschluss hineingeraten, den sie nicht bemerken, weil sie die eine Hälfte immer aus dem Auge und dem Gedächtnis verlieren, wenn sie gerade die andere denken. Dieser Zirkelschluss funktioniert so: Alle Wahrnehmung des Objekts, sagen sie, ist subjektiv – es gibt keine Farben, keine Klänge, keinen Geschmack, das alles ist Illusion. Fragt man dann weiter: Woher wisst ihr denn aber von eurer Existenz, denn die zumindest muss euch doch gewiss sein, wenn ihr solche Urteile fällt?, dann antworten sie: Die Wahrnehmung des Subjekts ist objektiv! Alles klar? Alles klar.

Wir einfältigen Wilden dagegen meinen, dass die Welt und das menschliche Bewusstsein eine Einheit bilden und nicht voneinander getrennt werden können. „Tat twam asi“, sagten die alten Inder, „Du Bist Das“; was du wahrnimmst, bist du selbst.

Es gibt ja schon einige wenige Wissenschaftler, die bemerkt haben, wie fragwürdig der ganze Objektivitätsanspruch ist. Heisenberg schreibt in einem Aufsatz sinngemäß: Wenn wir die Struktur des Atoms betrachten, so wie es sich uns heute darstellt, was nehmen wir da eigentlich wahr? Nichts anderes als die Struktur unseres eigenen Bewusstseins.

Stanislaw Lem, der polnische Science-Fiction-Autor, hat ein höchst amüsantes Buch über diesen Spiegeleffekt geschrieben. Der Roman trägt den Titel *Die Stimme des Herrn*. Ein Radioteleskop, so wird darin erzählt, fängt eines Tages aus einem fernen Winkel des Universums eine Reihe geordneter Signale auf. Nach einer kurzen Pause wiederholen sich diese Signale, immer und immer wieder, und stets in der gleichen Reihenfolge. Ein enormes, streng geheim gehaltenes Forschungszentrum wird gegründet. Man zieht die größten Kapazitäten der verschiedensten Fachgebiete hinzu. Zunächst denkt man natürlich an eine Botschaft anderer Intelligenzen, doch wie soll man sie entziffern, da doch jede Methode voraussetzt, dass diese Intelligenzen uns in irgendeiner Weise verwandt sind? Dann denkt man an eine „Information", so wie sie etwa in den Zellkernschleifen vorhanden ist. Doch wieder wird man sich bewusst, dass man damit nichts anderes tut, als einen eigenen Bewusstseinsinhalt auf ein völlig Fremdes zu transponieren. Immer komplizierter und verwegener werden die Versuche, dem Gebundensein ans eigene Bewusstsein zu entrinnen, aber alle erweisen sich als vergeblich.

Wir Eingeborene können dem nur hinzufügen: Und was für die Botschaft aus dem Universum gilt, gilt ebenso für jeden Grashalm. Die Tatsachen, die ihr finden werdet, entsprechen immer der Art, wie ihr nach ihnen fragt. Deshalb streben wir nicht nach „objektiver Wahrheit", sondern nach Weisheit. Denn die Geheimnisse der Welt ergeben sich nur demjenigen, der bereit ist, sich von ihnen verwandeln zu lassen.

Wir glauben, dass wir deshalb eine ganz neue Art von Wissenschaft brauchen, eine Wissenschaft, die die Zivilisationswüste wieder fruchtbar macht, eine Wissenschaft, die unser Reservat überflüssig macht, die den Menschen in der Welt wieder heimisch sein lässt, die die Welt mit Menschenmaß misst (das, wie man aus der Apokalypse des Johannes weiß, auch das der Engel ist, weil es ein anderes nämlich nicht gibt), die den Intellektualismus nicht durch „Irrationalität" überwindet, sondern indem sie ihn zu Ende denkt, und die ihn schließlich durch ein wirklichkeitsvolleres, das heißt, erlebbares Denken in den Bereich der menschlichen Erfahrung zurückholt.

Wir werden inzwischen auf unsere Art den Kampf weiterführen. Unsere Religion heißt ja Poesie. Wir glauben, dass die Poesie für die Menschen eine elementare Lebensnotwendigkeit ist, bisweilen lebensnotwendiger als Essen und Trinken. Manche in unserem Reservat meinen, dass wahre Wissenschaft und unsere Poesie letzten Endes auf eines hinauslaufen. Das können wir getrost abwarten. Poesie ist die schöpferische Fähigkeit des

Menschen, immer wieder auf neue Weise sich in der Welt und die Welt in sich zu erfahren und wiederzuerkennen. Darum ist alle Poesie ihrem Wesen nach „anthropomorphistisch" oder sie hört auf, Poesie zu sein. Und aus eben diesem Grund ist alle Poesie mit dem Kindlichen verwandt.

Damit meinen wir nicht nur Gedichte und Bücher, sondern Lebensformen und erfahrbare, erlebbare Welterklärung. Es gibt in unserem Stamm eine alte Prophezeiung, die besagt, dass eines Tages auch die sogenannten Erwachsenen wieder erwachsen genug sein werden, sich von der Poesie sagen zu lassen, was wahr ist und was nicht. Dann wird es auch eine ganz anders geartete Wissenschaft geben, die Wahrheiten findet, mit denen die Menschen nicht nur leben können, sondern die ihnen ihr wahres Menschsein erst enthüllt. Diese Prophezeiung stammt von einem Angehörigen unseres Stammes, der vor langer Zeit gelebt hat und der den Namen Novalis trug. Sie lautet so:

Wenn nicht mehr Zahlen und Figuren
Sind Schlüssel aller Kreaturen,
Wenn die, so singen oder küssen,
Mehr als die Tiefgelehrten wissen,
Wenn sich die Welt ins freie Leben
Und in die Welt wird zurückbegeben,
Wenn dann sich wieder Licht und Schatten
Zu wahrer Klarheit werden gatten,
Und man in Märchen und Gedichten
Erkennt die wahren Weltgeschichten,
Dann fliegt vor einem geheimen Wort
Das ganze verkehrte Wesen fort.

Eine Teegesellschaft

„Die Hauptsache", sagte der faltige Phallus, der sich eine weinrote Krawatte umgebunden hatte, „die Hauptsache ist, man verliert nicht die Nerven."

„Nehmen Sie ein Stück Zucker oder zwei?", erkundigte sich das Wesen mit den unzähligen Zitzen und lächelte arsensüß.

Der Autokühler mit dem seitlich angebrachten Menschenkopf antwortete: „Also, wenn man Sie nur ansieht, gnädige Frau …"

Der Baumstumpf mit den verkohlten Ästen schüttelte die Ärmel seiner Jacke, als sollte etwas herausfallen. Es kam aber nichts. „Mir bitte keine Milch", hörte man es aus den Revers knarren.

Dem Geierkopf in der Fruchtblase war es offensichtlich unangenehm, aber die Blase ließ kaum durch, was er sagte. Man hörte nur ein balloniges: „Reizend, dieses altmodische Service, das Sie da haben …"

Nie wieder

Es ist schon eine eigentümlich bewegende Vorstellung, dass man dies oder jenes, ohne es zu wissen, unwiderruflich zum letzten Mal tut – nicht weil man demnächst sterben wird, sondern weil es sich einfach im Laufe des Lebens nie wieder ereignen wird. Man geht zum letzten Mal durch eine bestimmte Straße (vielleicht weil man umzieht und dort nie mehr hinkommt), man liest zum letzten Mal in einem Buch (das man danach wegstellt und vergisst), man trinkt zum letzten Mal aus einer Tasse (die danach irgendwann beim Geschirrspülen zerbricht), man begegnet einem Menschen zum letzten Mal (weil die Lebenswege endgültig auseinanderführen) …

Wüssten wir immer, dass es das letzte Mal ist, dann bekämen viele Dinge dadurch einen völlig anderen Stellenwert. Aber vielleicht ist es ganz gut so, dass wir's für gewöhnlich nicht wissen. Sonst würde uns nämlich bewusst werden, dass wir in gewissem Sinn immerfort alles zum letzten Mal tun oder erleben, da sich kein Tag und kein Augenblick wiederholt. Aber kann man mit einem solchen Bewusstsein unbefangen leben?

Schildkröten

Man hat mich des Öfteren gefragt, warum fast in jedem meiner Bücher eine Schildkröte vorkommt. Ich muss zugeben, dass mir diese Tatsache selbst erst durch die Frage auffiel. Eigentlich hat sich die jeweilige Schildkröte (*Uschaurischuum, Morla, Kassiopeia, Tranquilla* usw.) sozusagen immer ganz von selbst eingestellt, ohne meine Absicht. Aber vielleicht können einige Hinweise auf die Bildersprache der Mythen und Märchen die Frage wenigstens teilweise beantworten.

In der Weltmythologie wimmelt es ja geradezu von Schildkröten. Der Noah der nordamerikanischen Indianer z. B. rettet sich nicht wie der biblische in einem Schiff, sondern auf dem Rücken einer riesigen Wasserschildkröte mit seiner Familie über die Sintflut. Im indischen Mythos steht die Welt auf dem Panzer einer kosmischen Schildkröte. Wenn man das *I-Ging*, das chinesische „Buch der Wandlungen", aufschlägt, so wird man finden, dass die 64 Ur-Hexagramme, von denen, wie es heißt, alle Schriftzeichen abstammen, von einem vorgeschichtlichen Weisen aus den Mustern auf den einzelnen Platten eines Schildkrötenpanzers abgelesen worden sind. (Wer *Momo* gelesen hat, wird sich hier vielleicht an Kassiopeias Mitteilungsweise erinnert fühlen.) Die Beispiele sind fast beliebig vermehrbar.

Was mir persönlich an Schildkröten (ich spreche hier von der mediterranen Landschildkröte) so besonders sympathisch ist, das ist:

1. ihre vollkommene Nutzlosigkeit. Schildkröten haben weder Freunde noch Feinde in der Natur (außer dem Menschen, versteht sich, der ja inzwischen der gefährlichste Feind aller Kreatur geworden ist, aber er ist kein „natürlicher" Feind). Sie nützen niemand und sie schaden niemand. Sie sind einfach da. Das scheint mir in einem Weltbild wie dem gegenwärtigen, in

dem alles in der Natur vom Nützlichkeitsstandpunkt aus erklärt wird, eine bemerkenswerte und tröstliche Tatsache.

2. ihre Bedürfnislosigkeit. Schildkröten können mit fast nichts existieren. Täglich ein paar Blättchen, damit kommen sie über Wochen und Monate aus.

3. ihr Alter. Ich meine damit nicht nur, dass sie im Einzelnen sehr alt werden können, sondern das Alter ihrer Spezies. Es hat sie schon gegeben, als der Mensch noch in Abrahams Wurstkessel schwamm, und es wird sie vermutlich noch geben, wenn wir längst wieder abgetreten sind.

4. ihr Gesicht. Haben Sie einer Schildkröte schon mal direkt ins Gesicht gesehen? Sie lächelt. Sie scheint etwas zu wissen, was wir nicht wissen.

5. ihre Form. Dies ist der am schwersten zu erklärende Punkt, weil er dem gegenwärtigen Denken ungewohnt ist: Wenn man eine Schildkröte einmal nicht anatomisch, sondern symbolisch betrachtet, also das ins Auge fasst, was ihre Gestalt ausdrückt, dann hat man es eigentlich mit einer wandernden Hirnschale aus Horn zu tun. Die Hirnschale spielt in den Mythen der Welt ebenfalls eine bedeutsame Rolle. Nach der *Edda* wurde das gestirnte Himmelsgewölbe aus der Hirnschale des Ur-Eisriesen gebildet. In der Hirnschale befindet sich die Fontanelle, eine kleine Öffnung nach oben, die beim neugeborenen Kind noch für eine kurze Weile offen bleibt und sich dann nach und nach schließt. Das ist die Erinnerung des physischen Leibes, so sagen einige Quellen des alten Wissens, an eine Ur-Zeit, in der diese Fontanelle des Menschen sein Leben lang offen blieb. An dieser Stelle befand sich ein Organ (man kann seine eigentümliche Form noch jetzt an allen Buddha-Statuen als „Frisur" sehen), mit dem der Mensch wie träumend über die Welt von Raum und Zeit hinaus, also jenseits des Himmelsgewölbes, wahrzunehmen vermochte. Die Inder nennen es den „tausendblättrigen Lotos". Vielleicht sind sogar unsere Königskronen noch eine, inzwischen unbewusste, Nachbildung dieses Organs.

Bei den Schildkröten ist die Schale geschlossen. Das denkende Ich ist mit sich allein und wird sich seiner selbst bewusst. Mit anderen Worten: „Sie trägt ihre eigene kleine Zeit in sich."

Die Einladung

Ein Wanderer, auf seiner mühevollen Reise durch das Land des Vergessens, empfängt einen Brief. Darin wird er auf ehrerbietigste Weise zur Hochzeit eines mächtigen, großen Fürsten eingeladen. Unter unsäglichen Entbehrungen und Gefahren gelingt es ihm, rechtzeitig zu dem Fest zu kommen, und er entdeckt, dass es seine eigene Hochzeit ist. Von Anfang an war er selbst der Einlader, nur wusste er es nicht mehr. Er schickte sich selbst den Brief ins Land des Vergessens, weil er wusste, dass er seine eigene Identität dort verlieren würde. Doch nur dort konnte er die Bedingung erfüllen, die die Voraussetzung für die Hochzeit mit der Geliebten war.

Traum von der Sphärenmusik

Der Bahnhof war grau, schmutzig und ganz menschenleer. Niemand war da, den ich um Auskunft bitten konnte. Züge schienen weder anzukommen, noch abzufahren, alle Gleise lagen verlassen da.

Suchend stieg ich die Treppe zu einem Tunnel hinunter, der quer unter den Bahnsteigen verlief. Ich hörte nichts als meine eigenen Schritte. Ein Luftzug wehte Staub und Papierfetzen neben mir her. Die gekachelten Wände waren mit unlesbaren Schriftzeichen und obszönen Schmierereien bedeckt.

Am anderen Ende des Tunnels wollte ich wieder nach oben steigen, als unversehens der Boden unter meinen Füßen, die grauen Wände zu beiden Seiten, die gewölbte Decke über mir und die Stufen der Treppe sich in fließendes, durchsichtiges Gold verwandelten.

Mich ergriff ein großer Schrecken. Von der Vorahnung eines Entzückens, das über mein kleines Fassungsvermögen hinausgehen würde, ergriffen, versuchte ich zu fliehen, hinauf, hinaus, an die Oberfläche. Ich rannte, verwirrt von der allzu großen Schönheit um mich her, die Treppenstufen hinauf, doch die Flucht wurde mir nicht erlaubt. Auf der obersten Stufe fasste mich eine unsichtbare Gewalt, hob mich sanft und behutsam ein wenig hoch, sodass ich den Boden unter den Füßen verlor, dann schwebte ich, ohnmächtig, mich dagegen zu wehren oder mich zu bewegen, rücklings wieder hinunter.

Auf der untersten Stufe wurde ich niedergesetzt und festgehalten. Und dann hörte ich, wie all dieses lebendige Gold zu klingen anfing. Erst leise und fern, dann immer lauter, begann die Musik. Es war mir, als ob ich die Melodie erkannte, und doch war sie mir völlig neu. Die Klänge wurden immer gewaltiger und durchdrangen mich in jeder einzelnen Zelle meines Leibes, und während langsam alles um mich her von stürzendem Licht verschlungen wurde, verging mir das Bewusstsein in einer ekstatischen, seligen Todesangst.

Das A und das O

Die Buchstaben des hebräischen Alphabets haben Namen und sind zugleich Zahlzeichen. Doch sind diese Zahlenwerte nicht nur quantitativ, sondern vor allem qualitativ zu verstehen. So ist Eins, *Aleph,* die größte Zahl, sie ist die unbegreifliche Einheit von allem, schließt alle Gegensätze in sich ein, ist unaussprechlich oder, besser gesagt, ein unhörbarer Konsonant und bedeutet „Das Haupt“, genauer sogar: „Das Stierhaupt“. Der letzte und zweiundzwanzigste Buchstabe heißt *Thaw,* „Das Zeichen“, und hat den Zahlenwert Vierhundert, das bedeutet die unendliche Vielheit in Zeit und Raum, immer und überall. In seiner ältesten Form wird dieser Buchstabe als Kreuz geschrieben.

An dieses „Zeichen“ ist der Erlöser genagelt, also an das Immer und Überall, und zugleich überwindet er es, immer und überall.

Der Pagat[1]

Wer rief dich, das Siegel zu erben?
Nun sollst du im Finstern dich winden
und seufzend, ein Licht zu erwerben,
ertauben, verstummen, erblinden!
Der Anfang des Wissens heißt: Sterben.
Das Ende: Im Licht zu verschwinden.

Den Stab willst du tragen vor andern?
So irr nun, beraubt aller Gaben,
den endlosen Pfad von Mäandern,
in Felslabyrinthen begraben.
Der Anfang des Wollens heißt: Wandern.
Das Ende: Die Liebe zu haben.

Das flammende Schwert willst du schürzen?
Die Hölle hohnlacht deines Strebens,
dein Herzblut mit Schrecken zu würzen.
Dem Abgrund entfliehst du vergebens.
Zu wagen beginnen, heißt: Stürzen.
Das Ende: Die Fülle des Lebens.

Verflucht ist von nun an das Zaudern!
Streck aus nach dem Kelch deine Rechte!
Der Trunk macht dich nie wieder plaudern;
Denn Gott fordert schweigende Knechte.
Der Anfang des Schweigens heißt: Schaudern.
Das Ende: Die Macht aller Mächte.

Nun reite auf Einhorn und Drachen!
Und hast du die Sphinx überwunden,
der Schlange greif kühn in den Rachen,
am tödlichen Gift zu gesunden.
Der Anfang der Freiheit heißt: Lachen.
Das Ende wird nimmer gefunden.

---

[1] Die Tarotkarte Nr. 1: *Der Gaukler* oder *der Magier*

Einfach

Ich höre oft sagen, die Wahrheit sei einfach. Das ist richtig, nur fürchte ich, die Leute meinen etwas Falsches damit. Sie meinen, das Einfache müsse auch einfach zu begreifen sein. Aber nichts ist schwerer.

Auf der Suche nach dem Mysterium

Edgar Ende und seine Gemälde

Im Allgemeinen wird das Werk Edgar Endes dem Surrealismus zugeordnet. Man konzediert ihm sogar die Stellung des ersten deutschen Surrealisten (früheste Ausstellung 1921 in Hamburg). Aber diese Zuordnung ist nicht ganz unproblematisch und kann zu Missverständnissen Anlass geben.

Der Begriff Surrealismus wird heute allzu vage verwendet. Ich habe ihn sogar schon verschiedentlich in Büchern und Artikeln auf Maler wie Klee und Chagall angewendet gefunden. Es scheint also notwendig, zunächst eine kurze Charakterisierung des Surrealismus im ursprünglichen Sinne zu versuchen.

Der Begriff selbst stammt von dem französischen Dichter Apollinaire. Ein anderer französischer Dichter, André Breton, griff ihn auf und entwickelte daraus gemeinsam mit einer Anzahl anderer Künstler und Schriftsteller eine Theorie, die sehr bald über den Rahmen einer neuen Ästhetik hinauswuchs zu einer Welt- und Lebensanschauung, die bis ins Politische, Gesellschaftliche, Moralische hinein wirksam werden wollte. Erstmalig – wie heute wieder – tauchte der Begriff der Bewusstseinserweiterung auf. Durch Drogen, automatisches Schreiben, Assoziationen und Dutzende anderer Mittel wurde versucht, die Schwelle des Unterbewusstseins zu überschreiten. Eine große Rolle spielten dabei die Erkenntnisse Sigmund Freuds und anderer Seelenforscher, aber auch die Schriften der Magier und Alchimisten aller Zeiten, bis zurück zu jener sagenhaften *Tabula Smaragdina,* die dem Hermes Trismegistos zugeschrieben wird. In den Bildern und Vorgängen des Unterbewussten hoffte man, eine neue Allgemeingültigkeit zu finden, eben weil diese Bilder und Vorgänge sozusagen vorindividuell, also allen Menschen gemeinsam sind. Das Ideal hieß „vollkommene Freiheit" oder, wie Dalí es später nannte, die „bewusste Paranoia". Edgar Ende erschien diese französische Variante des Surrealismus als das „Zerrbild von etwas Richtigem". Er sah in alledem – wie übrigens auch in der Freud'schen Theorie – einen „subtilen und deshalb nur um so gefährlicheren Materialismus" am Werk, der niemals zu einer tatsächlichen Begegnung mit dem Geistigen führen kann, sondern nur zu einem Aufspüren des Chaotischen, Dämonischen, das freilich auch Geist ist, aber eben in verzerrter Gestalt.

Wenn man die künstlerischen Intentionen meines Vaters richtig verstehen will, ist es unerlässlich zu wissen, dass er in einer zwar unorthodoxen, nicht konfessionellen Weise tief religiös war. Die Wirklichkeit einer geistigen Welt jenseits der sinnlichen Wahrnehmung stand für ihn außer jedem Zweifel, und zwar nicht in einem abstrakt begrifflichen Sinne, sondern in einem sehr konkreten, ja sogar durchaus personalen, wesenhaften. Man könnte sagen, er war Platoniker im ursprünglichen Sinne des Wortes.

Von hier aus gesehen, wird es vielleicht verständlich, dass er sich eher mit Künstlern wie dem Schweizer Maler Füssli oder dem englischen Maler-Dichter William Blake verwandt fühlte als mit den Surrealisten der Pariser Schule. Auch vom Formalen her wird man ihm eher gerecht, wenn man ihn in dieser „Tradition der Einzelgänger" sieht, denn wie jene, so strebte auch er nach einer gewissen Klassizität, ja Naivität, im Gegensatz etwa zum bewussten Manierismus Dalís oder der skeptischen Ironie von Max Ernst. Wie Blake und Füssli so verfügte auch Edgar Ende über die ungewöhnliche Gabe einer inneren Schau. Man könnte sie „visionär" nennen, wenn man dieses Wort ohne den Beigeschmack von unfreiwilliger, medialer, krankhafter Veranlagung versteht. Vielleicht kann ich am besten erklären, was gemeint ist, wenn ich einfach seine Arbeitsweise schildere:

Das Stichwort hieß: „Ich gehe Skizzen machen." Das war das Zeichen für meine Mutter und mich, dass der Vater auf keinen

Fall gestört werden durfte. Er schloss sich in seinem Atelier ein, meistens verdunkelte er es sogar völlig, legte sich auf das Sofa und konzentrierte sich. Wie er mir einmal erklärte, bestand die Schwierigkeit dieser Konzentration nicht etwa darin, sich auf einen bestimmten Gedanken, auf eine bestimmte Vorstellung zu konzentrieren, sondern auf nichts. Jede Absicht musste vergessen, jeder Gedanke zum Schweigen gebracht, jede Vorstellung ausgelöscht werden. Mit völlig leerem Bewusstsein, aber in einer Art gesteigerter Wachheit wartete er nun. Dies sei, wie er mir erklärte, der schwierigste Moment, denn bei der geringsten Unaufmerksamkeit, beim geringsten Erlahmen der „Geistesgegenwart" bräche sofort wieder das normale Tagesbewusstsein mit seinem Wirbelspiel von Gedanken und Worten in die Stille ein.

Über kurz oder lang – die Dauer dieses leeren Bewusstseins war unterschiedlich – stellten sich Bilder ein; Bilder völlig anderer Art, als normale Vorstellungen oder Erinnerungen sie hervorzubringen vermögen, nicht schemenhaft undeutlich, sondern von gestochener Schärfe, oft sogar verkleinert, wie durch einen umgekehrten Feldstecher gesehen. Er konnte auf den Inhalt der Bilder keinerlei Einfluss nehmen, sie also nicht etwa durch Phantasietätigkeit willkürlich verändern. Oft war er selbst im höchsten Grade von ihnen überrascht.

Die Bilder waren starr, bewegten sich nicht, wechselten aber bisweilen in verwirrender Schnelligkeit oder zogen in ruhigem Fluss vorüber.

Wie schon erklärt, war es von größter Wichtigkeit, während dieses Vorganges nicht mit dem normalen kritischen Verstandesdenken einzugreifen, weil dieses augenblicklich die Bilderwelt zum Erlöschen brachte. Es gäbe aber, so sagte mein Vater, einen anderen Maßstab, der ihn diese Bilder durchaus nach ihrer Bedeutsamkeit oder Bedeutungslosigkeit unterscheiden lasse. Was man sich darunter nun auch immer denken mag, jedenfalls knipste mein Vater von Zeit zu Zeit ein Lämpchen an und skizzierte auf einem kleinen Notizblock ein solches Bild, das ihm bedeutsam schien. Oft kam er von einem solchen „Fischzug" mit einem ganzen Zettelkasten voller Skizzen zurück. Ich habe diesen Vorgang so ausführlich beschrieben, weil ich ein Missverständnis verhindern möchte, das den Bildern von Edgar Ende sehr häufig widerfährt, nämlich das, dass sie die symbolische oder allegorische Darstellung irgendeines abstrakten Gedankens seien.

Mein Vater, der ein durchaus jovialer, freundlicher, ja eher weicher Mensch war, konnte bisweilen bis zur Grobheit wütend werden, wenn ihm von Betrachtern die Frage gestellt wurde: „Was haben Sie sich dabei gedacht?" – „Ich habe mir gar nichts dabei gedacht", pflegte er dann zu antworten, „Sie sollen sich etwas dabei denken."

Mit großem Interesse hörte er sich jedoch die Deutungen seiner Bilder an, ohne der einen oder anderen recht zu geben. Einmal veranstaltete eine Stuttgarter Galerie einen Wettbewerb. Sie stellte eines der Bilder von Ende ins Schaufenster und forderte die Passanten durch ein Plakat auf, eine Deutung des Bildes niederzuschreiben und einzureichen. Es kamen Hunderte von Beiträgen zusammen, von Hochschullehrern, Hausfrauen, Straßenbahnern und Schülern, und keine Deutung glich der anderen. Nebenbei erwähnt, war der Andrang vor dem Schaufenster zeitweilig so stark, dass die Polizei kam, um die Leute auseinanderzutreiben.

„Das Bild", so schrieb mein Vater einmal in einem Brief, „ist prälogisch, das heißt, es ist vor dem Gedanken da und ist tiefer als der Gedanke. Der abstrakte Begriff ist nichts als ein abgestorbenes Bild."

Das Bild, wie mein Vater es verstanden wissen wollte, ist also im geistigen Sinne etwas Lebendiges. Und da Lebendiges Lebendiges hervorbringt, kommt es auf den Prozess an, den es im Beschauer anregt. Dass dieser je nach den individuellen Gegebenheiten bei jedem ein anderer ist, ist mithin geradezu ein Beweis wahrer Lebendigkeit.

Ich habe weiter oben davon gesprochen, dass Edgar Ende von der Wirklichkeit einer geistigen Welt hinter der Schwelle unserer sinnlichen Wahrnehmung überzeugt war. Dies darf nicht so verstanden werden, als habe er die von ihm auf meditativem Wege geschauten Bilder für diese geistige Wirklichkeit gehalten.

Immer wieder hat er betont, dass diese Bilder selbst natürlich nicht die geistige Wirklichkeit seien, dass sich aber durch sie, und zwar gerade durch das Befremdende, Seltsame, Schockierende, diese geistige Welt ausdrücke. Eine Berührung mit der realen geistigen Welt sei, zumal für den modernen Menschen, immer mit einem Schockerlebnis verbunden, gerade daher rühre eine unterbewusste Angst vor dieser, die sich gewöhnlich als spöttische Ablehnung oder logischer Skeptizismus tarne.

Aber kehren wir zurück zu den Skizzen. Wenn er von einem solchen „Fischzug" zurückkam, so ging er keineswegs sofort ans Malen. Diese beiden Prozesse, den des Findens seiner Themen und den der malerischen Ausführung, hielt er streng auseinander.

Er hatte, wie gesagt, Hunderte und Aberhunderte solcher Skizzen in seinen Zettelkästen, und es konnte Monate, manchmal Jahre dauern, ehe er eine von ihnen wieder hervorzog. Der erste Schritt war dann meistens, dass er die ausgewählte Skizze in einer großen Zeichnung ausführte und formal durcharbeitete. Schon dabei ergaben sich oft Änderungen, die aus künstlerischen Gründen notwendig waren, wie zum Beispiel solche der Komposition oder der Vereinfachung.

In einem zweiten Schritt versuchte er nun, das Problem der Farbe zu lösen, zunächst noch nicht auf der Leinwand, sondern durch Vorstudien. Zu diesem Punkt sei mir noch eine Anmerkung gestattet. Die Kunstkritik hat Edgar Ende bisweilen vorgeworfen, seine Farbigkeit ließe „sinnliche Qualität" vermissen. Das setzt stillschweigend voraus, dass der Maler eine solche „sinnliche Qualität" angestrebt hätte. Dieses Kriterium hängt noch immer an den Vorstellungen der „schönen Farbigkeit" oder der „belle peinture", wie etwa die französischen Impressionisten sie uns gelehrt haben. Gerade die neueren und neuesten Entwicklungen in der bildenden Kunst machen deutlich, dass nicht jede Malerei an diesem Maßstab zu messen ist.

„Der sogenannte gute Geschmack", so drückte mein Vater es einmal aus, „hat mit Kunst nichts zu tun, sondern mit Putzmacherei."

Der letzte Schritt war die Übertragung des Bildes auf die Leinwand. Wieder, wie schon bei den vorhergehenden Prozessen, ergab sich die Notwendigkeit von Änderungen formaler Art, wobei er allerdings sorgfältig darauf achtete, die eigentliche Bildidee nicht zu beeinträchtigen, sondern sie noch klarer, noch einfacher zu machen und alles Überflüssige zu tilgen. Die eigentümlich asketische Strenge, ja Kargheit vieler Bilder rührt von diesem Bemühen um äußerste Konzentration. Ein ausgesprochen erheiterndes Nachspiel des ganzen Arbeitsprozesses war im Allgemeinen das Finden eines Titels für das Bild. Vor diesem Problem stand mein Vater oft ratlos und schier verzweifelt. Er rief die Familie und Freunde zu Hilfe. Es sollte ein Titel sein, der den Betrachter anregt, ohne ihn in irgendeiner Richtung festzulegen. Und da jeder von uns selbstverständlich mit jedem Vorschlag bereits seine eigene Interpretation in das Bild hineinlegte, wurde dieser Vorschlag ebenso selbstverständlich abgelehnt. In manchen Fällen, wenn die Zeit drängte, entschied sich mein Vater für einen möglichst nichtssagenden Titel, der lediglich das Bild bezeichnen sollte. Von großer Wichtigkeit ist keiner.

Ich habe diesen an sich unwesentlichen Umstand nur deshalb für erwähnenswert gehalten, um den gutwilligen Betrachter davor zu bewahren, aus den Bildtiteln auf eine literarische „Bedeutung" der Bilder zu schließen. Am besten – und durchaus im Sinne Edgar Endes – wäre es, jeder Einzelne ließe sich dazu anregen, die Bilder auf seine eigene Weise zu benennen.

Der weise Narr

Don Quixote wird von den Klugen verlacht, weil er immerfort alles für etwas anderes hält, als es ist.

Wie recht er doch hat!

Der alte Bergmann

„Ich selbst habe noch nie einen Berg bestiegen, aber gerade deshalb bin ich in der Lage, einige wissenswerte Tatsachen über die Kunst des Bergsteigens mitzuteilen – unparteiisch sozusagen. Da gibt es zunächst einmal die allgemein bekannte Form der Ausübung, die darin besteht, dass man mit dem Steigen im Tal beginnt, nach und nach den Berg erklimmt, jedoch zuletzt auf dem höchsten Gipfel haltzumachen sich gezwungen sieht. Diese Form hat einen bedeutenden Nachteil. Er liegt hauptsächlich darin, dass man zuletzt wieder zu Tal steigen muss, wodurch die ganze vorherige Leistung mehr oder weniger sich selbst aufhebt. Die unvergleichlich viel ergiebigere (übrigens auch die ursprüngliche) Methode, die heutzutage allerdings nur noch von wenigen wirklich mühelos beherrscht wird, geht in umgekehrter Richtung vor. Man beginnt mit dem Abstieg vom Gipfel, steigt immer tiefer und tiefer hinab, geht schließlich unter die Erdoberfläche (woher eben die Bezeichnung Bergmann rührt) und findet keine andere Grenze als die von Alter und Tod. Die meisten kommen allerdings nicht tiefer als ein bis zwei Meter. Ich gebe zu, dass diese Form viele, noch ungelöste Fragen aufwirft. Zum Beispiel die, ob diese zweite Kategorie von Berg(ab)steigern jemals wieder auf ihren Gipfel zurückkehren. Niemand hat es bis jetzt erforschen können oder wollen. Hingegen ist wissenschaftlich einwandfrei erwiesen, dass diese Leute vor ihrem Abstieg niemals zu ihrem Gipfel hinaufgestiegen sind."

Ratgeber für künstlerische Genieanwärter

Wenn du es in der gegenwärtigen Kulturszene möglichst rasch zu Publizität und Marktwert bringen willst, musst du vor allem folgende drei Regeln beachten:

1. Denke immer daran, dass wir in einer Mediengesellschaft leben. Ehe du dich also entscheidest, auf welchem Gebiet der Kunst du als Genie fungieren willst, bedenke dein Outfit – und bedenke es gründlich! Du wirst es jahrelang und womöglich sogar bei Tag und Nacht tragen müssen. Es dient dir als Markenzeichen, und so etwas ist bei dem Überangebot an Originalität heutzutage absolut notwendig. Doch lass dich nicht entmutigen: Fast alles kann dazu dienen, z. B. Turnschuhe, die du immer, auch zum Smoking, trägst, oder irgendein blödes Mützchen oder eine Unterwasserbrille oder auch einfach Kleidung in einer einzigen Farbe, alles – aber wirklich alles! – in Violett oder in Pink, ein Schnürleibchen, oder … Genug, du musst es schon selbst kreieren. Wenigstens das. Wichtig ist dabei allerdings in jedem Fall, dass dein Outfit irgendwie „garstig" wirkt, um Himmels willen nicht gefällig! Durch diese Garstigkeit zeigst du, dass du eine ernst zu nehmende Persönlichkeit bist, die alle bürgerlichen Konventionen verachtet und die das Elend der Welt kennt und selbst erleidet. Am besten lässt du dich frierend vor umgestürzten Mülltonnen fotografieren oder eben im Gegenteil – provokativ – bei einem Festgelage mit goldenen Tellern voller Austern und Wildbret. Gelingt dir die Lösung des Outfit-Problems überdurchschnittlich gut, so kannst du die nächsten beiden Punkte weitgehend vernachlässigen, doch wirst du dich dann entschließen müssen, dich ab und zu öffentlich als Verrückter aufzuführen. Das ist sicherlich ein wenig mühsam, aber bedenke, dass dir als Lohn die Aufmerksamkeit der Medien zuteilwird.

2. Du musst einen gewissen Aufwand an kunst- oder kulturtheoretischer Absichtserklärung treiben. Merke: Wichtiger als das, was du machst, sind die Argumente, die du dafür lieferst. Denn nur über diese kann öffentlich diskutiert werden. Deine „statements" sollen kurz und handlich sein, damit sie im Drei-

minuten-Take einer kulturellen Funk- oder Fernsehsendung abgefragt werden können; dennoch müssen sie so beschaffen sein, dass sie den Horizont eines durchschnittlichen Bildungsbürgers ein klein wenig übersteigen. Je mehr er nämlich versteht, was du sagst, umso geringer wird er dich achten. Vermeide es also, dich allzu klar auszudrücken. Dein Vokabular soll deinen Zuhörer oder Gesprächspartner einschüchtern, ihm aber gleichzeitig Begriffe wie „progressiv" oder „kritisch" suggerieren. Das hört sich schwieriger an, als es ist – also verzage nicht. Fast jeder kann es, also wird es auch dir gelingen. Es gibt geeignete Literatur in Hülle und Fülle. Im Grunde genügt es, die Feuilletonseite einer großen Tageszeitung zwei, drei Wochen lang aufmerksam zu studieren, dann hast du alles zusammen, was du brauchst.

3. Ganz ohne jedes „Werk" geht es leider nicht, schon allein deshalb, weil ja irgendetwas von dir Geschaffenes auf dem Kunstmarkt Preise machen soll. Aber in diesem Punkt solltest du dir die allergeringsten Sorgen machen. Was zuvor gesagt wurde, gilt hier erst recht: Alles, aber auch wirklich alles, kann als Zeugnis deiner Kreativität dienen, angefangen von deinen alten zerrissenen Unterhosen, über deinen kaputten Kühlschrank, bis zu deinen abgeschnittenen Zehennägeln. Wichtig ist nur eines: Es muss in den zehn Sekunden, die dein Werk anfangs in den einschlägigen Fernsehsendungen zu sehen sein wird, auf irgendeine Weise „show" machen, also den Charakter einer schrillen Schaufensterdekoration, eines Blickfangs haben. Werbung, die für sich selber wirbt! Sei dabei nicht zimperlich, Fragen des Geschmacks oder gar des Niveaus dürfen für dich als genialen Künstler keine Bedeutung haben.

Zugegeben, der allererste Anfang deiner Karriere erfordert eine gewisse Anstrengung. Du musst es, wie auch immer, fertigbringen, dass du selbst oder dein Werk mindestens zehnmal von einem der Massenmedien beachtet wird – doch da die Medien ihrerseits auf alles aus sind, was „show" macht, wird es dir sicherlich gelingen. Danach tritt eine Art von Selbstzeugungsprozess ein: Du oder deine Werke werden gezeigt, weil du oder deine Werke gezeigt worden sind. Damit hast du's im Grunde schon geschafft und kannst den Rest der Entwicklung getrost abwarten. Bald werden sich die ersten Käufer einstellen, denn es gibt ja genügend betuchte Leute, die ihren Lebenssinn darin sehen, „in“ zu sein. Das wiederum bedeutet, dass der Kunsthandel sich für dich interessieren wird. Von ihm beauftragt, werden kluge Leute Artikel, Essays und schließlich Monographien über dich verfassen. Und schließlich werden sich dadurch auch die Museumsdirektoren davon überzeugen lassen, dass du ein „wichtiger Vertreter der Gegenwartskunst“ bist. Jede staatliche Galerie wird nicht umhinkönnen, eines deiner Werke zu erwerben, die inzwischen zu Höchstpreisen international gehandelt werden. Du hast ausgesorgt.

Bescheidenheit

Meister Muto wurde einmal gefragt, warum er von seinen Freunden mit diesem Titel angeredet werde. Er müsse wohl ein großer Lehrer sein.

„Diesen Titel“, antwortete Meister Muto, „trage ich wegen meiner Fähigkeit, mich fortwährend durch Erfahrungen zu ändern.“

Daraufhin sprachen einige der Frager hinter seinem Rücken von Meister Mutos großer Bescheidenheit. Als ihm dies hinterbracht wurde, fiel Meister Muto vom Stuhl vor Lachen.

***

Schwimmend in einem Meer, dessen Oberfläche ganz und gar mit goldenen Blättern bedeckt ist. An Land steigend und durch einen Wald leuchtender Säulen wandernd. Plötzlich mit seligem Schrecken gewahrend, dass es die Beine von Engeln sind.

Schwelendes Gespräch

Rauch quoll unter der Hutkrempe meines Gesprächspartners hervor, doch dies waren keineswegs, wie man annehmen konnte, Zeichen von Zorn, sondern seine Haare.

„Wie du meinst", sagte er gleichmütig, „mir ist das einerlei. Wo keine Herberge ist, da sind wenigstens auch keine Läuse."

Ich war ein wenig betrübt, denn so schnell mochte ich unsere eben erst begonnene Freundschaft nicht beenden.

„Und wenn ich mit dir ginge?", fragte ich.

„Das ist unmöglich", meinte er nach kurzem Nachdenken kopfschüttelnd. „Du hast nur zwei Beine und keine Flügel, soweit ich sehe. Du würdest rettungslos zurückbleiben. Und tragen mag ich dich nicht."

Wieder schwiegen wir beide eine kleine Weile. Vielleicht, dachte ich, ist er wenigstens bestechlich. Irgendeinen menschlichen Zug muss er doch haben, wenigstens einen der Schwäche!

„Eines Tages", begann ich von Neuem, „wird es dir leidtun."

„Möglich", gab Usmitsch zu. „Eines Tages tut einem ja fast alles einmal leid – das, was man getan, und das, was man unterlassen hat. Irgendwann, früher oder später, stellt alles sich als Fehler heraus, und irgendwann, noch früher oder noch später, zeigt sich, dass es doch richtig war. Bis man aufhört, danach überhaupt zu fragen."

„Aber wonach entscheidet einer wie du?", fragte ich hilflos. „Einer der nicht nach richtig oder falsch frägt?"

„Es ist ein Irrtum", erwiderte er, „zu glauben, wir entscheiden jetzt und hier."

„Wo und wann denn sonst?"

„Im Schlaf", murmelte er, „vor der Geburt, was weiß ich."

Das Bild des Bösen

Über das Böse in der Literatur (z. B. bei Baudelaire, Poe, Lautréamont, Jean Genet usw.) und das Böse in der Lebenswirklichkeit (Ilse Koch, Eichmann, Berija, Lumumba, bei Kindermördern und Vergewaltigern)

In der großen Literatur ist das Böse meist faszinierend, zumindest interessant. Richard III. hat einen luziferischen Glanz, der uns Bewunderung abnötigt, seine zu allem entschlossene Skrupellosigkeit ist grandios. Mephisto ist einfach die wirkungsvollste Rolle im *Faust,* und Dantes *Inferno* liest sich spannender als sein *Paradiso.* Das Gute erscheint in der Literatur meist als das Brave, Harmlose, oft auch als das ein wenig Langweilige.

In der Lebenswirklichkeit – ich wage das einmal ganz generell zu behaupten – ist das Böse immer klein, gemein, ordinär, feige, erbärmlich, letzten Endes sogar monoton und sich selbst immer gleich. Das Gute ist dagegen unendlich vielgestaltig („nihil pluriformius est amore"), großartig, schöpferisch, erstaunlich, geheimnisvoll.

Die Darstellung des Bösen ist nicht selber böse, so wie die Darstellung des Guten und Heiligen nicht selber gut oder heilig ist. Das ist natürlich eine Binsenweisheit, dennoch scheint es notwendig, wieder einmal an sie zu erinnern. Die Maßstäbe des Künstlerischen oder Poetischen haben mit moralischen Kategorien nichts zu tun. Deshalb hat man in Zeiten größerer Instinktsicherheit die Welt des Dargestellten durch Rahmen, Sockel oder Rampe von der Welt der Lebensrealität getrennt – mit Recht. Heute neigt man fortwährend dazu, die Ebenen durcheinanderzuwerfen. Es gibt Darstellungen des Obszönen, die selber obszön, Darstellungen des Widerwärtigen, die selber widerwärtig, Darstellungen des Grausamen, die selber grausam sind – wobei die Hervorbringer solcher Werke sich für gewöhnlich auf die Lebenswirklichkeit und ihre eigene Wahrhaftigkeit berufen.

Dieser fundamentale Unterschied der Werte hat viel Verwirrung in gewissen halbgebildeten Köpfen angerichtet, die immer danach trachten, alles auf einen Nenner zu bringen. Was im Bereich des Imaginären, der Poesie, der Kunst überhaupt berechtigt, ja notwendig ist, kann und darf nicht unmittelbar auf die Lebensrealität übertragen werden – und vice versa. Wo diese Grenze aus Dummheit übersehen oder aus agitatorischer Absicht bewusst überschritten wird, geschieht das Gegenteil dessen, was angeblich gewollt war: Kunst und Poesie werden in ihrer Wirkung nicht lebenswahrer, sondern die Lebensrealität wird imaginärer.

Michael und Adam

Michael bedeutet: „Wer ist wie Gott?" Er ist der einzige Erzengel, dessen Name eine Frage ist. Auf sie weiß der Widersacher keine Antwort. Das ist das Schwert des Erzengels.

Adam bedeutet: „Ich gleiche." Das Ich ist es, das nach dem Bilde Gottes erschaffen ist. Es ist das „Fünklein", von dem Meister Eckehart spricht.

Die Konsequenz

Entwurf einer Science-Fiction-Story

Professor Dr. Karl-Ludwig Ehwald, Nobelpreisträger für seine bahnbrechenden Entdeckungen auf dem Gebiet der Hirnphysiologie, schläft eines Tages, von einer unerklärlichen Müdigkeit befallen, am Schreibtisch seines Arbeitszimmers ein. Nach dem Erwachen befindet er sich in einer nicht allzu fernen Zukunft, etwa im Jahre 2237. Der Raum ist noch immer sein Arbeitszimmer, ganz unverändert, doch befindet sich dieses jetzt in einem Karl-Ludwig-Ehwald-Museum.

Er wird von einigen Wissenschaftlern empfangen, die sich ihm als seine geistigen Nachfahren vorstellen. Sie klären ihn darüber auf, dass er sich keineswegs in einem Traum befinde. Sie beweisen ihm sogar, soweit man das kann, dass es Realität ist, was ihn umgibt. Solche Zeitsprungerfahrungen beruhen auf einer temporären Parallaxenverschiebung, die inzwischen zwar vorausberechnet, aber noch nicht willkürlich erzeugt werden kann. Es handelt sich dabei um ein sozusagen „natürliches"

Phänomen, das auch früher schon bekannt gewesen sei, aber falsch gedeutet wurde. Jedenfalls sei beliebiges Zeitreisen dadurch nicht möglich. Die Zeitspanne, die das Phänomen anhalte und die ihm mithin zur Verfügung stehe, betrage 62 Stunden und 38 Minuten. Zu diesem Zeitpunkt müsse er zurückkehren, doch dies trete ganz von selbst ein, er brauche sich deshalb keine Sorgen zu machen.

Ehwald beschließt, diese für ihn zukünftige Welt und ihre Fortschritte möglichst eingehend kennenzulernen. Man gibt ihm aufs Freundlichste freie Hand, versorgt ihn mit zeitgemäßer Kleidung und allem Nötigen und teilt ihm sogar eine junge Dolmetscherin (Germanistin) zu, denn die Sprache hat sich natürlich inzwischen stark verändert und viele Wörter sind ihm unbekannt.

Die neue Welt, die er vorfindet, erscheint ihm nahezu paradiesisch. Alle Menschen, denen er begegnet, sind von einer überwältigenden Sanftmut und Freundlichkeit, für Ehwalds Geschmack höchstens ein bisschen lethargisch. Wie er erfährt, gibt es keine Kriminalität mehr, überhaupt keine Aggression oder unmoralisches Verhalten – also eines, das anderen oder sich selbst Schaden zufügt. Auch Verkehrsunfälle sind nicht mehr möglich, denn alle Maschinen sind inzwischen absolut narrensicher und nehmen den Menschen jede Entscheidung ab. Auch Selbstmorde finden nicht mehr statt und Kriege sind ganz undenkbar. Sogar das Schlachten von Tieren für das wenige Fleisch, das noch benötigt wird (fast alle Menschen sind Vegetarier), wird von Maschinen verrichtet, die den Tieren garantiert keinerlei Schmerz zufügen. Es gibt auch keine Boxkämpfe oder andere Kampfsportarten mehr, die Aggression erfordern, nur noch Reigentänze und Geschicklichkeitsspiele.

Einmal allerdings beobachtet Ehwald eine Gruppe von Jugendlichen in einem abgelegenen Hof, die mit entblößten Oberkörpern ein sonderbares Spiel zu spielen scheinen: Einer steht lächelnd da und ruft irgendetwas, woraufhin ein anderer, ebenfalls lächelnd, ihn mit einem scharf geschliffenen Messer bedroht. Der Wortwechsel scheint ihre Lethargie ein wenig schwinden zu lassen, schließlich hebt der zweite junge Mann das Messer, um zuzustechen, fällt aber im selben Augenblick wie vom Blitz getroffen bewusstlos zu Boden. Nun nimmt der erste das Messer auf und bedroht damit einen dritten – derselbe Effekt. Zuletzt liegen alle ohnmächtig, aber immer noch lächelnd, herum und kommen nur langsam wieder zu sich. Einige Erwachsene sehen der Veranstaltung kopfschüttelnd zu, einer murmelt: Kindereien! Die Dolmetscherin erklärt, dass das Spiel völlig harmlos sei. In ihrer Stimme scheint Ehwald ein leises Bedauern mitzuschwingen.

Nun beginnt der Reisende sich für die Kultur dieser Welt zu interessieren: Wie sieht die Kunst aus, wie ist die Ethik, die Religion dieser Menschen beschaffen? Als Erstes wird er in ein Konzert geführt und erlebt einen Schock. Was er zu hören bekommt, lässt ihm die Haare zu Berge stehen. Die sogenannte Musik ist ein Inferno der Aggressivität, gegen das sich die wildesten unserer heutigen Rockklänge wie Kindergartenliedchen ausnehmen. Als Nächstes führt man ihn in ein „Holo", was etwa unserem heutigen Kino entspricht, nur erscheinen die Projektionen eben dreidimensional und völlig realistisch. Als Zuschauer befindet man sich mitten unter ihnen. Nie zuvor in seinem Leben hat Ehwald eine solche Anhäufung von Widerwärtigkeiten, Gewalt, Sadismus und Brutalität gesehen. Er muss sich am Ende erbrechen, aber die übrigen Zuschauer, auch die junge Dolmetscherin, scheinen sich gut amüsiert zu haben.

Schließlich flüchtet Ehwald in eine Kirche, hoffend, wenigstens hier etwas anderes zu finden. Aber mit dem, was er gewohnt ist, haben diese Zukunftsinstitutionen nichts mehr gemein. Auch hier findet er nichts als Darstellungen der fürchterlichsten Foltern und Torturen; das Ritual, dem er beiwohnt, erscheint ihm als reine Blasphemie, eine Verherrlichung der Niedertracht und des Bösen. Völlig verstört kehrt Ehwald in sein „Museum" zurück. Er begreift nicht, wie es so weit kommen konnte und was geschehen ist.

In der ihm noch verbleibenden Zeit sucht er eine Antwort bei den Kollegen, die ihm auf ihre freundliche Art jede Auskunft geben: Es liegt nicht mehr im Willen der Menschen, so erfährt er, sondern es ist ihnen buchstäblich unmöglich, einander Schaden zuzufügen, ja überhaupt Böses zu tun. Nur in der Fiktion gibt es das Böse noch, dort, wo es sozusagen auf „unwirkliche" Art hergestellt werden kann und niemand dabei zu Schaden kommt. Es ist nur noch denkbar – und deshalb ein Wunschtraum –, aber in die Tat kann es nicht mehr umgesetzt werden. Die Menschen sind physisch dazu nicht mehr imstande. Sobald einer etwas wirklich zu tun beschließt, das einem anderen Schaden zufügen könnte, wird er bewusstlos. Und eben deshalb, weil es außerhalb jeder Möglichkeit liegt, wird es verehrt und angebetet. Zu dieser Entwicklung haben, wie er jetzt zu hören bekommt, Ehwalds gehirnphysiologische Entdeckungen wesentlich beigetragen. Sie schufen die Voraussetzungen für die Manipulierbarkeit des sogenannten „schwarzen Eis" im Kleinhirn, einer molekularen Zellstruktur, in der die moralischen Entscheidungen gefällt werden. Es stellte sich Anfang des 21. Jahrhunderts heraus, dass die neu entdeckte Kelber-Strahlung auf dieses Zentrum eine Wirkung ausübt, die kriminelle und unmoralische Handlungen unmöglich macht, da in jedem solchen Fall eine Art Rückkoppelungseffekt eintritt, der zur Ohnmacht der betreffenden Person führt. Zunächst wurde die Behandlung bei Kriminellen angewandt. Man konnte ihre Fähigkeit, Verbrechen zu begehen, durch Dauerbestrahlung eliminieren, ohne dass, wie früher bei der Lobotomie, andere bleibende Schäden eintraten. Gerade sie wurden danach zu besonders nützlichen Mitgliedern der menschlichen Gesellschaft.

„Ja, gut", schreit Ehwald, „bei den Kriminellen in Ordnung, aber was ist mit den anderen? Die Menschheit besteht nicht nur aus Kriminellen."

Gewiss, so wird ihm geantwortet, aber darauf konnte man es schließlich nicht mehr ankommen lassen. Der wissenschaftliche und technische Fortschritt hatte es im Laufe der Zeit unvermeidlich mit sich gebracht, dass alle seine Ergebnisse immer leichter für jedermann verfügbar waren. Das war nicht aufzuhalten. Zu Ehwalds Zeit gab es noch eine gewisse Geheimhaltung, was genozide Waffen – das nur beispielsweise erwähnt – betraf. Es gab Atomwaffensperrverträge und dergleichen. Aber das konnte natürlich nicht lange wirksam sein. Es kam eben der

Augenblick, in dem jeder Gymnasiast gentechnisch seine eigene Menschheitsseuche basteln, jeder größenwahnsinnige Stammesfürst sich seine eigene Atombombe bauen konnte, mit der er alles Leben auf der Erde zu vernichten vermochte. Die ganze Menschheit war dadurch von jedem eifersüchtigen Selbstmordkandidaten erpressbar geworden, der sich an der ungerechten Welt oder seiner untreuen Geliebten rächen wollte, indem er unsinnige Forderungen stellte. Die Flugzeugentführungen zu Ehwalds Zeiten waren nur ein harmloser Anfang, aber je komplexer und verfügbarer das System wurde, desto anfälliger wurde es auch für jeden beliebigen Missbrauch. So blieb nichts anderes übrig, als die Konsequenz dieser irreversiblen Entwicklung zu ziehen und die Möglichkeit jedes Missbrauchs grundsätzlich auszuschalten, um das Überleben der Spezies Mensch zu garantieren. Und das ist vor mehr als einem Menschenalter durch einen obersten Weltsicherheitsrat beschlossen und von Wissenschaftlern in Realität umgesetzt worden. Es gibt inzwischen einen sich selbst mit Energie versorgenden Sender, der über Satelliten die ganze Erde mit der Kelber-Strahlung einhüllt. Seither existiert die Frage nach Gut und Böse nicht mehr, sie interessiert nur noch einige Historiker.

„Man muss diesen Sender unbedingt zerstören!", stammelt Ehwald.

Das, so sagt man ihm, ist absolut unmöglich. Man hat Vorsorge getroffen, um nicht von Neuem, und nun erst recht, erpressbar zu werden. Kein lebender Mensch kann den Sender erreichen oder gar abstellen. Die Kelber-Strahlung selbst verhindert das. Und das ist gut so, meinen die Kollegen einmütig. Man bedenke doch nur, was bei der inzwischen allgemeinen Verfassung der Menschen, bei ihrer Anbetung der imaginären Gewalt und Brutalität geschehen würde, wenn ein Abstellen des Senders möglich wäre. Es wäre mit Sicherheit das Ende der menschlichen Geschichte und des ganzen Erdballs.

„Und Sie werden uns doch beipflichten, verehrter Herr Professor Ehwald", so schließt der Wortführer der Wissenschaftlergruppe, „dass eine lebende Menschheit ohne moralische Entscheidungsfreiheit besser ist als eine, die sich mit Sicherheit selbst auslöschen würde, denn dazu genügt inzwischen ein einziger skrupelloser oder wahnsinniger Verbrecher."

Professor Dr. Karl-Ludwig Ehwald wird in seine Zeit zurückkatapultiert. Am selben Abend noch verbrennt er im Kamin seines Arbeitszimmers die von aller Welt erwarteten Ergebnisse seiner vierzigjährigen Forschungsarbeit über jenen Zellkomplex im menschlichen Gehirn, den man in späteren Jahrhunderten das „Schwarze Ei" nennen würde.

Er weiß nicht, dass in der Universität Heidelberg ein junger Forscher in eben diesem Augenblick, aufgrund der bisherigen Veröffentlichungen Ehwalds, dieselben Zellen entdeckt.

Divertimento in PP

Ein alter Lappe saß jeden Tag auf einer Treppe, die zu einer Kuppel hinaufführte. Deshalb hieß er der Kuppeltreppenlappe.

Der kleine Seppel, der ein gutes Herz hatte, brachte ihm ab und zu einen Teller Suppe und sagte: „Hier bringe ich dir deine Kuppeltreppenlappensuppe."

„Fein", antwortete der Lappe, „dann bist du also der Kuppeltreppenlappensuppenseppel. Und zum Dank für deine Freundlichkeit schenke ich dir hier meine bunte Kappe."

Da hatte der kleine Seppel nun also eine Kuppeltreppenlappensuppenseppelkappe. Er setzte sie stolz auf seinen blonden Schüppel, man könnte auch sagen auf seinen Kuppeltreppenlappensuppenseppelkappenschüppel.

Als die Zeit herankam, dass der kleine Seppel sich wieder einmal beim Friseur die Haare schneiden lassen musste, da fielen die ganzen Schnippel auf den Boden, alles lag voll mit den Kuppeltreppenlappensuppenseppelkappenschüppelschnippel. Der Friseur kehrte sie sorgfältig zusammen, aber er warf sie nicht weg, denn er wusste wohl, dass es sich da um etwas Besonderes handelte. Darum tat er die Schnippel in eine besonders dafür hergestellte Mappe, man könnte auch sagen in eine Kuppeltreppenlappensuppenseppelkappenschüppelschnippelmappe. Diese Mappe verwahrte er in seinem Schuppen, das war nun also sein Kuppeltreppenlappensuppenseppelkappenschüppelschnippelmappenschuppen.

Bis hierher ist die Geschichte noch verhältnismäßig einfach, aber jetzt wird sie kompliziert.

Eines Tages kam nämlich ein Trapper, der hatte das Kinn voller Bartstoppeln. Er war eben ein richtiger Stoppeltrapper, denn er kam nicht oft dazu, sich zu rasieren, weil er in der Steppe lebte. Darum hieß er der Steppenstoppeltrapper. Obwohl er sonst ein starker Mann war, fühlte er sich diesmal ganz elend und schwach. Man könnte auch sagen, er war ein schlapper Steppenstoppeltrapper. Er hatte nämlich die Grippe, die sogenannte Schlappersteppenstoppeltrappergrippe. Und weil er Fieber hatte und nicht mehr weiterkonnte, legte er sich einfach in den bewussten Schuppen des Friseurs, also in den Schlappersteppenstoppeltrappergrippenkuppeltreppenlappensuppenseppelkappenschüppelschnippelmappenschuppen.

Als der Friseur das bemerkte, beklagte er sich bitter, weil die ganze Sache nun sogar für ihn unsäglich schwierig wurde. Bei dem Versuch, den Namen seines Schuppens auszusprechen, bekam er einen richtigen Rappel. Aber das machte alles nur noch schlimmer, denn das war ja nun, mit einem Wort gesagt, ein Schlappersteppenstoppeltrappergrippenkuppeltreppenlappensuppenseppelkappenschüppelschnippelmappenschuppenrappel. In seiner Verzweiflung rief er zwei stadtbekannte Rüpel zu Hilfe, die sollten den Trapper wegjagen. Diese Rüpel waren aber Zwillinge und hießen deshalb die Doppelrüpel. Diese zwei bildeten auf der Stelle eine Spezialtruppe für ihre überaus schwierige Aufgabe und nannten sich die Schlappersteppenstoppeltrappergrippenkuppeltreppenlappensuppenseppelkappenschüppelschnippelmappenschuppenrappeldoppelrüpeltruppe.

Sie marschierten zu dem Schuppen, umstellten ihn und forderten den schlappen Trapper auf, sich unverzüglich zu ergeben. Aber der war inzwischen wieder einigermaßen bei Kräften und griff sich einen Knüppel, man könnte auch sagen einen Schlappersteppenstoppeltrappergrippenkuppeltreppenlappensuppenseppelkappenschüppelschnippelmappensuppenrappeldoppelrüpeltruppenknüppel, und damit verhaute er die

Zwillinge so, dass sie klein beigeben mussten und die Flucht ergriffen. Sie hinkten und hoppelten in einer malerischen Gruppe von dannen, sozusagen in einer Hoppelgruppe, und alle Leute, die es sahen, lachten und nannten sie die Schlappersteppenstoppeltrappergrippenkuppeltreppenlappensuppenseppelkappenschüppelschnippelmappenschuppenrappeldoppelrüpeltruppenknüppelhoppelgruppe.

Das war den Doppelrüpeln natürlich sehr peinlich, und sie sannen auf Abhilfe. In derselben Stadt gab es einen Erfinder, der sehr lebensechte Puppen bauen konnte. Bei ihm bestellten sie eine Zappelpuppe mit Lippen, die richtig plappern konnte. Natürlich kostete sie ein Vermögen, aber als die Puppe fertig war, da war sie tatsächlich eine Schlappersteppenstoppeltrappergrippenkuppeltreppenlappensuppenseppelkappenschüppelschnippelmappenschuppenrappeldoppelrüpeltruppenknüppelhoppelgruppenlippenplapperzappelpuppe, also ein wahres Wunderwerk.

Diese Puppe schickten sie, weil sie inzwischen selber zu schüchtern waren, zu dem alten Lappen, der noch immer auf der Treppe zur Kuppel saß, und sie teilte ihm mit: „Du bist eigentlich an allem schuld, denn mit dir hat das Unheil angefangen. Hättest du nicht die Suppen vom Seppel gegessen …"

Da sagte der Lappe: „Halt deine Klappe!"

Er hatte einfach keine Lust, sich das alles noch einmal anzuhören. Er hätte natürlich richtiger sagen müssen: Halt du deine Schlappersteppenstoppeltrappergrippenkuppeltreppenlappensuppenseppelkappenschüppelschnippelmappenschuppenrappeldoppelrüpeltruppenknüppelhoppelgruppenlippenplapperzappelpuppenklappe, um ganz genau zu sein, aber er wollte sich nicht so sehr anstrengen, darum fügte er nur noch hinzu: „Was du da sagst, ist mir völlig schnuppe. Es ist mir sogar mehr als schnuppe, es ist mir ehrlich gesagt schlappersteppenstoppeltrappergrippenkuppeltreppenlappensuppenseppelkappenschüppelschnippelmappenschuppenrappeldoppelrüpeltruppenknüppelhoppelgruppenlippenplapperzappelpuppenklappenschnuppe!"

Und damit aß er einen Happen von seiner Suppe. Aber fragt mich jetzt bitte nicht, was das für ein Happen war.

Ein Denkmal für den Nonsens

Hier siehst du sie, des Unsinns Muse!
Verdreht und albern findest du se?
Man weiß nicht, wo ist vorn und hinten,

drum wart erst gar nicht auf Po-inten!

Dumme Fragen?

Es war im Gymnasium. Wir sollten lernen, wie Blitze zustande kommen. Man führte uns in den Physiksaal, dort wurde als Erstes der Hygrometer konsultiert. Die Luft musste trocken sein. Dann wurde die Elektrisiermaschine mit Wolllappen abgerieben, damit auch nicht die geringste Spur von Feuchtigkeit daran haftete. Danach kurbelten wir und kurbelten und kurbelten – bis schließlich zwischen Anode und Kathode knackend ein winziges Fünkchen übersprang.

„Seht ihr", erklärte der Lehrer befriedigt, „so entstehen die Blitze in der Natur. Nur, dass dort die Entladungen eben gewaltig groß sind."

„Aber", wagte ich zu fragen, „warum muss die Luft und das Gerät denn ganz trocken sein?"

„Weil sich sonst die nötige Spannung zwischen der negativen und der positiven Elektrizität gar nicht erst aufbauen könnte. Wasser ist bekanntlich ein sehr guter Leiter, und deshalb würde sich die Spannung über die Feuchtigkeitspartikelchen in der Luft schon vorher ausgleichen. Es käme gar nicht erst bis zur Entladung."

„Aber", fragte ich weiter, „Gewitter finden doch meistens bei besonders feuchtem Wetter statt. Warum baut sich denn dort die Spannung nicht lange schon vorher über die Wasserpartikel in der Luft ab, sodass es nicht zum Blitz kommt?"

Der Lehrer wurde ärgerlich und meinte, darüber hätten sich schon klügere Leute als ich den Kopf zerbrochen und ich solle das getrost so hinnehmen. Außerdem täte ich gut daran, mich etwas mehr um meine schlechten Noten zu kümmern, als dumme Fragen zu stellen.

Nachdenkenswerte Antworten

Vor Jahren las ich einmal einen Bericht über ein Forschungsteam, das eine Expedition ins Innere eines mittelamerikanischen Landes unternahm, um dort Ausgrabungen vorzunehmen. Als Träger für die mitzuführenden Lasten hatte man eine Gruppe von Indios engagiert. Für das ganze Unternehmen lag ein genauer Zeitplan vor. Die ersten vier Tage kam man über Erwarten gut voran, die Träger waren kräftige und willige Männer, der Zeitplan konnte eingehalten werden. Doch am fünften Tage weigerten sich die Indios plötzlich weiterzugehen. Sie saßen schweigend im Kreise herum auf dem Boden und waren nicht dazu zu bewegen, die Lasten wieder aufzunehmen. Die Wissenschaftler boten ihnen mehr Geld, als das nichts half, beschimpften sie sie und bedrohten sie zuletzt sogar mit ihren Waffen. Die Indios blieben weiterhin stumm im Kreise sitzen. Die Forscher wussten nicht mehr, was sie tun sollten, und resignierten schließlich. Der Zeitplan war längst überschritten. Da plötzlich – zwei Tage später – erhoben sich die Träger alle zugleich, nahmen die Lasten auf und setzten den geplanten Weg fort, ohne mehr Lohn verlangt zu haben und ohne besonderen Befehl. Die Wissenschaftler konnten sich dies sonderbare Verhalten nicht im Geringsten erklären. Die Träger schwiegen und schienen zu keiner Erklärung bereit. Erst sehr viel später, als ein gewisses Vertrauensverhältnis zwischen einigen der Weißen und den Indios möglich geworden war, gab einer der Träger folgende Antwort: „Wir waren zu schnell gegangen", sagte er, „darum mussten wir warten, bis unsere Seelen nachgekommen waren."

Mir scheint, wir, die „zivilisierten" Menschen der Industriegesellschaft, haben von diesen „primitiven" Indios viel, sehr viel zu lernen. Unsere äußeren Zeitpläne erfüllen wir, aber das Feingefühl für die innere Zeit, die Zeit der Seele, haben wir längst in uns totgeschlagen. Der Einzelne unter uns hat keine Wahl, er kann nicht entrinnen. Wir haben uns ein System geschaffen, eine Wirtschaftsordnung des erbarmungslosen Konkurrenzkampfes und des mörderischen Leistungsdrucks. Wer nicht mitmacht, bleibt auf der Strecke. Was gestern modern war, gilt heute schon als veraltet. Mit heraushängender Zunge rennen wir einer hinter dem anderen her, aber es ist ein wahnsinnig gewordener Reigentanz: Wenn einer schneller läuft, müssen alle schneller laufen. Wir nennen das Fortschritt. Aber wovon schreiten wir eigentlich mit solcher Eile fort? Von unserer Seele? Wir haben sie längst weit hinter uns zurückgelassen. Doch durch die entstandene Leere werden auch die Körper krank. Durch Drogen und Lärm sucht man das Verlorene zu ersetzen. Die Kliniken und die Nervenheilanstalten füllen sich. War das unser Ziel: Eine seelenlose Welt? Ist es wirklich unmöglich, dass wir alle gemeinsam den wahnsinnigen Reigen anhalten, uns miteinander im Kreis auf den Boden setzen und schweigend warten?

Die zweite Antwort erzählte mir unlängst ein Freund, ein Ethnologe. Auch sie stammt von einer Indianerin. Auf einer seiner Reisen gelangte dieser Freund zu einem Berg, auf dessen Gipfel ein Indianerdorf lag. Die einzige Wasserquelle in der Gegend befand sich aber am Fuße des Berges. Die Frauen des Dorfes mussten täglich eine halbe Stunde den Berg heruntersteigen und mit den gefüllten Krügen wieder eine Stunde lang den Berg hinaufklimmen. Er fragte eine der Frauen, ob es denn nicht vernünftiger wäre, das Dorf gleich unten in die Nähe der Quelle zu bauen. Die Frau antwortete: „Vernünftiger wäre es vielleicht, aber wir fürchten, dass wir dann der Versuchung der Bequemlichkeit erliegen würden."

Diese Antwort ist für uns Zivilisationsmenschen vielleicht noch verwunderlicher als die erste. Wieso soll denn die Bequemlichkeit eine Versuchung sein? Alle unsere Waschmaschinen, Autos, Lifts, Flugzeuge, Telefone, Fließbänder, Roboter, Computer – kurzum, alles was unsere moderne Welt ausmacht, wurde doch geschaffen, um der Bequemlichkeit zu dienen. Oder nicht? Alle diese Dinge machen uns doch das Leben leichter, sie nehmen uns lästige Arbeit ab, geben uns Zeit für das Wesentliche, nicht wahr? Sie befreien uns doch. Gewiss, nur – wovon befreien sie uns? Vielleicht gerade vom Wesentlichen? Und was wäre das denn? Wie kommt es nur, dass ich das Gefühl nicht loswerde, dass diese Indianerfrau mit ihren sonderbaren Ansichten in Wahrheit sehr viel freier ist als jeder von uns?

In der Bibel lese ich einen merkwürdig ähnlichen Satz: „Was hülfe es dem Menschen, wenn er die ganze Welt gewönne und nähme dabei Schaden an seiner Seele." *(Matth. 16, 26)* Ach, was kümmern uns unsere Seelen! Die haben wir ja längst schon unterwegs irgendwo vergessen. Die Welt der Zukunft wird eine vollkommen bequeme und vollkommen wesenlose Welt sein. Glauben Sie nicht?

Reinkarnation

Die Lehre von der Reinkarnation, also von den wiederholten Erdenleben in menschlichem Leib, wird von den meisten christlichen Konfessionen als Irrlehre betrachtet. Die Präexistenz der Seele, ein Leben *vor* der Geburt, gilt als unzulässige und heterodoxe, ja heidnische Anschauung.

Nach kirchlicher Lehrmeinung entsteht die individuelle menschliche Seele mehr oder weniger gleichzeitig mit der physischen Zeugung oder Empfängnis durch einen Schöpfungsakt Gottes, durchläuft dann nach der Geburt ein einmaliges zeitliches Dasein im irdischen Leib und existiert nach dem physischen Tod in einem himmlischen oder höllischen Jenseits in Ewigkeit weiter, je nach der moralischen oder unmoralischen Beschaffenheit, die sie sich während dieser wenigen irdischen Jahre oder Jahrzehnte aus eigener Verantwortung gegeben hat.

Einmal davon abgesehen, dass eine solche Vorstellung schon rein mathematisch recht fragwürdig ist – eine Linie, die an einem bestimmten Punkt beginnt und dann nach nur einer Seite hin unendlich ist, gibt es ja bekanntlich nicht –, findet sich auch nirgendwo im Alten oder Neuen Testament eine Bestätigung dafür. Und in der Tat stammt sie auch überhaupt nicht aus ursprünglich christlichem oder jüdischem Denken, sondern aus der griechischen Philosophie. Erst die Scholastiker haben sie von Aristoteles übernommen und in die christliche Lehre einbezogen. Man konnte also mit gutem Recht von ihr sagen, dass gerade sie heidnisch ist.

Dagegen gibt es im Neuen Testament mehrere Hinweise darauf, dass die Reinkarnation als selbstverständliche Tatsache betrachtet wurde. Nicht die Frage, ob es sie gibt, wird behandelt, sondern nur die nach dem Wie, nach dem Wer und dem Warum. Es sollen hier zwei bezeichnende Stellen aus dem Neuen Testament angeführt werden.

In Matthäus 11, Vers 14 beendet Jesus das allgemeine Rätselraten, welche Individualität in Johannes dem Täufer wiedergeboren sei, mit der ganz eindeutigen Auskunft, dass es sich um Elias handle – „so ihr's annehmen wollt".

Hier könnte man noch einwenden, dass es sich um einen Ausnahmefall handelt, weil die Wiedergeburt des Elias Vorbedingung für das Erscheinen des Messias ist, also ein einmaliges und keineswegs für andere, sozusagen gewöhnliche Menschenseelen zutreffendes Ereignis.

Das ist aber gewiss nicht der Fall in der Geschichte vom Blindgeborenen *(Joh. 9, Vers 1-3)*. Die Jünger fragen Jesus, wer denn gesündigt habe, dieser selbst oder dessen Eltern, dass er blind *geboren* wurde. Diese Frage setzt als selbstverständlich voraus, dass der Betreffende *vor* seiner Geburt gesündigt haben kann. (Es sei denn, man unterstellt dem Evangelisten hier einfach Gedankenlosigkeit.) Mit modernen Worten ausgedrückt, wollen die Jünger wissen, ob es sich um eine *karmische* oder eine *genetische* Wirkung früherer Verfehlungen handelt. Jesus weist in seiner Antwort denn auch keineswegs die Fragestellung zurück, sondern erklärt den Jüngern, dass es sich in diesem Falle weder um das Eine noch um das Andere, sondern um ein Drittes handelt: „... dass die Werke Gottes an ihm offenbar würden."

„Ist diese Hypothese", so fragt Lessing in seiner Schrift *Erziehung des Menschengeschlechts* mit Bezug auf die Lehre von den wiederholten Erdenleben, „darum so lächerlich, weil sie die älteste ist? Weil der menschliche Verstand, ehe ihn die Sophisterei der Schule zerstreut und geschwächt hatte, sogleich darauf verfiel? (...) Warum sollte ich nicht so oft wiederkommen, als ich neue Kenntnisse, neue Fähigkeiten zu erlangen geschickt bin? Bringe ich denn auf *einmal* so viel weg, dass es der Mühe wiederzukommen etwa nicht lohnet?".

In der Tat, was spricht eigentlich ernstlich dagegen? Es ist die einzige Anschauung, die Sinn macht. Das Christentum – vor allem das kirchliche – könnte viel gewinnen, wenn es sich diese ursprüngliche Wahrheit wieder zu eigen machte.

Zeit

Die Tatsache, dass Zeit messbar ist, also unterteilt werden kann in Tage, Stunden, Minuten, beweist eigentlich – mathematisch –, dass sie nicht unendlich ist, denn eine halbe Unendlichkeit ist ja selbst wieder unendlich und so jeder ihrer Teile. Wäre Zeit unendlich, so müsste es auch jede Sekunde sein. Ist sie aber endlich, so ist sie im Grunde nur Schein in einer zeitlosen Wirklichkeit.

New Age

„New Age" ist keine bestimmte Bewegung. Schon gar nicht wird sie – wie ich es bei einigen allzu misstrauischen Beobachtern aus gewissen protestantischen Kreisen lesen konnte – von geheimen Drahtziehern gelenkt, in deren Auftrag auch ich meine Bücher geschrieben haben soll. Der Begriff „New Age" ist ziemlich weit und vage und versucht, alles zusammenzufassen, was an neueren esoterischen Richtungen in den letzten zwanzig bis dreißig Jahren überall auf der Welt entstanden ist. Dabei gibt es, wie in solchen Fällen immer, eine Menge Scharlatanerie, viel Schwarmgeisterei und einiges, was durchaus der ernsthaften Betrachtung wert ist. Allerdings ist das meiste davon überhaupt nicht „new", sondern entstammt dem uralten Menschheitswissen vieler Kulturen.

Im Großen und Ganzen dreht es sich bei all dem, was unter dem Sammelnamen „New Age" läuft, um einen Versuch, aus dem rein positivistisch-materialistischen Weltbild herauszukommen und eine Brücke zu einer spirituellen, besser gesagt, ganzheitlichen Weltvorstellung zu bauen, welche die inzwischen unerträgliche Kluft zwischen Erkenntniswahrheit (Naturwissenschaft) und Glaubenswahrheit (Religion) überwindet. Der Mensch soll dabei wieder in eine lebendige, erfahrbare Beziehung, vor allem geistig-seelischer Art, zu der ihn umgebenden Natur und zum Kosmos gesetzt werden. Natur und Kosmos sollen dabei nicht mehr nur als rein materielle Träger physikalischer und chemischer Gesetze verstanden werden, sondern als eine durchaus beseelte und auch geisterfüllte Einheit der mannigfaltigsten Erscheinungsformen. Insofern dreht es sich um den Versuch, das bisherige, trotz aller Verfeinerung noch immer rein materielle Weltbild zu überwinden und zu einem neuen Bewusstsein von der Bedeutung des Menschen in der Welt durchzustoßen. Das muss nicht im Geringsten in Widerspruch zu einer christlichen oder anderen monotheistischen Religion stehen. Ganz im Gegenteil.

Was meine persönliche Haltung in dieser Frage betrifft, so bin ich allerdings ganz entschieden der Überzeugung, dass wir zur Lösung der zahllosen Probleme, die uns die Entwicklung der vergangenen drei Jahrhunderte beschert hat, zu neuen Erkenntnismethoden und neuen Bewusstseinshaltungen kommen müssen, sei es auf gesellschaftlichem, wirtschaftlichem oder auch auf kulturellem Gebiet. Wenn uns das nicht aus freier Einsicht gelingt, dann werden es die Ereignisse sein, die uns belehren. Ich glaube nicht, dass das Ende der Menschheit bevorsteht, aber es wird sich um eine Maulschelle handeln, von der der Menschheit noch viele Jahrhunderte später die Ohren klingeln werden.

Freilich muss man bei solchen Geburtswehen eines neuen Bewusstseins auch in Kauf nehmen, dass es Frühgeburten gibt, will sagen, recht absonderliche Sekten und verschrobene Heilserwartungen. Aber diese Dinge werden sich im Lauf der Geschichte ganz von selbst korrigieren. Sie sind jedenfalls – von wenigen Ausnahmen abgesehen – weniger gefährlich als ein Festhalten an all dem, was uns in diese gegenwärtige Sackgasse geführt hat.

Die Seeschlange

Sie kommt wohl aus japanischem Gewässer
und nennt sich „Kind der Tugend“, wie es heißt;
doch seht euch vor! Obgleich sie euch nicht beißt,
gehört sie doch zur Gattung Menschenfresser:

Ein Staatsmann schon erstach sich mit dem Messer,
zwei Mönche sind durch ihren Reiz entgleist,
drei Psychiater wurden irr im Geist …
Den Rest der Litanei verschweigt man besser.

Stets bleibt Ruin als Spur, wo sie geschwommen,
doch niemand gibt ihr Schuld und schlägt Alarm,
ruft nach dem Notarzt oder dem Gendarm –

im Gegenteil, man sagt: „Im Grund genommen
muss man sie schützen gegen Hass und Harm …“
und möcht auf ihre Speisekarte kommen.

Wie man Rätsel wegerklärt

Dante beschreibt in der *Divina Commedia* seinen Weg durch die sieben Höllenkreise abwärts bis zum Mittelpunkt der Erde, wo er Satan-Luzifers riesenhafte Gestalt bis zur Hüfte in ewiges Eis eingefroren sieht. Um zum Läuterungsberg, dem *Purgatorio*, der auf der entgegengesetzten Seite des Globus liegt, zu gelangen, muss er sich im Zentrum der Schwerkraft sozusagen kopfunter wenden und, streckenweise von seinem Führer Vergil huckepack getragen, an den haarigen Beinen des gigantischen Höllenfürsten aufwärts klettern. Durch eine Art ungeheurer Röhre kommt er schließlich an die Erdoberfläche zurück, jetzt aber auf der südlichen Hemisphäre. Zum ersten Mal seit Beginn seiner Reise erblickt er wieder den Sternenhimmel über sich. Er beschreibt ihn so *(Purgatorio, canto primo, V. 19-31):*

Lo bel pianeto che d' amar conforta
faceva tutto rider l'oriente,
velando i Pesci ch'erano in sua scorta.

I' mi volsi a man destra, e posi mente
all' altro polo, e vidi quattro stelle
non viste mai fuor ch' alla prima gente.

Goder pareva il ciel di lor fiamelle:
O settentrional vedovo sito,
poi che privato se' di mirar quelle!

Com' io da loro sguardo fui partito,
un poco me volgendo all' altro polo,
là onde il Carro già era sparito,

vidi presso di me un veglio solo.

•
•

Nicht schön, aber möglichst wortgetreu übersetzt heißt das:

Der schöne Planet, der zu lieben auffordert,
machte den ganzen Osten lachen,
verschleiernd die Fische, die in seinem Gefolge waren.

Ich wandte mich rechter Hand, und richtete meine Aufmerksamkeit
auf den anderen Pol, und ich sah vier Sterne,
nie geschaut außer von den ersten Menschen.

Der Himmel schien sich ihres Funkelns zu freuen:
O du verwaiste (eigentlich: verwitwete) nördliche Region,
da du beraubt bist, sie zu schauen!

Als ich mich von ihrem Anblick trennte,
ein wenig mich dem anderen Pol zuwendend,
dorthin, wo der Wagen soeben verschwunden war,

sah ich vor mir einen Greis, allein …

•

•

Für jeden unbefangenen Leser ist das die ziemlich genaue Beschreibung einer bestimmten astronomischen Konstellation: Dante blickt zunächst nach Osten und sieht dort das Tierkreiszeichen der Fische. In ihm steht der Planet Venus, der durch seinen hellen Glanz die Fixsterne „verschleiert". Da die Venus der Sonne vorausgeht, ist es also kurz vor der Morgendämmerung. Er wendet sich nach rechts, d. h., nach Süden, und sieht dort über dem „anderen Pol" ein wunderbares Viergestirn, welches außer von Adam und Eva von Menschen nie mehr gesehen wurde. Dante beklagt die nördliche Hemisphäre deswegen. Dann wendet er sich nach Norden, wo gerade der Wagen (oder der Große Bär) unter dem Horizont verschwunden ist.

Nun kann ja eigentlich kein Zweifel daran bestehen, dass mit diesem wunderbaren Viergestirn das „Kreuz des Südens" gemeint sein muss. Aber die Sache hat einen gewaltigen Haken:

Nach übereinstimmender Meinung aller Historiker war zur Zeit der Niederschrift dieses Textes (1308 das *Inferno,* 1313 das *Purgatorio,* 1318 waren beide Teile schon allgemein bekannt und verbreitet) noch niemand über den Äquator gesegelt, die südliche Hemisphäre und ihr Sternhimmel waren mithin in Europa unbekannt. Der Dichter konnte also nichts vom „Kreuz des Südens" wissen.

Was nun?

Eigentlich gibt es nur zwei Möglichkeiten der Erklärung:

Die erste wäre die, dass die Historiker sich irren, dass eben doch schon ein Wissen um die südliche Hemisphäre und ihren Sternhimmel vorhanden war (vielleicht nur wenigen bekannt, vielleicht aus inzwischen verlorenen antiken oder ägyptischen Berichten). In diesem Fall müssten die Historiker die Dichtung Dantes als Beweisdokument akzeptieren, und das kommt nun einmal nicht infrage. Warum nicht? Weil das unser geschichtliches Bild vom „finsteren", d. h., unwissenden Mittelalter infrage stellen würde. Und das käme offenbar einer Zumutung gleich.

Die zweite Möglichkeit bestünde darin, dass Dante in einer wahrhaft verblüffend exakten Vision diese Sternkonstellation übersinnlich geschaut hätte. Wollte man jedoch diese Möglichkeit überhaupt in Betracht ziehen, dann müsste man natürlich zugleich einräumen, dass vielleicht auch andere Einzelheiten seiner Reisebeschreibung mehr sein könnten als reine Phantasieprodukte. Es versteht sich von selbst, dass eine derartige Hypothese von jedem aufgeklärten, wissenschaftlich gebildeten Menschen mit der linken Hand vom Tisch gewischt wird.

Was also tun? Der Text existiert ja nun einmal.

Die Dante-Kommentatoren haben tatsächlich eine dritte Möglichkeit gefunden. Sie erklären in schöner Einmütigkeit, dass der Dichter die Sache mit dem Viergestirn ganz anders gemeint hat, nämlich nur symbolisch. Die vier Sterne, so sagen sie, bedeuten die vier Kardinaltugenden: Klugheit, Gerechtigkeit, Tapferkeit und Mäßigkeit – von denen Dante meinte, sie seien seit Adam und Eva aus der Menschheitsgeschichte verschwunden. Schon allein diese letzte Behauptung ist barer Unsinn, denn sowohl im

Purgatorio wie auch im *Paradiso* wimmelt es nur so von Personen, die eben diese Tugenden zu ihren Lebzeiten besaßen.

Dass der Große Wagen, die Fische, der Planet Venus astronomische Angaben sind, wird sogar von den Kommentatoren nicht bestritten (es wäre auch allzu schwierig). Und da mitten hinein soll Dante also plötzlich eine reine Symbolkonstellation gesetzt haben? Gibt es für diese Annahme denn irgendeinen vernünftigen Beweis? Keinen! Außer eben der unumstößlichen Tatsache, dass er nicht gewusst haben kann, was wir wissen.

So einfach ist das.

Experimentalkultur

Das Wort „Experiment" übt offenbar heutzutage auf viele Leute eine solche Faszination aus, dass niemand mehr darüber nachdenkt, was es eigentlich besagt. Man hat Experimentaltheater, Experimentalausstellungen, Experimentalmusik, Experimentalschulen – und selbstverständlich auch Experimentalliteratur. Mir scheint, dass da einfach ein Begriff aus der Wissenschaft (d. h., aus der Naturwissenschaft, denn philosophische, juristische oder gar theologische Experimente kann man ja wohl schwerlich machen) auf ein Gebiet übertragen wird, wo er nicht das Mindeste verloren hat.

In der Naturwissenschaft hat man es zu tun mit bestehenden Tatsachen, die man erforschen will. Die Naturzusammenhänge sind fix und fertig gegeben, auch wenn wir sie noch nicht erkannt haben. Man gibt weißen Mäusen dies oder jenes Medikament, um zu sehen, wie sie darauf reagieren. Man stellt gewisse physikalische Bedingungen her und wartet auf das Resultat. Dabei trifft man alle möglichen Vorkehrungen, um dieses Resultat möglichst objektiv zu bekommen, das heißt, es nicht durch die eigene Erwartung oder Vorstellung zu beeinflussen.

Ein solches Verfahren in der Kunst, Literatur oder gar in der Pädagogik anzuwenden, ist völlig absurd. In der Pädagogik erübrigt sich die Frage wohl durch die einfache Tatsache, dass Kinder eben keine weißen Mäuse sind. In Kunst und Literatur ist der Irrtum etwas weniger leicht zu bemerken, weil man meist vergisst, dass es hier überhaupt keine gegebenen Tatsachen und Zusammenhänge gibt, die man „objektiv", also unter Ausschaltung eigener Vorstellungen und Erwartungen, erforschen kann. Der Mensch schafft die Tatsachen überhaupt erst, und zwar gerade durch seine Vorstellungen und Erwartungen.

Es gibt keine Kunst „an sich", keine Literatur „im Naturzustand", also ohne den Menschen. Alles ist von Anfang an menschliche Kreation und insofern überhaupt nicht „wertfrei" zu betrachten. Das persönliche Risiko, das Abenteuer ist etwas ganz anderes als das Experiment, weil Letzteres ja gerade die Absicht hat, das persönliche Risiko auszuschalten (manchmal geht's zwar schief, aber das war nicht der Sinn der Sache). Niemals ist in Kunst und Literatur durch Experimente auch nur der allerkleinste Schritt vorwärts getan worden. Immer war es die Persönlichkeit eines Menschen, die mit dem ganzen Gewicht ihrer Fähigkeiten und Wertvorstellungen neue Maßstäbe setzte.

Mir kommen die Kunst- und Literatur-Experimentierer immer so vor, als wollten sie eigentlich sagen: „Wir stehen natürlich nicht zu dem, was wir da machen. Mit uns persönlich hat das gar nichts zu tun. Es ist ganz unverbindlich. Wir probieren da nur mal was aus. Vielleicht kommt was dabei raus, vielleicht nicht. Wir wollen ganz objektiv sein, d. h., wir sind nicht verantwortlich für das, was da möglicherweise entsteht."

Nein, liebe Leute: Alles, was veröffentlicht, ausgestellt oder einem Publikum vorgeführt wird, gilt! Es muss sich am selben Maßstab messen lassen wie alle Kunst und Literatur, und zwar ohne Vorbehalt und Schonzeit. Es gibt keine „Anfänge" und „tastenden Versuche", es sei denn, sie sind in sich bereits künstlerisch gültig. Der mehr oder weniger gute Wille zählt überhaupt nicht, denn, wie Liebermann mal so schön sagte, „Kunst ist das Gegenteil von gut gemeint". Mich interessiert auch kein bisschen, ob etwas neu ist. Mich interessiert ausschließlich, ob es gut ist. Neue Mätzchen kann man sich ohne große Anstrengung täglich Dutzende ausdenken. (Was allerdings der gegenwärtige Kulturbetrieb offenbar nicht bemerkt oder vielmehr, aus geschäftlichen Gründen, vorzieht, nicht zu bemerken.)

Kurz und gut: Das Einzige, was in diesen Bereichen zählt, sind die künstlerischen Maßstäbe. Aber die kann man von der Person nicht trennen. Man kann nicht aus der Maßstabslosigkeit ein „neues Kulturprinzip" machen. Aber drauf laufen, zu Ende gedacht, alle diese Bestrebungen hinaus.

Kreativität

Wie alles, was aus der verborgenen Seite der Welt kommt, ist auch die Kreativität des Menschen nicht messbar, zählbar oder wägbar und entzieht sich dadurch ganz und gar dem wissenschaftlichen Zugriff. Zugleich ist sie aber Voraussetzung aller wesentlichen wissenschaftlichen Arbeit. Das bedeutet: Wissenschaft steht auf einem Fundament, das sie selbst unmöglich erklären kann. Natürlich hängt die Frage der Kreativität aufs Engste mit der Frage menschlicher Freiheit zusammen, denn frei ist der Mensch ja niemals in den Voraussetzungen seines Daseins, die gleichsam Gestalt gewordene Vergangenheit darstellen, sondern nur in dem, was er schöpferisch aus sich selbst hervorbringt und was dadurch seine Zukunft gestaltet.

Wartesaal letzter Klasse

Ein Mann fährt 28 Jahre lang mit dem Vorortszug täglich (außer sonn- und feiertags) morgens ins Büro in der Stadt, abends wieder nach Hause. Unterwegs fällt ihm immer wieder ein Haus auf, das für sich allein steht. Es ist ein rotes Ziegelgebäude, einstöckig, nicht sehr groß, ein wenig verkommen. Aber es ändert sich nie in all den Jahren. Manchmal kommt es ihm so vor, als sähe er ein blasses Gesicht hinter einem der Fenster. Jemand macht Zeichen, scheint zu winken, aber der Mann ist sich nicht gewiss, ob es ihm gilt. Eines Tages beschließt er, der Sache auf den Grund zu gehen – zögert es aber immer wieder hinaus, weil ihn eine unklare Bangigkeit zurückhält. Schließlich steigt er aber doch an der kleinen Zwischenstation aus und begibt sich zu dem Haus. Er sucht einen Klingelknopf, aber es gibt keinen. Da die Eingangstür nur angelehnt ist, öffnet er sie und tritt ein. Zunächst vermag er nichts zu sehen, so dämmerig ist es. Es riecht stickig wie in einem alten Kleiderschrank. Nach und nach erkennt er, dass er sich in einem riesigen Saal befindet, der viel größer ist, als das Haus von außen erschien. Hunderte von grauen, ausgemergelten, schattenhaften Gestalten stehen herum, sitzen auf Gepäckstücken oder hocken auf dem Boden. Männer und Frauen, Greise und Kinder. Ein allgemeines diffuses Gewisper liegt in der Luft, so als flüsterten sie alle Gebete vor sich hin, Worte, die sich unaufhörlich wiederholen, Litaneien in einer unverständlichen Sprache.

„Was ist das hier?", fragte der Mann beunruhigt.

Ein kleiner grauer Junge, der in der Nähe sitzt, antwortet tonlos:

„Das siehst du doch. Der Wartesaal letzter Klasse."

„Und was tut ihr hier?"

Der Junge blickt ihn teilnahmslos an. „Na, was schon! Wir warten."

„Schon lange?"

„Ja", sagt der Junge langsam, „schon lange."

Der Mann geht weiter durch die Menge der Schatten. Seine Kehle wird trocken, das Sprechen fällt ihm schwer. Schließlich fragte er, ohne jemand Bestimmten dabei anzusehen: „Wartet ihr auf einen Zug?"

Ein alter Mann, der auf einem großen Schiffskoffer sitzt, schüttelt den Kopf.

„Nein, nein, nicht auf einen Zug. Aber wir waren rechtzeitig da."

„Wer seid ihr denn?", will der Mann wissen, und der Greis antwortet flüsternd: „Die Möglichkeiten, ja, man könnte sagen, wir sind deine Konjunktive. Hätte ... würden ... wäre ..."

Alle Gestalten in seiner Umgebung nehmen die Worte auf und wiederholen sie immer wieder, dabei nicken sie.

Der Mann sieht eine junge Frau, die ihm irgendwie bekannt vorkommt, obwohl er weiß, dass er sie nie gesehen hat. Man könnte sie schön nennen, wenn sie nicht aussähe, als bestünde sie nur aus Spinnweben.

„Worauf wartet ihr?“, fragt er sie.

„Auf dich“, sagt sie. Ihre Augen wirken, als wären sie blind. „Aber jetzt nicht mehr, das ist alles vorbei. Es wäre gewesen …“

Der Mann begreift plötzlich, will fliehen, eine Art Panik überfällt ihn. Er bahnt sich rücksichtslos einen Weg, aber da ist keine Tür mehr.

Zu dumm zum Sterben

Eine Clownsnummer

Biwi (erster August) betritt die Manege und spielt sehr schön auf der Posaune.

DER DIREKTOR
(zweiter August, in Frack und Zylinder, mit groteskem Schnurrbart, kommt wütend herein und schreit) Aufhören! Schluss! Sofort aufhören! Weißt du denn nicht, dass es verboten ist, hier Musik zu machen?

BIWI
Es ist verboten, Musik zu machen?

DIREKTOR
Jawohl.

BIWI
Hier?

DIREKTOR
Jawohl, hier!

BIWI
Warum?

DIREKTOR
Weil meine Frau Migräne hat, darum.

BIWI
Was hat sie?

DIREKTOR
Sie hat Kopfweh, du ungebildeter Kerl. Es geht ihr nicht gut. Sie ist krank. Sie kann keinen Lärm vertragen.

BIWI
Und deswegen ist es verboten, Musik zu machen?

DIREKTOR
Ja.

BIWI
Auch keine ganz kleine Musik?

DIREKTOR
Was soll denn das sein?

BIWI
So.
(Er pupt kurz auf der Posaune.)

DIREKTOR
Ruhe! Du darfst keine große und keine kleine Musik machen. Überhaupt keine, verstanden?

BIWI
(pupt noch mal)

DIREKTOR
Biwi, wenn du das noch ein einziges Mal machst, wirst du hingerichtet!

BIWI
Nein!

DIREKTOR
Doch. Ich werde dich erschießen.

BIWI
Das dürfen Sie gar nicht, Das ist nämlich verboten.

DIREKTOR
Ich bin der Direktor. Ich darf alles.

BIWI
Sie dürfen alles?

DIREKTOR

Ja, weil ich der Herr Direktor bin.

BIWI

Dürfen Sie auch Ihrer Frau widersprechen?

DIREKTOR

Werd nicht unverschämt, du! Wenn ich dich noch einmal erwische, dann wirst du erschossen. Merk dir das! *(geht hinaus)*

BIWI

Das darf der gar nicht.
(Er beginnt wieder sehr schön auf der Posaune zu spielen.)

DIREKTOR

(kommt wieder herein und zieht eine Kanone hinter sich her)
Biwi, du bist zum Tode verurteilt. Bist du bereit?
(Er richtet die Mündung auf ihn und zielt.)
Hast du noch etwas zu sagen?

BIWI

(wickelt die Beine umeinander, grinst verlegen, hebt einen Finger)
Jawohl, Herr Direktor.

DIREKTOR

Was ist los? Was willst du noch, Biwi?

BIWI

Ich muss mal austreten. Ich komme gleich wieder, bestimmt.

DIREKTOR

Jetzt nicht.
(Er zündet sich eine Zigarre an und nähert die Glut der Lunte. Biwi stehen die flachsgelben Haare zu Berge.)
Hast du noch einen letzten Wunsch?

BIWI

Jawohl, Herr Direktor. Ich wurde gern mit Ihnen Platz wechseln, wenn es Ihnen nichts ausmacht …

DIREKTOR

Na gut, Biwi. Warum nicht? Man ist kein Unmensch.
Also stell dich hier her.

BIWI

(Er geht auf den Platz des Direktors, während der die Kanone hinter sich herzieht und auf Biwis Platz geht. Biwi dreht sich um und blickt von Neuem in die Mündung. Er beginnt in seinen riesigen Hosen zu zittern, seine Zähne klappern kastagnettenartig.)

DIREKTOR

Halt dich doch ruhig, dummer Kerl! Wie soll ich dich denn sonst treffen?

BIWI

(steht kerzengerade)

Jawohl, Herr Direktor.

DIREKTOR

(feuert die Kanone ab, eine Wolke von Rauch steigt zum Zelthimmel. Biwi steht immer noch kerzengerade.)

Du musst umfallen, du Idiot!

BIWI

Warum?

DIREKTOR

Weil du tot bist. Frag doch nicht so blöd. Hast du nicht den Knall gehört?

BIWI

Das waren aber Sie jetzt, der Lärm gemacht hat, Herr Direktor.

DIREKTOR

Na klar, ich habe dich soeben erschossen.

BIWI

Wirklich?

DIREKTOR

Ja, wirklich und wahrhaftig.

BIWI

Heißt das, dass ich tot bin?

DIREKTOR

Mausetot.

BIWI

(fällt stocksteif um)

DIREKTOR

Na endlich!
(Er nimmt den Zylinder ab und wischt sich mit einem großen roten Taschentuch die Glatze.)
Der ist so dumm, dass er nicht mal begreift, wenn man ihn erschossen hat.

BIWI

(hebt den Kopf)
Herr Direktor?

DIREKTOR

Was ist denn jetzt schon wieder?

BIWI

Also, das hätte ich nicht von Ihnen gedacht!

DIREKTOR

Halt den Mund! Du bist doch tot und erschossen. Lieg jetzt gefälligst still!

BIWI

Davon müsste ich doch auch etwas wissen.
(Er wackelt mit seinen großen Schuhen.)
Ich merke aber gar nichts davon, Herr Direktor.

DIREKTOR

Hast du noch nie was von Logik gehrt, du Schwachkopf? Dass du nichts davon merkst, ist doch gerade der Beweis dafür, dass du tot bist. Ein Toter merkt eben nichts mehr davon, dass er tot ist. Also?

BIWI

… bin ich mausetot.
(Er streckt sich starr aus.)

DIREKTOR

Gut, Biwi, sehr gut. So ist es brav. Und jetzt werden wir dich beerdigen. Warte mal hier.
(Er will hinausgehen.)

BIWI

(flüstert)
Herr Direktor! Herr Direktor!

DIREKTOR

Fängst du schon wieder an?

BIWI

Ich möchte lieber nicht beerdigt werden – nur für den Fall, dass ich bloß scheintot bin.

DIREKTOR

(baut sich vor ihm auf, stemmt die Arme in die Seiten und brüllt)
Jetzt merk dir gefälligst mal eins! Ich bin hundertmal gescheiter als du, deshalb bin ich auch der Direktor, und du bist nur der dumme Biwi, verstanden? Und wenn ich dir sage, dass du tot bist, dann bist du tot. Basta! Und wenn du mir jetzt noch ein einziges Mal widersprichst, wirst du entlassen.

BIWI

Jawohl, Herr Direktor.
(Er liegt stramm, die Hände an der Hosennaht.)
Auf einen Wink des Direktors kommen die Manegenclowns herein. Unter großem Lamento schleppen sie einen Sarg. Biwi wird hineingelegt, der Sarg wird hochgehoben, da er aber keinen Boden hat, bleibt Biwi liegen. Der Trauerzug, vom Direktor angeführt, entfernt sich. Biwi merkt, dass man ihn vergessen hat, springt auf und schließt sich als Letzter hinten an. Er klagt am allerlautesten, aus seinen Augen spritzen Wasserstrahlen. Dann nimmt er die Posaune und spielt sehr schön einen Trauermarsch.
Der Zug verlässt die Manege.

Der wahre Name

Das Namengeben ist das Erste, was Adam im Paradies tut, nachdem er „eine lebendige Seele“ von Gott empfangen hat. Gott gibt ihm den Auftrag, allen Dingen und Tieren und Pflanzen ihren Namen zu geben, und – wie die Heilige Schrift eigens hinzufügt – „wie er sie nannte, so sollten sie heißen“. Das ist die erste poetische Tat des Menschen und mit ihr beginnt die Menschheitsgeschichte.

Den noch namenlosen Dingen und Wesen einen Namen zu geben – nicht nur eine Bezeichnung, sondern eben den wahren Namen – das ist die urmenschlichste aller menschlichen Fähigkeiten. Durch sie setzt er sich überhaupt erst in Beziehung zu dem Bekannten, damit wird es für ihn eigentlich erst Wirklichkeit, in gewissem Sinn Teil seiner selbst. Und zugleich trennt er damit das Einzelne, Benannte, aus dem namenlosen Ganzen heraus, so als existiere es für sich allein. Das ist sozusagen eine „notwendige Sünde“ – dieses Wort kommt ja bekanntlich von „sondern“ aber anders kann er sich der Welt nicht gegenüberstellen, kein bewusstes Wesen werden. Was man von sich nicht unterscheiden kann, kann man nicht benennen.

Mir scheint, der größte Teil aller poetischen Arbeit besteht darin, dem noch immer Namenlosen Namen zu geben, und zwar den jeweils wahren Namen, denn der unwahre Name, die Lüge, entwirklicht das Benannte. Zu ihm kann man sich nicht in Beziehung setzen, ohne dass man selbst an Wirklichkeit einbüßt. Deshalb ist die Arbeit des Dichters etwas ungeheuer Wichtiges, viel wichtiger als die meisten Menschen ahnen.

Theaterhandwerk

Da es sich bei einer Dramatisierung um ganz spezifische handwerkliche Überlegungen handelt – denn auch die Schriftstellerei ist zu einem guten Teil Handwerk –, die möglicherweise nicht allgemein bekannt sind, möchte ich versuchen, hier, wenn auch sehr kurz gefasst, zu erläutern, wie man dabei vorgeht. Ich vertrete dabei die klassische Dramaturgie, die mehr oder weniger von Sophokles bis Ibsen selbstverständliche Voraussetzung für jeden Dramatiker war, und erst in neuerer Zeit, sehr zum Nachteil für unser Theater, nicht mehr angewendet, ja nicht einmal mehr gewusst wird.

Was ist „dramatisch"? Drama heißt Handlung – also nicht Show, Diskussion, Gebrüll oder dergleichen. Diese Handlung durchläuft im gut gebauten Stück 28 oder 29 dramaturgische Wendepunkte. Der wichtigste dieser Wendepunkte, auf den alle vorhergehenden hindrängen und der den Zuschauer dazu bringt, zwei bis drei Stunden in einem verdunkelten Raum auszuharren, weil er diesen Moment erleben will, ist die sogenannte „Erkennungsszene". Da es nur eine einzige Erkennungsszene geben kann, darf ein Stück auch nur einen einzigen Konflikt zum Gegenstand haben. In der Erkennungsszene fallen dem Helden, also der Hauptperson der Handlung, „die Schuppen von den Augen". Der Zuschauer ist über den Irrtum, in dem der Held sich befindet, von Anfang an aufgeklärt. Aber erst in der Erkennungsszene durchschaut der Held endlich die Illusion, in der er sich befunden und die ihn zu seinen tragischen oder komischen Aktionen bewogen hat. Jedes gut gebaute Drama, gleich ob Komödie oder Tragödie, behandelt also eine *Täuschung* oder einen *Irrtum*, der zu unwiderruflichen (Tragödie) oder widerruflichen (Komödie) Taten führt und entweder zu spät (Tragödie) oder gerade noch rechtzeitig (Komödie) aufgeklärt wird. Der Absturz des Protagonisten aus seiner Illusion in die Erkenntnis seiner wirklichen Situation ist die Szene, auf die der Zuschauer wartet. Je größer die Fallhöhe für den Helden zwischen Schein und Sein ist, desto stärker ist die dramatische Wirkung – im Komischen wie im Tragischen.

Vielleicht ist es gut, diese dramaturgische Faustregel an einem kurzen, absichtlich banalen Beispiel sinnfällig zu machen:

Auf der Bühne sitzt ein Elternpaar und spricht darüber, dass ihr Kind auch heute wieder, wie schon mehrmals, auf dem Heimweg von der Schule herumtrödelt und sich verspätet, anstatt, wie befohlen, pünktlich zu sein. Vielleicht streiten sich die Eltern darüber, was man tun soll. Der Vater ist dafür, einmal strenge Erziehungsmaßnahmen anzuwenden, die Mutter hält das für falsch. Möglicherweise schreien sie sich an.

Das alles ist völlig undramatisch, denn – im Gegensatz zur landläufigen Meinung – ist dramatisch nicht in erster Linie das Aufeinanderprallen von Meinungen oder Emotionen. Diese ganze Szene ließe sich auch im Roman erzählen, ohne dass etwas verloren ginge. Sie erfordert nicht die Darstellung auf der Bühne.

Stellen wir uns nun aber vor, dass in einer Szene, die dieser vorausging, gezeigt wurde, wie das Kind auf dem Heimweg von einer Erpresserbande entführt wurde. Und nun erst zeigen wir die Szene der streitenden Eltern, die davon ja noch nichts wissen. Sofort bekommt jeder Satz, der gesprochen wird, eine doppelte Bedeutung: Diejenige, die Vater oder Mutter *meinen,* und diejenige, die der Satz für uns hat, die wir den wahren Sachverhalt kennen. Klingt auch nur ein Gran Grausamkeit in den Vorschlägen des Vaters mit, so ist er für uns schon gerichtet. Wir fragen uns: Was wirst du sagen, wenn du die Wahrheit erfährst? Da es hier nicht mehr nur um das *Was,* sondern fast noch mehr um das *Wie* jedes Wortes geht, um Nuancen des Tonfalls, erfordert eine solche Szene die Darstellung. Man kann sie nicht nur erzählen, ohne dass Wesentliches dabei verloren ginge.

Eine nächste Steigerungsstufe dramatischer Art wäre nun zum Beispiel, dass die Eltern von der Entführung erfahren und sich überlegen, wie sie die geforderte Summe aufbringen sollen. Sie müssten ihr Haus verkaufen, an dem sie sehr hängen. Sie überlegen hin und her. Wir Zuschauer aber wissen bereits, dass das Kind schon nicht mehr am Leben ist …

Dieses Beispiel ist natürlich trivial, aber es kann doch zeigen, worin der Ansatz bei der Dramatisierung eines rein epischen Stoffes liegt.

So simpel sich diese Handwerksanweisung ausnimmt, so vielfältig ist in Wahrheit ihre Ausgestaltungsmöglichkeit. Sie gilt für den Ödipus wie für *Was ihr wollt*, für *Don Carlos* wie für *Charleys Tante*, für *Othello* wie für den *Eingebildeten Kranken*. Nur heutzutage glaubt man, diese Regel außer Acht lassen zu können, weil man vergessen hat, was Theater sein kann und sein soll. Bei den Griechen und noch zur Shakespeare-Zeit galt der Stoff nicht als originale Leistung, sondern nur die dramatische Form, die der Dichter gefunden hatte.

Geht man nun mit der Absicht einer Dramatisierung an einen Sagenstoff wie etwa *Till Eulenspiegel* oder *Rübezahl* heran, so findet man eine große Menge von Episoden, aber keinen dramatischen Kernkonflikt, der zum Irrtum und zuletzt zur Erkennungsszene führen kann. Viele Bühnenfassungen begnügen sich deshalb mit einer Art Bilderbogenversion, in der einfach ein paar der charakteristischsten Episoden aneinandergereiht werden. Eine solche Form ist immer undramatisch und nicht wirklich bühnengerecht. Diesen Fehler galt es bei der Bearbeitung der *Goggolori*-Sage zu vermeiden, denn auch hier gab es in der Sammlung von Otto Reuther zwar eine Menge einzelner, unzusammenhängender Episoden, aber keinen brauchbaren Kernkonflikt. Dieser musste erst erfunden werden.

Der einzige dramatische Ansatz, den es in der Version von Otto Reuther gibt und der die Episoden lose zusammenhält, ist das sogenannte „Rumpelstilzchenmotiv“: Ein Mensch oder ein Wesen hat einen Namen, der aus bestimmten Gründen nicht bekannt werden darf, wird er es aber doch, so muss das Wesen oder der Mensch verschwinden. Dieses Motiv erschien mir untauglich, erstens, weil es nicht sehr viel dramatische Entwicklung erlaubt, zweitens aber und vor allem, weil es schon allzu häufig (so im *Lohengrin*) verwendet wurde.

Ich habe dieses Problem durch Einführung eines Motivs gelöst, das bei Otto Reuther überhaupt nicht vorkommt: Wir, d. h., die Zuschauer, erfahren, dass der Bauer Irwing in seiner Jugend, seiner Armut überdrüssig, mit dem Goggolori einen Vertrag geschlossen hat, durch welchen er der reichste Bauer der Gegend wurde. Als Gegenleistung musste er jedoch sein erstes Kind dem Goggolori versprechen. Da er aber mit seiner Frau nur ein einziges Kind hat, packt ihn die Reue. Vor allem seine Frau will die Tochter Zeipoth nicht hergeben und sinnt darauf, den Goggolori um seinen Lohn zu prellen. Zeipoth weiß jedoch nichts von diesem Vertrag. Sie erfährt davon zum ersten Mal im vorletzten Bild (Erkennungsszene). Alle Szenen im Stück sind auf diesen Konflikt hin geordnet.

Dieses Motiv ist natürlich nicht neu. Es findet sich in allen Mythen und Sagen, die dem Kreis der *Priapus*-Thematik angehören. Da aber gerade die *Goggolori*-Sage zu den *Priapus*-Geschichten gehört, schien es mir nur legitim, dieses Motiv einzuführen. Durch die Hinordnung auf diesen Grundkonflikt bekommen alle Episoden eine neue, andere Bedeutung.

Ja oder Nein

Ein Richter verlangte während der Verhandlung vom Angeklagten, er solle auf seine Fragen klar mit Ja oder Nein antworten.

„Das kann ich nicht“, erwiderte der Angeklagte.

„Unsinn!“, meinte der Richter. „Man kann auf jede Frage mit Ja oder Nein antworten.“

„Darf ich Ihnen eine Frage stellen?“

„Bitte, sehr“, sagte der Richter.

„Herr Rat, haben Sie aufgehört, allabendlich Ihre Frau zu verprügeln?“

***

Materialismus ist eine Weltanschauung, die für alles eine Erklärung bereit hat – außer für ihr eigenes Vorhandensein. Sie kann nur existieren, solange sie sich selbst nicht zu Ende denkt.

Ein Missverständnis

Ich bin bei dem Maler S. in A. in sein Atelier eingeladen. Während des Gesprächs zünde ich mir ganz in Gedanken eine Zigarette an, kann aber keinen Aschenbecher finden (S. ist Nichtraucher). Auf dem Tisch vor mir sehe ich einen Pappteller, darauf ein paar Reste von Würstchen, eingetrockneter Senf, einige Zahnstocher. In meiner Herzeneinfalt schnippe ich, ohne mir Böses dabei zu denken, meine Zigarettenasche auf den Pappteller.

„Um Himmels willen", ruft S. entsetzt, „was machen Sie da! Das ist doch ein Objekt von J. B.!"

Es stellt sich heraus, dass der weltberühmte Mann mit Hut vor einiger Zeit bei S. zu Besuch gewesen war. Nach einem gemeinsamen Imbiss hatte er die Reste mit Fixativ besprüht und den Pappteller auf der Rückseite signiert. Nun handelte es sich um ein Kunstwerk und war viele Tausend Mark wert.

Mein reuiges Angebot, den Pappteller ebenfalls zu signieren und so ein Doppelkunstwerk zu schaffen, wird ohne Lächeln zurückgewiesen, so als hätte ich im Ashram des großen Baba den Vorschlag gemacht, meinerseits auch ein bisschen heilige Asche aus dem Töpfchen zu schütteln.

Ich verstehe: Ein Kunstwerk ist das, was ein bedeutender Künstler zum Kunstwerk erklärt.

Bleibt nur noch die Frage: Wer erklärt den bedeutenden Künstler zum bedeutenden Künstler?

Nun, wer könnte dafür kompetenter sein als wiederum ein bedeutender Künstler, also er selbst?

Mein Vater

Mein Vater wohnte
an einer arkadischen Küste,
an welche die Wellen
des Eismeers spülten.
Dort regierte er als geduldiger König
sein menschenleeres Reich.

Er fuhr auf schwebenden Schiffen
mit Wäldern von Masten
durch düstere Himmel
und über Ebenen aus Geometrie,
aber in seiner Armada
trug jedes Schiff den gleichen Namen:
Soledát.

Am Strand des Abendlandes
fand er einst eine Flaschenpost,
enthaltend diese Bittschrift:
Wir, die Bewohner der Tiefe,
ersuchen den ehrlichen Finder,
uns zu erfinden.

Also baute mein Vater ein Bathyscaph
in Gestalt eines riesigen Auges.
Damals zählte er kaum zwölf Jahre:
Ein Wunderkind wahrlich!

In seinem Auge sitzend
ließ er sich hinab
in die Tiefen von Grund zu Ungrund.
In der Finsternis schaltete er
sein Augenlicht ein und schaute.

Und was er fand im Jenseits der Gründe,
das zeichnete er getreulich auf
in seiner Enzyklopädie
des wortlosen Staunens.
Beides wuchs mit den Jahren.
So wurde das Wunderkind
zum Meister des Wunderns.

Doch eines Morgens früh gegen fünf
kehrte das Auge
leer und erloschen zurück
an die Oberfläche.

Vielleicht, dass plötzlich
eine kleine Ungeduld
ihn, den Geduldigen, getrieben hatte,
das schützende Aug' zu verlassen,
um mit Händen zu greifen
das Unbegreifliche.

Dies nämlich war
der unglaublichste aller seiner Erfunde:
Er war zum Anfang gelangt,
endlich.

Weil aber niemand da war,
schenkte niemand ihm Glauben.

Gnome, Zeitung lesend

Unter den morschen Bohlen eines Holzstegs im Wald sitzen zwei Gnome, spannenlang beide. Die Mönchskutten und die Kapuzen, die sie über die Köpfe gezogen haben, sind kobaltblau, ebenso ihre uralten kleinen Gesichter. Sie gleichen einander wie ein Ei dem anderen. Aus welken Laubblättern lesen sie sich gegenseitig mit raunenden Stimmen die letzten Neuigkeiten vor.

„Hier steht, der lange Dunkeldünne sucht sein Bein."

„Welches? Das rechte oder das linke?"

„Er hat doch nur eins."

„Richtig. Hat man's ihm gestohlen?"

„Nein, es ist ihm entlaufen."

„Ich glaube, ich hab's gesehen, heute Morgen, auf dem Kahlen Hügel, im Gegenlicht. Es stand da ganz still eine Weile, dann machte es plötzlich einen Satz, und weg war es. Es wirkte nicht glücklich."

„Das wundert mich überhaupt nicht. Es fühlt sich verloren."

„Es wird schwer für den langen Dunkeldünnen sein, es einzufangen, meinst du nicht?"

„Sicher – jetzt, wo er sich nicht mehr von der Stelle rühren kann."

„Er muss es eben anlocken."

„Schon, aber wie?"

Eine Weile ist es still, dann sagt der andere Zwilling:

„Hast du gelesen, dass der riesige Uralte vom Blitz zerspalten wurde?"

„Nein! Ist er tot?"

„I wo. Hier heißt es, seinen beiden Hälften geht es ausgezeichnet, nur streiten sie sich dauernd, wer von ihnen nun wer ist."

„Keine guten Nachrichten. Ich möchte mal wieder was Erfreuliches lesen."

„Ich auch."

Wieder ein längeres Schweigen, dann der erste:

„Der Mond ist näher gekommen. Im letzten Jahr waren's schon sieben Zentimeter."

„Wunderbar! Dann kann's ja nicht mehr lange dauern."

„Höchstens ein paar Tausend Jahre oder so, steht hier."

„Darauf sollten wir einen trinken gehen. Ich lade dich ein."

„Nein, nein, diesmal bin ich dran."

Unter freundschaftlichem Streit verlassen sie das Versteck und wackeln davon.

Organisch und mechanisch

Das Organische (Belebte) zeichnet sich dadurch aus, dass in jedem Detail nochmals das Ganze auf spezifische Form vorhanden ist. In jedem Blatt ist nochmals der ganze Baum enthalten, in jeder Zelle nochmals das Blatt oder nach der Seite des Großen hin: Jeder Baum enthält auf seine jeweilige Weise die ganze Pflanzenwelt, die Pflanzenwelt enthält wiederum den Kosmos. Daher die Vorstellung der alten Astrologie, dass alles, was im Großen geschieht, sich ebenso in jedem einzelnen Teil des Ganzen und im Teil des Teiles vollziehen muss. Nicht aufgrund einer Kausalität – darin liegt das Missverständnis unserer Zeit –, sondern aufgrund von Entsprechungen.

Nach diesem Prinzip des Organischen war auch jede Kultur der Menschheit gebildet: Das Ganze offenbart sich in jedem Detail. Aus einem Rokoko-Teelöffel kann man im Grunde ganz Sanssouci rekonstruieren. Und aus Sanssouci die Denk- und Lebensweise einer ganzen Menschheitsepoche.

Ganz anders ist das mechanische Prinzip. In ihm werden völlig heterogene Teile zu einem kausal-logischen Ganzen zusammengesetzt. Ein Auto ist ein kompliziertes Gebilde aus Ursache-und-Wirkung-Zusammenhängen, aber seinem Wesen nach hat der Verbrennungsmotor nichts mit dem Differenzialgetriebe zu tun; man kann in dem einen nicht das andere finden.

Da der heutige Mensch aber gewohnt ist, nur kausal-logisch zu denken (nicht in Entsprechungen), kommt keine Kultur mehr zustande, sondern eben nur ein Zusammenhang von Kausalitäten (bestenfalls).

Stans Nachtlied

Horch doch, Olly, altes Brüderchen, horch!

Hörst du den Schnee der vergangenen Jahre, wie er durch unsere Bilder rieselt in rußigen Flocken? In den Uhren wohnen die großen Spinnen der Zeit, die weben Schleier von Stunde zu Stunde und aus dem Dschungel der Leere kriechen die Leguane.

Du musst dich nicht fürchten, Olly, in diesem Lianengestrüpp aus Zelluloid. Ich bin ja bei dir, dein Stan. Nur verbirg dich, mein dicker Freund, verbirg dich so gut du kannst darin – aus Klugheit, Olly, nicht aus Angst.

Ich wiege dich in meinem Arm. Träum noch ein wenig, bleibe noch eingeschmiegt in unserm Windbruch der Wirklichkeit, wärme dich an der Wärme deines Bauches – wer sonst sollte dich wärmen? Wärme auch mich, Olly, eingewühlt in das Laub, das dürr ist, gefroren, und knisternd zerfällt, das Laub unsrer lange verjährten Gelächter. Schlafe noch, träume noch, noch hat der Hahn nicht gekräht, der anzeigt, wir seien niemand. Schlafe noch, träume noch, atme noch, lächle noch, Olly, mein Bruderherz. Horch, noch immer schneit es den rußigen Schnee.

Was wollten wir denn bewachen, wir Vogelscheuchen, weißt du es noch? Und gegen welche Totenvögel hat man uns aufgestellt?

Hör meine schlafende Stimme, Olly, die Stimme eines Schlafenden in deinem schlafenden Ohr, Olly, dem Ohr eines Schlafenden, irgendein wisperndes Zwiegespräch im tiefen, tiefen Brunnen des Schlafs, kaum geahnt, gesprochen nicht und weniger noch erlauscht: Einmal, o mein kindlicher Dickwanst, wird es sein, dass wir niemals gewesen sind. Wie aber, Bruder, wie aber, Liebster, wie aber, du mein einziger Tröster, wie denn, wenn es uns tatsächlich irgendwann niemals gab?

Da krümmen wir uns beide, verzerren die Lippen, blecken die Zähne röchelnd im Schlaf, der uns nicht loslassen will, und plötzlich fahren wir auf, noch immer nicht wach, umklammern uns in tödlichem Grausen, die Hüte gehen uns hoch und wir stieren ins Dunkel, aber da ist es nun still für immer, nur der Schnee der vergangenen Jahre senkt sich noch immer und verwandelt alles in Nacht. Wir murmeln etwas, schauen uns unter die halb geschlossenen Lider, sehen nur das Weiße im Auge des andern, der Mund klappt uns auf und wir fallen zurück, ein jeglicher in seinen mühsamen Schlaf, und ich weiß nicht, welche Hand wirft den schweren Deckel auf den Brunnen unseres Scheintods, dass es lange noch leise nachdonnert. An den feuchten Wänden der Finsternis bricht sich ein letzter Ton und es ist endgültig still und leer. Wenn wir uns ab und zu von einer Seite zur anderen wälzen, seufzen wir manchmal noch: Wann?

Dann bist du plötzlich da und sagst: Stan, wach auf, warum schläfst du so lang, steh auf, lass uns in die weite Welt hinausgehen, denn wir sind da, um Taten zu vollbringen, große und kleine, wir können das, weil wir stark sind und weise, und wir wissen schließlich, worum es geht. Und sind wir nicht ein strahlendes Zwiegestirn, ich mit meiner nahrhaften Krawatte, aus der ich unermessliche Kraft sauge, und meinem begeisternden Bärtchen, und du, Bruder Mehlgesicht mit dem Haarschopf des Herzbezwingers, du, dem es manchmal ganz aus Versehen unterläuft, dass er Wunder tut, wenn sie auch meistens fehl am Platz sind.

Und dann träumen wir, dass wir uns den Schlaf aus den Augen reiben, gähnen, unsere Glieder strecken, aufstehn und in die Hände spucken, hinausgehn und Großes und Wichtiges tun und die Welt uns mit Lorbeer krönt. Aber wenn wir uns dann betrachten, einer im Spiegel des andern, war es doch wieder nur welkes Gemüse auf unseren Köpfen.

Glaubst du, Olly, dass Gott schon mal von uns gehört hat?

Sag mir, mein bewunderter Freund, warum ist es so schwer, Würde zu bewahren, wenn einem ein Hammer auf den großen Zeh fällt? Warum ist es so schwer, einen bedeutenden Auftrag zu erfüllen, wenn einem der Magen knurrt und um die Straßenecke der Duft gebratener Würstchen lockt? Warum ist es so schwer, sich in Gegenwart feiner Damen nicht zu kratzen, wenn man Läuse hat? Warum ist es so schwer, geduldig zu warten, wenn einem entfallen ist, worauf?

Die Stunden tropfen wie eine chinesische Folter, und uns dröhnt im Hirn das Gehämmer, unerbittlich, der Weltenuhr.

Nein, Olly, jede Kleinigkeit ist schon zu groß für uns und ein wirklicher Mensch zu sein, geht über meine Kraft.

Und wenn wieder mal alles schiefging, dann sagten wir: Einmal ist keinmal. Aber zweimal Einmal ist auch keinmal. Und ebenso ist dreihundertvierundsiebzigmal Einmal – wie wunderbar! – keinmal. Ach, dass wir doch weiß wären oder schwarz, da wir aber grau sind, werden wir ausradiert aus Gottes Notizbuch. Wir sind wie Geigen, die kranken, weil keiner das Lied kann, das in ihnen steckt.

Ach, Olly, lieber Bruder, ich glaube, ich habe den Schluckauf.

Da sitze ich nun zwischen allen Stühlen auf dem Boden des Weltalls und weine mein kaninchenwimpriges Weinen, über das auch die Engel lachen.

Ich wollte so gerne den Mond umarmen, Olly. Nicht den Schutthaufen der Astronomen, verstehst du, sondern den Mond der Poeten. Aber immer, wenn ich mich ihm näherte, gab's eine Mondfinsternis. Es war dein Schatten, Olly, der sie verursachte. Ehrlich: Ich habe oft dran gedacht, dich zu verlassen für immer. Darum, Olly, bitte, verlass mich nicht.

Wir wollen uns gegenseitig erlösen, was hältst du davon? Denn Gott, siehst du, kann es ja nicht. Das musst du verstehen: Wir würden ihn nur blamieren.

Wusstest du schon, dass ich auf den Fingern pfeifen kann? Schau her! Nun schau doch mal, Olly!

Ich pfeife auf meinen Fingern das Lied eines liebenden Lakens, durch dessen Löcher der Wind pfeift.

Ich pfeife auf meinen Fingern das Lied meines frierenden Herzens.

Was soll ich denn sonst? Was haust du mich auf die Finger?

Hörst du mich, Olly, du mein einziger Freund – wenigstens du?

Ich pfeife auf meinen Fingern mein Elend durch die Nacht aus rußigem Schnee, der alles unsichtbar macht, durch den Wind der Leere, das Lied meiner Einsamkeit, ich, der in keinen Schlappschuh passt.

Ich, der in keinen Schlappschuh passt …

Vom Nutzen menschlicher Schwächen

Menschliche Defekte können durchaus auch ihre positive Seite haben, solange sie eben menschlich bleiben.

Oft wurde ich während meiner Jahre in Italien von erstaunten Italienern gefragt, warum ich es vorzöge, in diesem „paese di merda", wie sie es nannten, zu leben, inmitten all seiner Korruption, seiner Diebe, seines hoffnungslosen, ewigen Chaos, statt in Deutschland, wo es doch in dieser Hinsicht etwas besser sei. Ich versuchte, es ihnen so zu erklären:

„Wenn ich mich als Gefangener auf dem Transport in ein KZ befände – und meinem Naturell nach gehöre ich immer zu denen, die hineingeraten, nicht zu denen, die andere hineinsperren – und ich hätte durch Zufall noch eine goldene Uhr am Leib versteckt und mein Bewacher wäre ein Italiener, dann würde ich versuchen, mich ihm zu nähern, und würde ihm zuflüstern: ‚Hör mal, ich habe zu Hause sieben unmündige Kinder, eines kleiner als das andere, und ich habe eine Frau, die ohne mich nicht aus und ein weiß, und eine alte Mama, die sich die Augen ausweint. Und hier habe ich eine goldene Uhr, die gebe ich dir, wenn du mal eben in die andere Richtung schaust und mich entwischen lässt.' Der Italiener würde mit einiger Wahrscheinlichkeit eine Träne in seinem Auge zerdrücken, selbstverständlich die Uhr nehmen und mich entkommen lassen. Hätte ich aber einen deutschen Wachsoldaten, so würde er keine Träne vergießen, selbstverständlich meine Uhr nicht nehmen und mich wegen Bestechungsversuchs seinem Vorgesetzten melden. Darum fühle ich mich in eurem Land trotz allem sicherer."

Unmenschliche Systeme können durch menschliche Defekte ein bisschen weniger gut funktionieren, darum sind auch sie auf Tugend und Pflichtbewusstsein angewiesen. Mit einer Stadt wie Neapel sind auch die Faschisten nicht fertiggeworden.

Familienidylle

Die Familie nahm ihn in den Würgegriff der Liebe. Nach einem Jahr hatten sie ihn so weit: Er lag mit beiden Schulterblättern am Boden, aber es war kein Schiedsrichter da, um abzupfeifen.

Kontinuität des Ich

Ich kann damals noch nicht zehn Jahre alt gewesen sein, ich ging noch zur Volksschule. Jeden Tag führte mich mein Schulweg an der „Kolonialwarenhandlung Dehn" vorüber. Hinter einem großen Schaufenster stand eine Kaffeeröstmaschine, die manchmal in Betrieb (Herr Hingerl bediente sie), meist aber unbenützt war. Der Sims des Schaufensters war mit blank geputztem Kupferblech bedeckt. Das Pflaster des Trottoirs davor bestand aus hellen und dunklen Platten, die ein Schachbrettmuster bildeten.

Eines Tages dachte ich im Vorübergehen, was wohl im Laufe meines Lebens aus mir werden würde und ob ich in zehn oder fünfzig Jahren noch derselbe sein würde, der ich jetzt war, oder ein ganz anderer. In diesem Augenblick fasste ich den Entschluss, mich immer wieder einmal in meinem künftigen Leben an diesen Moment zu erinnern – mit all den Einzelheiten, die ich mir sorgfältig einprägte (z. B. dass die Morgensonne schien). Dieser Akt der Erinnerung sollte ganz willkürlich sein, aus freien Stücken, nur weil ich es beschlossen hatte. Damit wollte ich mich versichern, dass ich noch immer „ich" sei – denn wenn ich ein anderer geworden wäre, so wüsste ich von diesem Entschluss (ohne äußeren Anlass) natürlich nichts mehr. Und tatsächlich habe ich mich im Laufe meines Lebens immer wieder einmal an diesen Augenblick erinnert, habe ihn mir so deutlich wie möglich vor Augen gestellt. So zum Beispiel auch jetzt, da ich dies hier schreibe, als alter Mann.

Erziehung zum kritischen Bewusstsein?

„Man muß dafür sorgen, daß Kinder an ihren Büchern etwas auszusetzen finden. So erlangen sie Kritikfähigkeit. Kritik muß man üben. Deshalb sind in dem Buch Aufforderungen, dagegen zu sein." (Aus dem Nachwort zum zweiten Jahrbuch der Kinderliteratur *Am Montag fängt die Woche an.*)

Das ist nun freilich ein ganz verteufeltes Argument, das man so rum und so rum drehen kann und mit dem sich schlechthin alles rechtfertigen lässt, weil alles auf den Leser, also das Kind, abgeschoben wird. Wenn es die Miesigkeit von etwas Miesem nicht bemerkt und sich nicht entsprechend „kritisch" davon distanziert, sondern darauf hereinfällt, dann ist es eben seine eigene Schuld. Sein Kritikvermögen ist halt noch nicht genügend geschult. Unter diesem Obertitel kann man Kindern getrost den größten Kitsch, die haarsträubendste Unwahrheit, die abscheulichsten Gemeinheiten anbieten – alles das schult doch ihr Kritikvermögen. Eigentlich gibt es keinen Grund, die alten antisemitischen Nazischulbücher nicht wieder neu aufzulegen. An ihnen könnten die Kinder sich doch fabelhaft schulen.

Ein Bekannter von mir, der seine zwei kleinen Mädchen (5 und 7 Jahre) streng antiautoritär erzog, machte das so: Wenn eines der Kinder ihn irgendetwas fragte, dann log er ihm bewusst etwas vor, allerdings so, dass das Kind mit einigem Nachdenken dahinterkommen musste, dass an der Auskunft irgendetwas nicht stimmte. Dadurch, meinte mein Bekannter, würde das kritische Bewusstsein seiner Kinder entwickelt und sie lernten, keiner Äußerung eines Menschen unbesehen zu vertrauen, sondern jede angebliche Wahrheit gründlich zu prüfen und sich selbst ein Urteil zu bilden. Die beiden kleinen Mädchen sind inzwischen wegen schwerer neurotischer Symptome beim Psychoanalytiker. Darüber wundert sich mein Bekannter und kann es gar nicht verstehen.

Mich erinnert diese Haltung an jenen bösen Witz: Ein Vater stellt seinen kleinen Sohn auf den Tisch, tritt hinter ihn und sagt: „Jetzt mach die Augen zu, mein Sohn." Der Sohn schließt die

Augen. „Und nun", sagt der Vater, „lass dich rückwärts fallen. Dein Vater fängt dich auf." Der Sohn lässt sich fallen und knallt fürchterlich auf den Boden. „Warum, Papa", schluchzt er, „hast du mich nicht aufgefangen?" – „Damit du rechtzeitig lernst", antwortete der Vater, „dass du auf dieser Welt nicht mal deinem eigenen Vater vertrauen kannst."

Im allgemeinen Sprachgebrauch bezeichnet das Wort „kritisches Vermögen" nicht etwa eine bloß nörgelnde, unzufriedene oder misstrauische Haltung (zu der man Kinder doch wohl besser nicht anhalten sollte), sondern das Differenzierungsvermögen, durch welches man innerhalb eines Sachgebietes, das man beherrscht und überblickt, nach bestimmten Maßstäben präzise Unterscheidungen treffen kann. Den Überblick über das Sachgebiet und die Maßstäbe selbst kann sich aber kein Mensch bereits kritisch aneignen, denn sie sind ja eben die Voraussetzung aller Kritik. Bei dieser Aneignung ist man wohl oder übel angewiesen auf das, was einem andere, die man für kompetent hält und denen man deshalb vertraut, mitteilen.

Gewiss, dieses Vertrauen lässt sich missbrauchen. Es liefert das Kind seinem Erzieher aus. Umso größer ist dessen Verantwortung, und umso empörender ist jede Gewissenlosigkeit auf diesem Gebiet. Aber welches Vertrauen lässt sich nicht missbrauchen? Und doch ist und bleibt es die Grundlage aller menschlichen Gemeinschaft, auch der sozialen und politischen. Wer menschliche Gemeinschaft ohne gegenseitiges Vertrauen begründen möchte, kommt mir vor wie einer, der Brot ohne Mehl backen will, weil dieses vergiftet sein könnte.

Kritisches Vermögen ist jedenfalls überhaupt nicht unmittelbar zu erziehen oder zu lehren (schon gar nicht durch solche „Übungen", wie sie im obigen Zitat empfohlen werden), sondern es kann nur das spätere Ergebnis eines ganz anderen Entwicklungsprozesses sein, in welchem dem Kind eben die entsprechenden Maßstäbe und der nötige Überblick gegeben wurden. Es ist ja überhaupt merkwürdig, wie gradlinig sich manche Leute die Entwicklung des Kindes vorstellen. Einige denken sie sich ja tatsächlich ähnlich dem Füttern eines „leeren" Computers mit Daten und Informationen: Je früher man damit anfängt, desto mehr ist schließlich drin. Dass lebendige Entwicklungsprozesse nach ganz anderen Gesetzen als denen einer einfachen Ursache-Wirkung-Mechanik verlaufen, dass jedes Lebewesen vielerlei Metamorphosen durchläuft und Umwege gehen muss, dass Fähigkeiten erworben und wieder vergessen werden, um viel später als etwas ganz anderes wieder zum Vorschein zu kommen, das sind Beobachtungstatsachen, die vielfach ganz schlicht ignoriert werden, weil sie dem intellektualistisch-materialistischen Welt- und Menschenbild nicht in den Kram passen.

Was man dem Kind also anbieten muss, das sind, in einer seinem Entwicklungsgrad angemessenen Form, Maßstäbe und Kenntnisse. Die Kenntnisse kann man einigermaßen „objektivieren“, die Maßstäbe jedoch sind und bleiben an die Persönlichkeit des Lehrenden gebunden, er muss nach bestem Wissen und Gewissen dafür einstehen. Das ist nicht etwa bedauerlich, sondern gut so, denn eben dadurch bleibt der Inhalt dessen, was es lernt, für das Kind mit einem menschlichen Vertrauenserlebnis verbunden und wird nicht zu einer unpersönlichen, kalten Wissensspeicherung. Sonst könnte man das Lehren ja tatsächlich „objektivieren“, indem man es Maschinen überlässt. Auch solche Bestrebungen der restlosen Enthumanisierung werden ja heute bereits ernsthaft diskutiert.

Dem Kind unter zwölf Jahren kritisches Bewusstsein anerziehen zu wollen, ist ganz sinnlos, und es kommt bei genauerem Hinsehen auch niemals etwas anderes dabei heraus, als dass das Kind Urteile und Ansichten derer, die ihm kompetent erscheinen, nachschwätzt. Natürlich sind die Vertreter der Erziehung zum kritischen Bewusstsein ungemein beglückt, wenn die Kinder ihnen genau das liefern, was sie hören wollen. Sie merken nur nicht – oder wollen es nicht merken –, dass alles das von ihnen, den Vertretern, selbst stammt.

Mit einer kritischen Haltung eignet sich ein Kind in Wahrheit überhaupt nichts an, weder Welt, noch Wissen, noch Können, noch Maßstäbe. Im Gegenteil, es wird an dieser Aneignung gehindert. Und da es sich nichts wirklich einverleiben kann, leidet es früher oder später an einer Art seelischer Unterernährung.

Für die neurotischen Symptome, in denen diese Unterernährung sich dann heftig bemerkbar macht, zieht man alles in der Welt zur Verantwortung, nur nicht das, was sie wirklich verursacht: ein schlichter Mangel an Liebe.

Jede Aneignung vollzieht das Kind einzig und allein aus Sympathie, entweder zur Sache selbst oder zu dem, der die Sache lehrt. Jedes Kind ist, falls es nicht bereits seelisch verkrüppelt wurde, bereit zu lieben, zu bewundern, etwas schön zu finden, sich zu begeistern. Kurzum, es sucht Lebenswerte und Lebensmaßstäbe. Und die Aufgabe des Erziehers besteht im Grunde in nichts anderem als darin, diese Bereitschaft zu wecken und in die richtigen Bahnen zu lenken. Und da sind wir nun, scheint mir, am springenden Punkt.

An diesen Braten will keiner der Vertreter der Erziehung zur Kritik so recht heran, vielleicht nicht zuletzt aus einem mehr oder weniger deutlichen Empfinden der eigenen Liebesunfähigkeit und Maßstabslosigkeit heraus. Denn der reine Intellektualismus ist nicht in der Lage, Lebenswerte und Maßstäbe hervorzubringen. Also kann man auch für das, was man den Kindern anbietet, nicht mit der eigenen Persönlichkeit einstehen. Man möchte das „Richtige“ so gern objektivieren, sozusagen unpersönlich, rein faktisch, wissenschaftlich, wertfrei übermitteln. Damit gerät man in einen fatalen Widerspruch, denn wertfreie Lebenswerte gibt es eben nicht. Also versucht man es auf umgekehrte Weise. Man lenkt den Blick der Kinder auf das „Unrichtige“ und hält sie dazu an, sich ihm „kritisch“ entgegenzustellen. Aber da man in Wirklichkeit keine Position zu bieten hat, kann man nun auch keine rechte Negation bieten. Deshalb wälzt man das ganze Problem schließlich einfach auf das pädagogische Opfer, das Kind, ab, indem man sagt: Es muss selbst lernen zu entscheiden. Aber die Maßstäbe, nach denen es entscheiden soll, gibt man ihm nicht, und infolgedessen kommt auch nichts dabei heraus als eine gewisse nörgelige, maulige, verdrossene Grundhaltung nach dem bekannten Muster: „Kindsein ist mies …“

Indem man dem Kind „kritisches Bewusstsein“ abverlangt, fordert man es zu etwas auf, was es seiner ganzen Entwicklungsstufe gemäß noch nicht kann und auch gar nicht können soll. Was aber noch viel schlimmer ist: Indem man ihm dies abverlangt, beeinträchtigt oder zerstört man die Möglichkeiten in ihm, diese Fähigkeit später in der richtigen Weise zu entwickeln, wie immer, wenn man in einem lebendigen Entwicklungsprozess spätere Fähigkeiten schon vorzeitig trainieren will. Für jeden, der sich nicht absichtlich blind macht, ist heute schon zu sehen, dass die bedauernswerten Opfer dieser sich für „progressiv" haltenden Schulmeisterei ganz besonders irritierte und urteilsunfähige Menschen sein werden. Und das ist schließlich kein Wunder, da ja die „Erzieher zur kritischen Haltung" lediglich ihren eigenen intellektuellen Relativismus, ihre eigene Ohnmacht, Lebenswerte zu finden, auf die Kinder übertragen.

Aber, so könnte man nun einwenden, ist nicht die ganze heutige Umwelt des Kindes, die Konsumgesellschaft, die Werbung, die Illustrierten, das Fernsehen, der Großstadtverkehr usw. so unmenschlich, so lügenhaft, so hundsgemein und brutal, dass man eben wenigstens versuchen muss, die Kinder dagegen zu immunisieren, indem man ihnen, z. B. in ihren Büchern, eben diese Unmenschlichkeit, diese Lügenhaftigkeit, diese Hundsgemeinheit und Brutalität erst so richtig zu Bewusstsein bringt? Gibt man ihnen nicht gerade dadurch die Möglichkeit, sich „kritisch" mit alledem auseinanderzusetzen, sich davon zu distanzieren? Und muss man ihnen zu diesem Zweck nicht mit genau den grellen und lärmenden Mitteln kommen, die sie tagtäglich in ihrer Umwelt wahrnehmen? Ist es nicht immerhin besser, ihnen die Heillosigkeit der Welt vor Augen zu führen, auch wenn man ihnen dabei selbst überlassen muss, wie das Heil aussähe, als dass man ihnen die Existenz einer „heilen Welt" vorgaukelt?

Das kommt mir etwa ebenso vernünftig vor, als würde man einem Kind, das sowieso schon friert, auch noch die Jacke wegnehmen, damit es sich der Kälte bewusst wird und sich „kritisch" von ihr distanziert. Ich halte es weder für wünschenswert, dass es das tut, noch für möglich. Es wird ganz einfach krank werden. Ich finde es richtiger, ihm einen Mantel zu geben oder es womöglich an einen warmen Ofen zu holen – auf die Gefahr hin, dass manche Aufklärungsterroristen schreien werden, ich lenke das Kind von der Wirklichkeit ab, denn die sei eben die Kälte.

Auf unser Thema übertragen, heißt das: Ich bin der Überzeugung, dass ein Kinderbuch, gerade wegen des vielen Drecks, der Lieblosigkeit, der Hässlichkeit, die den Kindern heute von vorn und hinten hineingeschoppt werden, seinen Lesern etwas bieten soll, was sie schön finden und was sie lieben können. Nichts anderes ist wichtig, denn nur davon können Kinder sich seelisch ernähren. Ob ein solches Buch gut oder schlecht ist, lässt sich ausschließlich nach künstlerischen und poetischen Maßstäben beurteilen. Ganz und gar gleichgültig ist es jedenfalls, ob sein Inhalt im Sinne jener phantasielosen Realismus-Apostel „Wirklichkeit" darstellt. Auch die Puppe und das Bärchen, denen Kinder ihre ganze Zärtlichkeit zuwenden, sind ja nach dem kümmerlichen Wirklichkeitsbegriff jener Leute nichts als ein paar Hände voll Sägemehl und ein bisschen Stoff und müssten den Kindern mithin besser weggenommen oder wenigstens „entzaubert" werden, indem man sie aufspießt oder unter ein Auto legt, um ihren Besitzern deren „wirkliche" Beschaffenheit zu demonstrieren und sie zu realistischen, illusionsfreien Menschen zu erziehen.

Wäre das nicht ein Ansatz zu einer neuen pädagogischen Aufklärungswelle? Ich stelle die Idee den entsprechenden Leuten hiermit zur Verfügung.

Feigenblätter

Ich erinnere mich an meinen ersten Besuch in der Antikensammlung der Vatikanischen Museen. Das ist schon einige Jahrzehnte her. Man hatte bei allen männlichen Statuen den Penis entfernt und, oft recht ungeschickt, ein Feigenblatt vor die Stelle gegipst. Diese Prüderie erzeugte den genau entgegengesetzten Effekt: Der Eindruck war unbeschreiblich obszön. Unwillkürlich drängte sich mir – und sicher nicht nur mir – die Frage auf, wo all die fehlenden Stücke geblieben waren. Hatte da im Hof unten ein großer Haufen marmorner Penisse jeder Art und

Größe gelegen, die dann per Schubkarren abtransportiert und irgendwo bei Nacht und Nebel in einer Grube in den Gärten des Vatikans vergraben worden waren? Vielleicht gar von fleißigen kleinen Nonnen, von denen die eine oder andere sich heimlich ein Souvenir eingesteckt hatte? Oder lagen die Dinger in irgendwelchen geheimen Räumen in langen Regalen, fein säuberlich nach Maß und Herkunft geordnet, jedes mit einem Zettelchen umgebunden, nur für privilegierte Besucher zugänglich? Gab es einen besonderen Wärter, der sie bewachte? Und wie mochte er wohl seinen Job bezeichnen?

Inzwischen hat man offenbar an übergeordneter Stelle bemerkt, dass dieser Schuss nach hinten losgegangen war. Als ich das letzte Mal die Antikensammlung besuchte, waren die meisten Penisse wieder an ihrem ursprünglichen Platz, restauriert sozusagen. Dennoch, die Frage bleibt: Wo sind sie in der Zwischenzeit abgeblieben? Oder hat man gar neue anfertigen lassen?

Arabische Zahlen?

Die sogenannten „magischen Quadrate" sind seit der Antike bekannt. Es handelt sich dabei um eine regelmäßige Anordnung der durchlaufenden Zahlenreihe in quadratische Felder, und zwar so, dass die Summe der waagrechten, der senkrechten und der diagonalen Felder immer gleich ist. Am bekanntesten ist wahrscheinlich die Darstellung eines solchen Quadrates auf Dürers *Melancholie* (Saturn), vermutlich beschreibt auch das „Hexeneinmaleins" in Goethes *Faust* ein irreguläres Saturnquadrat. In der pythagoreischen und vorpythagoreischen Mathematik schrieb man den Zahlen nicht nur quantitative, sondern vor allem qualitative Eigenschaften zu. Deshalb galten solche magischen Quadrate als Darstellung und Manifestation bestimmter harmonischer Kräfteverhältnisse im Kosmos und im Menschen. Diese Kräfteverhältnisse wurden aufgrund der Entsprechungslogik mit den beweglichen Himmelskörpern identifiziert. 3 mal 3 Felder waren dem Saturn zugeordnet, 4 mal 4 dem Jupiter, 5 mal 5 dem Mars, 6 mal 6 der Sonne, 7 mal 7 der Venus, 8 mal 8 dem Merkur und schließlich 9 mal 9 dem Mond. Die Anzahl der Felder pro Zeile und im Ganzen, die Summe der waagrechten und senkrechten Reihen und die Gesamtsumme, ergaben so die dem jeweiligen Himmelskörper zugeordneten Zahlen.

Wenn man nun die seit der Antike üblichen Zeichen für die beweglichen Himmelskörper mit der Schreibweise der ihnen zugeordneten Grundzahlen vergleicht, dann springt einem förmlich ins Auge, dass es sich bei den Letzteren um gar nichts anderes handelt, als um die ausgeschriebene, sozusagen flüchtig notierte Form der Ersteren:

Saturn	= ♄ = 3 = 3
Jupiter	= ♃ = 4 = 4
Mars	= ♂ = 5 = 5
Sonne	= ☉ = 6 = 6
Venus	= ♀ = 7 = 7
Merkur	= ☿ = 8 = 8
Mond	= ☽ = 9 = 9

Ich kann kaum glauben, dass das bisher noch niemand bemerkt haben sollte. Die Evidenz, scheint mir, ist unbestreitbar, trotzdem habe ich bisher nirgendwo einen Hinweis darauf finden können.

Die 2 und die 1 können übrigens in dieser Reihe nicht vorkommen, da es ein „magisches Quadrat“ von 2 mal 2 oder 1 mal 1 Feldern nicht geben kann. Diese Zeichen müssen also einen anderen Ursprung haben als die Symbole der sieben klassischen „Planeten“.

Wovon Märchen erzählen

Die echten Märchen sind keine beliebigen Wundergeschichten, die sich in früheren Zeiten das „unwissende und abergläubische Volk“ zusammengefabelt hat. Das Volk erfindet solche Dinge nicht, aber es überliefert sie wortgetreu von Generation zu Generation, weil es die Wahrheit spürt, die darin steckt. Die echten Märchen sind Erfahrungsberichte aus einer anderen (sagen wir: inneren) Wirklichkeitswelt, mitgeteilt von anonymen Autoren, die bis in alle Einzelheiten hinein sehr genau wussten, was sie sagten. Da dem modernen, westlichen Menschen aufgrund seiner begrifflichen Denkweise die Erfahrung dieser anderen Wirklichkeit so gut wie völlig abhandengekommen ist, deutet er – falls er Märchen überhaupt zur Kenntnis nimmt – diese Berichte entweder historisch (die Hexe, den Königssohn, den Drachen, das Zauberschwert usw.) oder psychologisch. Beides halte ich für falsch oder doch mindestens für unzureichend.

Das Märchen spricht nicht von einer äußeren gesellschaftlichen Welt, und wenn es Elemente daraus verwendet, dann nur als Metapher für jene andere Wirklichkeit. Dort gibt es eben die Hexe, den Königssohn, den Drachen und das Zauberschwert – und wird sie immer geben. Die psychologische Deutung halte ich insofern für unzureichend, als sie alle diese Dinge für gewöhnlich nur symbolisch versteht. Sie geht sozusagen davon aus, dass das Märchenbild das Uneigentliche sei, das man durch Interpretation ins Eigentliche, nämlich in „konkrete“ Begriffe, umwandeln müsse, damit man auf den Kern der Sache kommt. Auch in der Traumdeutung geht man ähnlich vor. Damit führt man eine Kausallogik, die für die „äußere“ Realität durchaus eine gewisse Berechtigung hat, in jene andere Wirklichkeit ein, in der ganz und gar andere Regeln und Gesetze gelten. Auch die Frage der Grausamkeit, überhaupt die Frage nach Gut und Böse, lässt sich dort nicht mit den in der „äußeren“ Welt geltenden Moralvorstellungen unter einen Hut bringen.

Gibt es also gar keine Möglichkeit mehr für uns, Märchen zu verstehen?

Ich denke, doch. In jedem Menschen liegt ursprünglich die Möglichkeit, diese andere Wirklichkeitswelt zu erfahren. *Dort* kann man dann seine Fragen stellen und seine Prüfungen erleben. Das setzt freilich voraus, dass man den Zugang zu ihr nicht mit allen Mitteln verschüttet, sondern das Wissen um ihn von früh an pflegt und lehrt. Aber das hieße eben, dass die ganze Denkrichtung unserer Zivilisation, die ja nur nach außen gerichtet ist, sich ändert.

Vielleicht wird es in Zukunft einmal Schulen geben, in denen man das richtige Träumen lernt.

***

Zu den vielen Begriffsverwirrungen unserer Zeit gehört die ständige Verwechslung von Indiskretion mit Aufrichtigkeit, von Vulgarität mit dem Elementaren, von Intensität mit Lautstärke.

Gespräch über den Tod

A: Dein Glaube an ein individuelles Weiterleben nach dem Tode in irgendeiner Form resultiert doch nur aus Angst vor der Möglichkeit des absoluten Endes deiner Existenz.

B: Nun, das ist ein psychologisches und kein philosophisches Argument. Es ließe sich, da es ja nur eine Vermutung ist, ebenso gut umkehren: Deine Überzeugung, dass mit dem Tode „alles zu Ende" ist, resultiert vielleicht nur aus der Angst vor dem, was dich danach erwartet. Möglicherweise stellst du dir darunter ja etwas vor, was dich wünschen lässt, lieber gar nicht mehr zu existieren. Aber lassen wir das einmal beiseite. Wenn es ein Leben nach dem Tode gibt, dann entspricht es ja der Wahrheit, daran zu glauben. Gibt es aber keines, dann ist es sowieso gegenstandslos, ob man daran geglaubt hat oder nicht.

A: Nein, sondern dann entspricht eben dies der Wahrheit.

B: Wenn ich nicht mehr bin, was sollte mich dann die Wahrheit kümmern?

A: Nicht dann – jetzt!

B: Was soll ich denn jetzt mit einer Wahrheit anfangen, die mir sagt, dass es dann keine Wahrheit mehr gibt?

Bühnenbild

Zwei Räume, ganz verschieden voneinander, einer reich und luxuriös, der andere armselig und verkommen, oder einer orientalisch, der andere europäisch, oder einer modern, der andere altertümlich, oder einer real, der andere traumhaft-surreal usw.

Beide Räume sind durch eine Tür verbunden. Menschen leben in ihnen. Wenn sie jedoch durch die Tür gehen, vergessen sie restlos alles, was im ersten Raum geschah, was sie dort taten oder erlebten. Sie haben dort ein anderes Dasein. Es ist die Vergessens-Tür. Feinde sind drüben Freunde und umgekehrt. Ja, sie vergessen sogar, dass drüben überhaupt ein Raum ist. Die Tür sehen sie zwar, doch sie bezweifeln, dass „etwas dahinter" ist. Wenn sie durchgegangen sind, vergessen sie allerdings, dass sie eben gezweifelt haben und vielleicht nur durchgegangen sind, um zu erforschen, was jenseits der Tür ist. Auf jeder Seite aber führen die Menschen ein in sich kontinuierliches Leben. Also führt jeder, ohne es zu wissen, ein Doppelleben – Tag und Nacht.

Des Puppenspielers Traum

Ein Puppenspieler, müd der langen Reise,
fiel eines Nachts in einen bangen Traum:
Er stand allein auf weitem Erdenkreise,
umgeben rings vom kalten Weltenraum.

Und eine Puppe hielt er in den Händen,
ganz als sein treues Ebenbild gemacht.
Und während er sie ansah mit Befremden,
da schien ihm fast, als habe sie gelacht.

„Willst du dich etwa über mich erheben?"
Die eigene Stimme klang ihm dünn und schrill.
„Ich hab dir nicht erlaubt, von selbst zu leben.
Ich bin dein Herr und führ dich, wie ich will."

„Nun sollst du tanzen!", sprach er zu der Kleinen
und zog am Faden, wie er's stets getan.
Stattdessen zuckt es selbst ihm in den Beinen,
er fängt zu trippeln und zu springen an.

Er selber muss im Wirbeltanz sich drehen,
er wehrt sich noch und will am liebsten fliehn.
Da hilft kein Fluchen und da hilft kein Flehen,
er muss gehorchen, wie die Fäden ziehn.

„Hör auf!", so schrie er, doch er schrie vergebens;
die Puppe ließ ihn springen all die Nacht
im irren wirren Puppentanz des Lebens,
den er erschaffen hatte und erdacht.

Dann endlich, in der ersten Morgenstunde,
geschah's, dass er erschöpft zusammenbrach.
Da lag er nun im weiten Weltenrunde,
und seine Puppe stand vor ihm und sprach:

„Du bist nichts mehr. Du hast dich weggegeben,
denn deine wahre Seele steckt in mir.
Du schufst mich, Herr, nach deinem Bilde eben,
nun hängst du von mir ab, wie ich von dir.

Man schafft nicht ohne Folgen solche Kinder,
du hast mich schließlich in die Welt gesetzt.
Doch bist du auch mein Schöpfer und Erfinder,
dein eigenes Werk beherrscht dich selbst zuletzt.

Die zarten Fäden, die uns zwei verbinden,
sie fesseln dich, dem kannst du nicht entgehn!
Du schufst mich doch, um dich in mir zu finden?
Nun wirst du nie mehr wissen: Wer führt wen?"

Der Spieler schloss entsetzt die Augenlider,
er wollte nichts mehr hören, nichts mehr sehn.
Als er erwachte, hing die Puppe wieder
an ihrem Draht, als wäre nichts geschehn.

No-Theater

Die „leise Andeutung", das Grundelement dieser Theaterform, setzt beim Zuschauer Intelligenz, Sensibilität und eigene schöpferische Imaginationskraft als selbstverständlich voraus. Sie erweist ihm damit die höchste Ehre.

Bei uns ist heute nahezu das Gegenteil üblich. Der Begriff der „vornehmen Zurückhaltung", der in allen alten Kulturen – auch in unserer eigenen Vergangenheit – einmal eine so hohe Bedeutung hatte, ist der gegenwärtigen westlichen Zivilisation ganz verloren gegangen. Bei uns ist fast alles laut, überdeutlich, aufdringlich – mit einem Wort: vulgär.

Warnung an alle Zauberlehrlinge

Einen Prinzen in einen Frosch zu verwandeln ist nichts Besonderes und gelingt verhältnismäßig leicht. Jeder übellaunige Abteilungsleiter bringt es täglich fertig. Aber einen Frosch in einen Prinzen zu verwandeln, das erfordert große Kunst oder Kraft – oder Liebe.

Die ich rief, die Geister ...

Jede Form des Spiritismus als Methode, sich mit jenseitigen Welten in Verbindung zu setzen, halte ich für einen höchst bedenklichen Irrweg. Lassen wir dabei einmal den erheblichen Anteil an Scharlatanerie beiseite, mit dem leichtgläubige Leute an der Nase herumgeführt werden, und beschränken wir uns auf die ernst zu nehmenden Phänomene, wobei es gleich ist, ob es sich dabei um die klassischen medialen Techniken oder moderne elektronische Mittel handelt. In jedem Fall wird versucht, Intelligenzen, Wesenheiten, oder wie auch immer man es nennen will, in unsere alltägliche Bewusstseinsebene hereinzuziehen. Dem liegen eine Art Bequemlichkeit des Denkens und eine ganz und gar nicht mehr komische Respektlosigkeit zugrunde, die selbstverständlich nur gleichgeartete Intelligenzen anzieht. Das Ergebnis ist fast immer leeres Geschwätz oder, schlimmer noch, konvenierende Lüge. Aber selbst wenn es möglich wäre, auf diesem Wege irgendeine Wahrheit in Erfahrung zu bringen, so wäre es immer noch eine unrechtmäßig erlangte, sozusagen gestohlene Wahrheit – und die wird auch für den Empfänger nicht bekömmlich sein. Es hat ja einen guten Grund, dass unser „normales“ Alltagsbewusstsein durch eine Schwelle von jener anderen Seite der Welt getrennt ist. Es ist sogar eine Gnade. Alle Kulturen, die darüber etwas wussten oder noch wissen, haben streng darauf bestanden, dass der einzig rechtmäßige Weg, etwas über jene andere Seite in Erfahrung zu bringen, darin besteht, das eigene Bewusstsein so zu stärken und zu verwandeln, dass es die Schwelle überschreiten kann. Das ist selbstverständlich nicht durch Drogen oder andere Manipulationen zu erreichen. Es ist ein Weg, der unerschütterliche Geduld, außerordentliche Seelenstärke, großen Mut und vor allem tiefste und aufrichtigste Bescheidenheit voraussetzt. Und gerade derjenige, der solche Eigenschaften besitzt, wird wissen, dass sie alle nichts wert sind ohne das, was einem geschenkt werden muss: die göttliche Gnade.

Der dritte Weltkrieg

Immer wieder tauchte nach 1945 die Frage auf, ob es denkbar sei, dass es je zu einem dritten Weltkrieg kommen könne. Ich glaube, wir befinden uns schon mittendrin. Nur bemerkt es offenbar niemand, weil dieser Krieg nicht territorial, sondern zeitlich geführt wird. Wir haben einen erbarmungslosen Krieg gegen unsere eigenen Kinder und Enkel, gegen die kommenden Generationen, entfesselt. Wir werden ihnen eine verwüstete Welt hinterlassen, auf der das Leben für sie sehr schwer sein wird. Aber da sie ja nicht zurückschlagen können, fahren wir damit fort – wir können schon gar nicht mehr anders – und beruhigen unser Gewissen (sofern es nicht ganz zum Schweigen zu bringen ist) mit der Annahme, dass *ihnen* schon etwas einfallen wird, um *unsere* Gemeinheiten wiedergutzumachen.

• Du bist • nur was • Du kannst • nur was • Du weißt • nur was

Brief an eine erschrockene Leserin

Liebe A. M.,

auf meinem Schreibtisch liegen heute Morgen ungefähr 20 Leserbriefe, die alle beantwortet sein wollen. Sie werden also verstehen, dass es mir unmöglich ist, auf Ihre Fragen so gründlich einzugehen, wie Sie es erwarten und wie ich es gern täte. Außerdem kann man das Ergebnis eines lebenslangen Nachdenkens nicht auf ein oder zwei Briefseiten darstellen. So einfach liegen die Dinge nun mal nicht. Aber ein paar Hinweise will ich Ihnen doch geben.

Zunächst einmal: Ich kenne das Buch von Klaus Berger über mich nicht, aber nach dem, was Sie darüber schreiben, sollten Sie es mit Vorsicht zur Kenntnis nehmen. Was Herr Berger über mich denkt, sind eben seine mehr oder weniger klugen Gedanken, nicht meine. Es wird andauernd so viel über mich und meine Bücher geschrieben, Freundliches und weniger Freundliches, Gescheites und weniger Gescheites, dass ich mich damit nicht fortwährend beschäftigen kann. Sonst käme ich kaum noch zu irgendwas Vernünftigem. Dass ausgerechnet Ihr Religionslehrer Ihnen dieses Buch in die Hand gedrückt hat, halte ich für bedauerlich.

Ein „Studium der Kabbalistik" habe ich nicht absolviert, und wenn Herr Berger so etwas schreibt, dann beweist er damit nur einen völligen Mangel an Sachkenntnis. Niemand kann ein Studium der Kabbalistik absolvieren, denn die Kabbala ist kein abgeschlossenes Wissensgebiet, auch kein einzelnes Buch, sondern sie besteht aus Hunderten, ja Tausenden von Büchern. Es handelt sich dabei auch um keine gruselige Zauberei oder dergleichen. Das Wort „Kabbala" heißt zu Deutsch einfach „Überlieferung" und betrifft alles tiefere Wissen der jüdischen Religion, das seit zwei- bis dreitausend Jahren erst mündlich, zuletzt schriftlich weitergegeben wurde. Allerdings bin ich der Meinung, dass man viele Ausdrücke im Alten und Neuen Testament nur verstehen kann, wenn man über diese Zusammenhänge Bescheid weiß. Schließlich waren Jesus und seine Jünger Juden – auch wenn das heutzutage manchen Leuten gar nicht passen will. Deshalb habe ich mich ein Leben lang um das Verständnis dieser „Überlieferung“ bemüht.

Dass ich mit der *Unendlichen Geschichte* eine „Antibibel für Gottlose“ schreiben wollte, ist ja fast schon komisch. Den Ausdruck „Buch der Bücher“ benützen nämlich nicht nur die Christen für die Bibel, sondern auch die Juden für die Thora, die Moslems für ihren Koran, die Hindus für ihre Bhagawatgita usw. … dann hätte ich also auch einen Anti-Koran, eine Anti-Bhagawatgita usw. verfasst. Ach, liebe A. M., glauben Sie nicht alles, was die Leute so drucken und schwätzen.

Es ist richtig, dass ich davon überzeugt bin, dass die Welt und der Mensch sehr viel geheimnisvoller sind, als uns das unsere heutige Naturwissenschaft zeigen kann. Aus diesem Grund habe ich mich mit vielen Religionen der Welt, heutigen und vergangenen, beschäftigt und ihre Hintergründe zu verstehen versucht. Aber Ihrem Religionslehrer können Sie sagen, dass ich vermutlich kein schlechterer Christ bin als er, auch wenn ihm meine Gedanken und Vorstellungen vielleicht ungewohnt sind. Es gibt da doch unter den zehn Geboten eines, das das „falsche Zeugnis“ betrifft. Ob er sich wohl daran erinnert?

Nein, es geht in meinem Buch nicht um schwarze, weiße oder karierte Magie, es geht um etwas ganz anderes und ich will die Welt auch nicht durch Magie heilen – wobei ich nicht recht weiß, was Herr Berger sich darunter vorstellt. Vor hundert Jahren hat man ja beispielsweise die Hypnose ganz entschieden zur Magie oder zum Okkultismus gerechnet und dementsprechend für Mumpitz gehalten oder sie verteufelt, heute benützen sie viele Ärzte ganz selbstverständlich als Heilmethode, sogar Zahnärzte zur medikamentenlosen Anästhesie beim Zähneziehen. Also auch hier heißt es, ein bisschen behutsamer zu sein mit dem Urteilen. Was man mit solchen Ausdrücken meint, hängt ganz vom Wissensstand (oder den Vorurteilen) ab.

Man hat mir auch schon – leider von Pfarrerseite – nachgesagt, dass meine Bücher unter dem Einfluss von Drogen entstanden seien. Falls man Ihnen oder Ihren Freunden auch das noch über mich erzählt, glauben Sie es nicht. Es ist gelogen. Wie armselig müssen Leute dran sein, die sich schöpferische Phantasie nicht anders erklären können.

Und noch zum Schluss: Was die Existenz von Wesen betrifft, die wir mit unseren normalen fünf Sinnen nicht wahrnehmen – nun, gerade das Alte und das Neue Testament sind ja voll von Berichten über Engel und Dämonen. Wenn heutige Bibelinterpreten nun allerdings sagen: Das war eben damals, heute sind wir aufgeklärt und wissen es besser – dann heißt das ja nur, dass sie ihre Meinung über die der Bibelautoren stellen. Sie suchen sich heraus, was ihnen ins Konzept passt, alles andere erklären sie weg. Aber das können sie dann ja natürlich mit allen Inhalten der Bibel machen, und sie tun's ja auch, leider.

Ich habe gesagt, und sage immer noch, dass jeder einzelne Baum viel mehr ist als nur das Ergebnis chemisch-physikalischer Prozesse. Hinter der äußeren Gestalt eines Baumes steht etwas lebendig Wesenhaftes, das geistiger Art ist – wie hinter jedem Geschöpf der Natur. Nur eine lieblose und geistlose Vorstellung der Welt kann das bezweifeln. Diese materialistische Auffassung hat uns ja gerade in die Verwüstung der Natur hineingeführt. Mit Pantheismus hat das, was ich sage, absolut nichts zu tun.

Das Geistige und Seelische in und hinter den Erscheinungen der Welt ist unserer direkten sinnlichen Wahrnehmung verborgen; „verborgen" ist aber nur die deutsche Übersetzung des lateinischen Wortes „okkult". In diesem Sinne spricht nicht nur das Christentum, sondern alle großen Religionen der Welt vom Verborgenen oder Okkulten, das heißt, vom Göttlichen und Geistigen, das allen Erscheinungen der Schöpfung zugrunde liegt. Lassen Sie sich also von diesem Wort nicht erschrecken. Es hat ursprünglich nichts mit Aberglauben und Scharlatanerie zu tun, auch wenn gewisse Kohlrabiapostel und Sektengurus das Wort für ihre Zwecke missbrauchen. Aber missbrauchen lässt sich ja alles – sogar das Christentum, wie die Geschichte zeigt.

Mit freundlichen Grüßen und dem gut gemeinten Rat, zukünftig Ihre Informationen zu diesem Thema, wenn möglich, aus mehr als einem Buch zu beziehen.

Im Keller

Es war beinahe vollständige Finsternis, als ich den Keller betrat. Mein Auge gewöhnte sich nur langsam an die Dunkelheit, doch schien es mir, als hätte ich gleich beim Eintreten ein kurzes dreimaliges Klopfen vernommen, das nicht von einem bestimmten Ort herkam, sondern von überallher aus den Wänden, obschon es nicht stark war. Ich tastete mich vor und fand die Stelle, auf welcher, wie ich wusste, die Kerze stehen musste. Aber die Kerze war nicht da. Ich entzündete ein Streichholz und blickte mich um.

Die Kerze stand auf einem alten, wackligen Tisch vor mir. Ich entzündete sie und ging vorwärts. Plötzlich gewahrte ich in einer Ecke eine Gestalt, die in Lumpen gehüllt am Boden kauerte. Obgleich ich im ersten Augenblick heftig erschrak, ging ich doch auf das Wesen zu, das reglos sitzen blieb.

„Was machen Sie hier?“; fragte ich. Durch den Schrecken klang meine Stimme heftiger, als ich beabsichtigt hatte.

Die Gestalt regte sich, und nun erkannte ich das Gesicht. Es war Frau Melach, die Hausmeisterin. Sie hob die Hand und winkte mir zu, still zu sein, während sie das Ohr, wie mir schien, angestrengt lauschend, an die Wand gepresst hielt.

Mein Schrecken war verflogen und hatte einer heftigen Neugierde Platz gemacht. Ich ließ mich in die Hocke nieder und wiederholte meine Frage flüsternd.

„Hören Sie nicht?“, antwortete Frau Melach, „dieses Klopfen?“

„Ja“, sagte ich, „eben als ich eintrat, hörte ich so etwas.“

„Ich beobachte es seit drei Tagen“, sagte sie und lauschte dann wieder angestrengt. Sie schien sich weiter auf keine Unterhaltung einlassen zu wollen.

Ich legte mein Ohr ebenfalls an die Wand, um vielleicht auf diese Weise einige Aufklärung über das seltsame Benehmen der Hausmeisterin zu erhalten. Ich musste lange warten, aber dann war es plötzlich wieder da: Ein seltsames Ziehen und Knirschen, leise nur, aber doch deutlich, das zunahm und dann plötzlich mit diesem merkwürdigen kollernden Klopfen abbrach.

Die Hausmeisterin blickte mich an. Sie war ziemlich blass.

„Haben Sie’s gehört?“

Ich bejahte verwundert. „Was kann es nur sein?“

Sie zog die Schultern hoch, blickte mich dabei jedoch mit einem so seltsamen Ausdruck der Angst und des Misstrauens an, dass ich annehmen musste, sie wisse mehr.

„Sie haben doch gewisse Vermutungen, nicht wahr?“, fragte ich in möglichst harmloser Weise.

Sie schien durch meine Fragen unangenehm berührt. „Nun ja“, sagte sie und nahm sich den aus alten Kohlensäcken genähten Umhang ab.

„Nun ja, natürlich. Man macht sich so seine Gedanken.“

Das Neugeborene

Ach, als ich noch ein Fischlein war
in meiner Mutter Leibe,
wie war mir da so wunderbar
in dieser süßen Bleibe.

Wo kam ich her? Was soll ich hier?
Das habe ich vergessen.
Ein Engel tat den Finger mir
auf meine Lippen pressen.

Hier draußen will mir alles nun
so rau und kalt erscheinen.
Mir ist so weh. Was soll ich tun,
als weinen, weinen, weinen?

Über das Ewig-Kindliche

Vortrag vor der J.B.B.Y. in Tokyo

Meine sehr verehrten Damen, meine Herren!
Minasama!

Warum schreibt man für Kinder? So lautet das Thema dieses Kongresses, und ich bin sicher, dass wir in den nächsten Tagen viel Wichtiges und Nachdenkenswertes zu dieser Frage hören werden. Aber ich bin kein Literaturwissenschaftler, kein Kulturphilosoph, ich bin noch nicht einmal ein wirklicher Kenner der internationalen Kinder- und Jugendliteratur, deshalb wird alles, was ich Ihnen sagen kann, keinen Anspruch auf Allgemeingültigkeit erheben, sondern eben nur meine ganz persönliche Antwort auf die gestellte Frage sein. Ich bin auch kein geübter Redner, sondern ein Geschichtenerzähler. Erlauben Sie mir darum, mit einer kleinen Geschichte zu beginnen. Sie stammt von dem deutschen Dichter Gustav Meyrink, oder jedenfalls hat er sie als Erster aufgeschrieben.

Auf einem großen, glatten Stein tanzte jeden Tag, wenn die Sonne schien, zu einer bestimmten Stunde ein Tausendfüßler. Die anderen Tiere kamen von weit her, um ihm zuzusehen, wie er auf unnachahmlich anmutige Art seine Schleifen und Spiralen beschrieb, wobei sein Körper im Licht funkelte und glänzte, als wäre er aus Edelsteinen zusammengesetzt. Es war eine Lust, ihm zuzusehen, und alle Tiere lobten seine Kunst und seine Grazie. Doch der Tausendfüßler tanzte nicht um des Ruhmes und der Bewunderung der anderen willen. Er merkte kaum etwas von seinen Zuschauern, so versunken war er in seinen Tanz.

Nun lebte ganz in der Nähe eine große, dicke Kröte unter einer Baumwurzel, die ärgerte sich über das, was der Tausendfüßler tat. Sei es, dass sie neidisch auf seine Anmut und seinen Ruhm war, sei es, dass sie überhaupt etwas gegen solche zwecklosen Tätigkeiten wie Tanzen hatte, jedenfalls hatte sie beschlossen, dem Tausendfüßler sein Spiel zu verderben. Das war nun freilich nicht ganz einfach, denn sie wollte sich dabei nicht dem Tadel und den Vorwürfen der anderen Tiere aussetzen. Sie dachte sehr lange nach, und eines Tages hatte sie eine glänzende Idee.

Sie schrieb dem Tausendfüßler einen Brief etwa des folgenden Inhalts:

„O du Bewundernswerter, du Meister des anmutigen Tanzes und der komplizierten Schleifen und Spiralen! Ich bin nur ein Armes, Nasses, Schlüpfriges und habe nur vier plumpe und ungeschickte Beine. Darum bewundere ich dich über alle Maßen, der du es fertigbringst, deine tausend Füße in so wunderbarer Ordnung zu bewegen. Ich möchte so gerne nur ein ganz klein wenig von dir lernen. Darum sage mir doch, du Bewundernswerter, wenn du deinen Tanz beginnst, bewegst du dann zuerst den ersten linken Fuß und dann den neunhundertneunundneunzigsten rechten? Oder beginnst du mit dem tausendsten linken und nimmst dann den fünfhundertdreiundzwanzigsten rechten, worauf du als nächsten den siebenunddreißigsten linken bewegst und danach den siebenhundertzwölften rechten? Oder machst du es umgekehrt? Erkläre doch bitte mir Armem, Nassem, Schlüpfrigem, das nur vier Beine hat, wie du es anstellst, auf dass auch ich, unwürdiges Krabbeltier, ein wenig Anmut erlerne."

Diesen Brief legte die Kröte auf den sonnenbeschienenen Stein, und als der Tausendfüßler das nächste Mal kam, um zu tanzen, fand er ihn und las ihn. Er begann nachzudenken, wie er es anstellte. Er bewegte dieses Bein und dann jenes Bein und versuchte sich zu erinnern, wie er es bisher gemacht hatte. Und er musste feststellen, dass er es nicht wusste. Er konnte sich überhaupt nicht mehr von der Stelle bewegen. Er lag da und dachte nach und dachte nach und bewegte hin und wieder zaghaft irgendeines seiner tausend Beine, aber tanzen konnte er nicht mehr. Ja, mit seinem Tanz war es ein für alle Mal vorbei.

Nun möchte ich mich natürlich ganz und gar nicht mit einem so großen Künstler wie dem Tausendfüßler vergleichen – das verbietet mir die Bescheidenheit. Noch viel ferner liegt es mir, unsere lieben und verehrten Gastgeber auch nur im Entferntesten mit der bösen Kröte in Zusammenhang zu bringen – das gebietet die Freundschaft und die Höflichkeit. Und doch will ich Ihnen offen gestehen, dass es mir so ähnlich erging wie dem

Tausendfüßler, als ich erfuhr, zu welchem Thema ich hier vor ihnen sprechen sollte:

Warum schreibt man für Kinder?

Ja, warum nur? Da sitze ich nun also seither und bewege – um bei meinem Tausendfüßlervergleich zu bleiben – zaghaft mal dies, mal jenes Bein und bin mir ganz und gar nicht mehr sicher, ob ich es je gewusst habe. Ich kann nur hoffen, mir mit den nachfolgenden Gedanken meine ursprüngliche Unbefangenheit zurückzuerobern. Und ganz gewiss kann ich nicht für andere antworten, sondern nur für mich selbst.

Also gut: Warum schreibe *ich* für Kinder?

Schon hier stocke ich und sehe, dass ich mir die Frage anders stellen muss, um weiterzukommen, denn im Grunde schreibe ich überhaupt nicht für Kinder. Ich meine damit, dass ich während der Arbeit niemals an Kinder denke, mir niemals überlege, wie ich mich etwa ausdrücken muss, damit Kinder mich verstehen, niemals einen Stoff auswähle oder verwerfe, weil er für Kinder geeignet oder nicht geeignet ist. Bestenfalls könnte ich noch sagen: Ich schreibe die Bücher, die ich als Kind gerne selbst gelesen hätte. Diese Formulierung hört sich hübsch an, aber sie trifft nicht ganz die Wahrheit, denn ich schreibe auch nicht aus einer Erinnerung oder Rückbesinnung an meine eigene Jugend. Das Kind, das ich einmal war, lebt noch heute in mir, es gibt keinen Abgrund des Erwachsenwerdens, der mich von ihm trennt, im Grunde fühle ich mich als der Gleiche, der ich damals war. An dieser Stelle sehe ich vor meinem inneren Auge so manchen Psychologen bedenklich die Stirn runzeln und murmeln: Er ist eben nie wirklich erwachsen geworden.

Das gilt ja heutzutage als schwerwiegender Fehler.

Nun, sei's drum, ich gebe es zu, ich bin wohl tatsächlich nie so richtig erwachsen geworden. Ich habe mich mein Leben lang dagegen gewehrt, das zu werden, was man heutzutage einen richtigen Erwachsenen nennt, nämlich jenes entzauberte, banale, aufgeklärte Krüppelwesen, das in einer entzauberten, banalen, aufgeklärten Welt sogenannter Tatsachen existiert. Und ich berufe mich dabei auf das Wort eines großen französischen

Dichters: Wenn wir ganz und gar aufgehört haben, Kinder zu sein, dann sind wir schon tot.

Ich glaube, dass in jedem Menschen, der noch nicht ganz banal, noch nicht ganz unschöpferisch geworden ist, dieses Kind lebt. Ich glaube, dass die großen Philosophen und Denker nichts anderes getan haben, als sich die uralten Kinderfragen neu zu stellen: Woher komme ich? Warum bin ich auf der Welt? Wohin gehe ich? Was ist der Sinn des Lebens? Ich glaube, dass die Werke der großen Dichter, Künstler und Musiker dem Spiel des ewigen und göttlichen Kindes in ihnen entstammen – dieses Kind, das ganz unabhängig vom äußeren Alter in uns lebt, ob wir neun Jahre alt sind oder neunzig; dieses Kind, das nie die Fähigkeit verliert zu staunen, zu fragen, sich zu begeistern; dieses Kind in uns, das so verletzlich und ausgeliefert ist, das leidet und nach Trost verlangt und hofft; dieses Kind in uns, das bis zu unserem letzten Lebenstag unsere Zukunft bedeutet.

Wenn es mir erlaubt ist, so möchte ich dem Wort Goethes vom „Ewig-Weiblichen" in aller gebotenen Bescheidenheit das „Ewig-Kindliche" beigesellen, ohne das der Mensch aufhört, Mensch zu sein.

Für *dieses* Kind in mir und in uns allen erzähle ich meine Geschichten, denn wofür sonst lohnte es sich überhaupt, etwas zu tun?

Es sind also durchaus keine pädagogischen oder didaktischen Absichten, die mich bei meiner Arbeit leiten. Dass ich die Form gewählt habe, die Sie aus meinen Büchern ersehen können, hat allein künstlerisch-poetische Gründe. Wenn sie gewisse wunderbare Begebenheiten erzählen wollen, so müssen Sie die Welt ja so schildern, dass derartige Begebenheiten in ihr möglich und wahrscheinlich sind. Das aber ist eine Frage des Tonfalls und des Stils.

Wenn auf den Bildern von Marc Chagall Liebespaare über die Dächer von Paris hinfliegen; wenn auf einem Hüttendach ein Ziegenbock sitzt, der Geige spielt; wenn Engel mit Bettlern wie mit ihresgleichen reden, dann wird das alles nur glaubhaft – und bei Chagall ist es mehr als nur glaubhaft, es ist unbezweifelbare Wirklichkeit – weil die Art und Weise, wie der Maler uns diese Dinge erzählt, den Herzton des Ewig-Kindlichen treffen. Und das Ewig-Kindliche in uns antwortet, denn es weiß – jenseits aller äußeren Kopfgescheitheit – dass es alles das gibt, dass es sogar wirklicher ist als alle nur diesseitige Wirklichkeit.

Bezeichnend für unsere derzeitige geistige Situation ist allerdings, dass es sich bei einem Maler wie Chagall inzwischen herumgesprochen hat – sogar bei den Kunstsachverständigen und Kritikern –, dass es sich da dennoch um „richtige", will sagen: ernst zu nehmende Malerei handelt; wagt es aber ein Schriftsteller oder Dichter eine ähnliche „kindliche" Welt der Wunder in seinen Büchern darzustellen, dann wird er mit dem noch immer abwertend gemeinten Etikett „Kinderbuchautor" versehen. Damit meint man, dass Kinderbücher eine mindere Sorte von Literatur sind – falls man sie überhaupt zu Literatur zählt – die nur von solchen Leuten geschrieben wird, bei denen das Talent eben zum „richtigen" Schriftsteller nicht reichte. Nun, diese Ansicht – leider ist sie ja noch immer weitverbreitet – beweist natürlich nichts als nur höchstens den beklagenswert geringen Kunstverstand derer, die diese Ansicht haben und obendrein noch dumm genug sind, sie öffentlich feilzubieten. Aber genug davon! Ich möchte heute nicht ins Polemisieren geraten. Ich habe das an anderer Stelle genügend getan, und an Gelegenheit dazu wird es sicherlich auch in Zukunft nicht mangeln.

Zurück also zu unserem Thema. Nachdem ich nun – wie ich hoffe, einigermaßen verständlich – dargelegt habe, in welchem Sinne ich nicht eigentlich „für Kinder" schreibe, bleibt immer noch die Frage zu beantworten, warum ich überhaupt schreibe.

Nun gibt es ja traditionsgemäß auf diese Frage zwei Antworten seitens der Dichter und Schriftsteller, eine sozusagen mysteriöse und eine sozusagen vernünftige.

Die mysteriöse Antwort lautet etwa: „Ein Dichter *muss* einfach schreiben. Ein innerer Auftrag, eine numinose Berufung drängen ihn dazu. Er würde sterben, wenn er nicht schreiben dürfte."

Die sozusagen vernünftige Begründung lautet etwa: „Kunst und Literatur sind nur dann gerechtfertigt, wenn sie eine aufklärende Funktion ausüben. Ihre Aufgabe ist es, Abbildungen von der Wirklichkeit zu machen zum Zwecke der Veränderung dieser Wirklichkeit. Ein Schriftsteller muss also eine Art Lehrer seines Publikums sein."

Nun, um es Ihnen gleich offen zu bekennen: Ich halte die Existenz des Künstlers und des Dichters weder für mysteriös noch für vernünftig. Beide Antworten – obgleich sie aus ganz entgegengesetzten Positionen zu kommen scheinen – haben doch etwas gemeinsam: Sie sind das Resultat eines bürgerlichen Denkens, das heißt, eines Denkens, für welches das Sinnvolle nicht anders gedacht werden kann als gleichbedeutend mit dem Nützlichen. Andernfalls handelt es sich um ein pathologisches Phänomen.

Sehen Sie, meine verehrten Zuhörer, die erste, die sozusagen mysteriöse Antwort macht aus dem Künstler oder dem Dichter eine Art Zwangsneurotiker, einen Menschen, der aufgrund eines rätselhaften Fluchs oder einer Begnadung unter dem inneren Zwang steht, sich selbst „ausdrücken" zu müssen. Im glücklichsten Falle erklärt man ihn zum Genie, das heißt, man entledigt sich der unbequemen Frage, die seine Existenz aufwirft, indem man aus ihm einen Sondermenschen macht, einen Besessenen oder Charismatiker, jedenfalls eine Abnormität, die auf irgendeine, wenn auch entfernte Art mit den Heiligen und Narren verwandt ist. Folgerichtig muss ein solcher Dichter auch nicht danach trachten, sich seinem Publikum verständlich zu machen, sondern das Publikum hat die Pflicht, den Dichter zu verstehen. Ich will hier keinen Namen nennen – Ihnen selbst werden genügend Beispiele einfallen –, jedenfalls scheint mir ein großer Teil unseres gegenwärtigen Literaturbetriebes in allen Teilen der Welt aus dieser Auffassung hervorzugehen. Ganze Armeen von Literaturexperten sind damit beschäftigt, solche Werke zu analysieren und zu interpretieren und uns zu erklären, „was der Dichter uns eigentlich sagen wollte". Mir stellte sich schon während meiner Schulzeit immer die Frage, warum der Dichter es dann wohl nicht gesagt hat, wenn es das war, was er sagen wollte? Offensichtlich – so dachte ich damals – sind Dichter Menschen, die ganz besonders unfähig sind, sich klar auszudrücken, und die erst eines Interpreten bedürfen, der ihr Gestammel deutet.

Die andere, die sozusagen vernünftige Antwort auf die Frage, warum man schreibt, ist noch weiter verbreitet und gilt – obgleich ein typisches Produkt des vorigen Jahrhunderts – seltsamerweise noch immer als fortschrittlich. Besonders in meinem Land, in Deutschland, war das gesamte literarische Leben während der dreißig Jahre nach dem Ende des Zweiten Weltkrieges von dem geradezu krampfhaften Bemühen geprägt, alles, aber auch alles unter einem gesellschaftskritischen, politischen, emanzipatorischen oder sonst wie aufklärerischen Aspekt zu sehen. Ein Schriftsteller, der auch nur halbwegs von der offiziellen Kulturszene ernst genommen werden wollte, musste ganz unbedingt die entsprechenden Pflichtübungen vorturnen. Jede Art von Literatur, die nicht für „gesellschaftlich relevant" gehalten wurde, galt von vornherein als „eskapistisch", das heißt, als Flucht vor der Wirklichkeit und damit als indiskutabel. Der Schriftsteller, so hieß es, sei „das Gewissen der Nation". Und da ein Gewissen natürlich nur dann eine plausible Funktion hat, wenn es ein schlechtes Gewissen ist, suchten unsere Schriftsteller sich gegenseitig zu überbieten im Anklagen, im Aufzeigen von Missständen, in der Kritik an der Gesellschaft, der Kultur, den sozialen Verhältnissen, an den Menschen. Immer tiefer geriet man in einen Sog der Negativität, des Zorns, der Bitterkeit, der Verdrossenheit. Wer diesem Trend nicht folgte, der galt als oberflächlich oder dumm. Das entscheidende Kriterium, an dem ein Schriftsteller gemessen wurde, war das, was man die „message" oder „Botschaft" nannte, die seine Bücher enthielten. Darüber allein wurde diskutiert. Darüber lassen sich trefflich Artikel und Essays und Gegenartikel und Erwiderungen schreiben – kurz: der ganze lärmende Betrieb der intellektuellen Wichtigmacherei in Gang halten.

Der Schriftsteller stand sozusagen vor einem imaginären Gerichtshof, sei es als öffentlicher Ankläger, sei es als Verteidiger oder Anwalt, und sein Buch, sein Theaterstück, sein Gedicht mussten etwas *beweisen*: eine Schuld, einen gesellschaftlichen Tatbestand, einen historischen Hergang. Diese Beweisführung wurde dann auf ihre Schlüssigkeit hin untersucht, wurde widerlegt, Gegenbeweise wurden aufgestellt und ihrerseits widerlegt, kurzum, die ganze Literatur wurde gesehen unter einem einzigen Aspekt, nämlich dem des Arguments. Das galt auch für Kinderbücher, ja selbst für Bilderbücher.

Verstehen Sie mich nun bitte nicht falsch, meine Damen und Herren! Mit dieser etwas polemisch klingenden Darstellung will ich keineswegs sagen, dass ich diese ganze Richtung der Literatur für entbehrlich oder überflüssig halte. Sie ist es nicht. Sie ist und war zu allen Zeiten ein notwendiger und wichtiger Teil der Weltliteratur. Wogegen ich mich hier so nachdrücklich wende, das ist der grimmige Anspruch auf Ausschließlichkeit, der von den Vertretern dieser Literatur erhoben wurde und noch immer erhoben wird. Durch diese verhängnisvolle Einseitigkeit wird vielen Dichtern, deren Talent nicht im Argumentieren liegt, buchstäblich die Luft zum Atmen genommen. Und sind es nicht gerade die größten Werke der Weltliteratur, die jenseits allen Argumentierens stehen? Die *Odyssee* und die *Ilias*, *Tausendundeine Nacht*, der *Don Quixote*, unsere Volksmärchen, der *Faust*, die großen Romane von Balzac oder Dostojewski, Shakespeares Dramen und Komödien – sie alle beweisen oder widerlegen nichts. Sie *sind* etwas. Sie stellen Welten dar, aber sie erklären nicht die Welt.

Werte verteidigen ist eine Sache, aber Werte schaffen oder erneuern eine andere. Was hilft alle gesellschaftskritische Argumentation gegen die Vergiftung und Zerstörung der Natur, wenn der Baum selber uns im Grunde nichts mehr bedeutet? Aber ein Poet, der mich in einem Gedicht die Schönheit eines Baumes, die Brüderlichkeit zu diesem geheimnisvollen Wesen erleben lässt, gilt als unzeitgemäß, als nahezu lächerliches Relikt der Vergangenheit, während ein Autor, der ein zorniges Pamphlet gegen die Umweltzerstörung schreibt, wobei aber ihm selbst der Wald nicht mehr bedeutet als die biologisch-chemische Grundlage unseres eigenen Lebens, für progressiv, ja für mutig gehalten wird.

Werte sind nicht von allein da, sozusagen angeboren und selbstverständlich, sondern Werte müssen geschaffen und immerfort erneuert werden, damit sie vorhanden sind. Alle Gesellschaftskritik setzt einen gemeinsamen Wert voraus, nämlich den Wert des Menschen. Es ist Aufgabe der Dichter, diesen Wert immer von Neuem zu schaffen – jeder auf seine Art, jeder in seiner Zeit und in seiner Kultur. Tun sie es nicht, dann verliert dieser Wert sehr schnell an Farbe und Kontur, an Wirklichkeit, die Folge ist Barbarei und Bestialität. Schriftsteller und Künstler, die sich darin gefallen, im Namen einer höchst fragwürdigen „Wahrheitsliebe“ den Wert des Menschen immer noch tiefer herabzusetzen und zu zerstören, mögen zwar in unserer gegenwärtigen Zivilisation des reinen Intellektualismus sehr erfolgreich sein, in Wahrheit aber sägen sie sich den Ast ab, auf dem sie selber sitzen.

Und damit bin ich nun wohl an dem Punkt meiner Überlegungen angelangt, wo ich endlich „die Katze aus dem Sack lassen muss“, wie man auf Deutsch sagt, das heißt, wo ich bekennen muss, warum ich schreibe. Sie bemerken vielleicht, meine Damen und Herren, dass ich zögere, und das hat seinen guten Grund, denn ich bin mir bewusst, dass alles, was ich zu dieser Frage sagen kann, in diametralem Gegensatz zu dem steht, was heute für wichtig und richtig gehalten wird. Ich will es dennoch versuchen.

Sie kennen sicherlich den berühmten Satz von Friedrich Nietzsche: „In jedem Manne ist ein Kind verborgen, das will spielen.“ Ich möchte diesen Satz des großen Frauenverächters getrost ein wenig korrigieren und sagen: „In jedem Menschen ist ein Kind verborgen, das will spielen.“

Ich gestehe es also ohne Scham ein: Die wahre, eigentliche Triebfeder, die mich beim Schreiben bewegt, ist die Lust am freien und absichtslosen Spiel der Phantasie. Für mich ist die Arbeit an einem Buch immer von Neuem eine Reise, deren Ziel ich nicht kenne, ein Abenteuer, das mich vor Schwierigkeiten stellt, die ich vorher nicht kannte, durch das Erlebnisse, Gedanken, Einfälle in mir hervorgerufen werden, von denen ich nichts wusste – ein Abenteuer, an dessen Ende ich selbst ein anderer geworden bin als der, der ich zu Anfang war. Ein solches Spiel kann man nur absichtslos betreiben, denn wer vorher schon wissen oder planen will, wohin ein solches Abenteuer einen führt, der verhindert damit schon, dass es dazu kommt.

Als ich zum Beispiel die *Unendliche Geschichte* schrieb und gemeinsam mit meinem kleinen Protagonisten Bastian die lange Irrfahrt durch Phantásien angetreten hatte, wusste ich selbst ganz und gar nicht, wo der Ausgang aus Phantásien sein würde, der uns beiden die Rückkehr in die äußere Realität gestatten würde. Ich musste von Station zu Station Bastian begleiten, und mehr als einmal verzweifelte ich daran, dass es überhaupt einen solchen Ausgang gäbe. Aber ich sagte mir immer wieder: Phantásien ist keine Falle! Ich vertraute darauf, dass die Lösung sich im rechten Moment zeigen würde, wenn ich mich nur ganz ehrlich und konsequent an die von mir selbst aufgestellten Spielregeln hielte. Diese Ungewissheit marterte mich manchmal bis zur völligen Erschöpfung und Mutlosigkeit. Ich habe mit dieser Geschichte buchstäblich um mein Leben gekämpft. Das mag übertrieben klingen, aber jeder, der diese Art von schöpferischem Prozess kennt, wird verstehen, in welchem Sinne dies Geständnis gemeint ist. Erst im vorletzten Kapitel, wirklich erst da – als Bastian endlich vor Atréju das Zeichen der Kindlichen Kaiserin, AURYN, niederlegt und damit auf alle phantásische Macht verzichtet – wurde mir selbst klar, dass eben dieses Zeichen zugleich der Ausgang ist, der in die Menschenwelt zurückführt.

Was ist nun dieses freie, schöpferische Spiel eigentlich? Ist es nicht einfach nur ein müßiger Zeitvertreib, ein geistiger Luxus – oder ist es eine der tiefsten menschlichen Lebensnotwendigkeiten, etwas, ohne das der Mensch aufhört, Mensch zu sein? Ich könnte nun hier vor Ihnen, meine Damen und Herren, eine lange Reihe von eindrucksvollen Zeugnissen aus vielen Jahrhunderten und vielen Kulturen ausbreiten, die das absichtslose Spiel als den eigentlichen Bereich menschlicher Freiheit und Würde rühmen – angefangen von Platons *Jon,* bis zu Picassos berühmtem Satz: „Ich suche nicht, ich finde." Selbst der Schöpfer dieser unserer Welt hat gespielt, als er die Natur schuf, denn niemand wird mich je davon überzeugen können, dass die unendliche Vielfalt an Formen und Farben in der Welt der Tiere,

Pflanzen und Steine nur aus zwingenden Überlebens- und Anpassungsnotwendigkeiten entstanden sei. Aber ich will nun keine Philosophie des Spiels vor Ihnen entwickeln, meine verehrten Zuhörer. Das würde gewiss zu weit führen, und dazu ist hier und heute nicht der Ort und die Zeit. Aber auf eine einzige Merkwürdigkeit des Spiels möchte ich Sie doch hinweisen, weil sie mir im Zusammenhang mit unserem Thema wichtig zu sein scheint.

Das Spiel kann nämlich, wenn es wirklich Spiel bleibt, niemals moralisieren. Es ist seinem Wesen nach amoralisch, das heißt, es steht außerhalb aller moralischen Kategorien. Sie können dabei ans Schachspiel denken oder an das Spielen von Musikinstrumenten, an Zirkusspiele oder an die Spiele von Kindern – niemals stellt sich dabei die moralische Frage, solange alle Beteiligten sich an die Spielregeln halten, das heißt, solange das Spiel wirklich Spiel bleibt. Derjenige, der sich nicht an die Regeln hält, zerstört ja gerade den Spielcharakter, weil er die Ebenen durcheinanderwirft.

Ich möchte versuchen, das, was ich meine, an einem drastischen Beispiel deutlich zu machen: Wenn Sie auf der Straße gehen und Sie sehen, wie auf der anderen Seite drüben ein Kerl eine Frau niederschlägt, so befinden Sie sich im gleichen Augenblick in einer moralischen Entscheidungssituation. Sie können versuchen, Hilfe herbeizuholen, Sie können selbst hinlaufen, um der Frau beizustehen, Sie können auch so tun, als hätten Sie nichts gesehen und weitergehen – in jedem Fall haben Sie sich moralisch entschieden, gut oder weniger gut. Wenn Sie aber im Theater sitzen und zusehen, wie Othello Desdemona erwürgt, dann wäre es höchst lächerlich, wenn Sie auf die Bühne stürzen, um ihn daran zu hindern. Sie brauchen nicht nur nicht einzugreifen, im Gegenteil, in gewissem Sinne *genießen* Sie diesen Mord sogar. Sie wissen, dass es sich um ein Spiel handelt, dass der ganze Vorgang sich im Imaginären abspielt und deshalb das Gute und das Böse gleichermaßen berechtigt sind. Für die Dauer des Spiels stehen Sie außerhalb aller moralischen Notwendigkeiten. Gerade darin liegt ja das Erlebnis der Freiheit in allem

Kunstgenuss. Und Kunst verstehe ich hier als die höchste Form des Spiels.

Nun begreife ich natürlich gut, dass manchen Leuten eine solche Auffassung, wie ich sie hier vertrete, geradezu blasphemisch vorkommen muss. Wir leben in einer Welt, die von der Atombombe bedroht ist, in der es Diktaturen und Konzentrationslager gegeben hat und weiterhin gibt, in der soziale Ungerechtigkeit und Ausbeutung existieren, in der Aggressivität und Brutalität, Drogenmissbrauch und alle Arten von Seelenverwüstung täglich zuzunehmen scheinen – und da sollen Kunst und Poesie, gerade diese beiden, sich jedem moralischen Auftrag entziehen? Sollen sich auf ein absichtsloses Spiel beschränken? Das kann ja wohl nicht im Ernst gemeint sein! Das wäre ja geradezu zynisch.

Nun, das, wovon ich hier spreche, ist so wenig zynisch oder blasphemisch wie das Verhalten eines Arztes, der während des Krieges oder einer Epidemie versucht, Kranke zu heilen, Verwundete zu retten, Sterbende zu trösten. Wenn er ein guter Arzt ist, wird er nicht versuchen, seine Patienten zu belehren oder zu bessern, er wird versuchen, sie zu heilen.

Sehen Sie, meine Damen und Herren, wir leben in einem ideologischen Jahrhundert, in dem jeder versucht, seine Meinungen und Standpunkte dem anderen aufzudrängen, ihn zu überzeugen, ihn niederzuargumentieren. Jeder schnattert auf jeden ein, und in dem allgemeinen Stimmengewirr gehen oft gerade diejenigen Dinge unter, über die so eifrig doziert wird. Zu diesen Dingen gehört auch die Tatsache, dass Kunst und Poesie in erster Linie eine therapeutische Aufgabe haben. Denn wahre Kunst und wahre Poesie werden immer geboren aus einer Ganzheit von Kopf, Herz und Sinnen, und sie stellen diese Ganzheit bei den Menschen, die sie empfangen, wieder her, das heißt, sie machen den Menschen heil, sie heilen ihn. Wenn Sie aus einem guten Konzert kommen, meine Damen und Herren, dann sind Sie nicht klüger geworden, aber Sie haben etwas erlebt, das Ihre Ganzheit wiederhergestellt hat, etwas in Ihnen ist heil geworden, was vorher heillos getrennt war.

Ich muss da an einen russischen Puppenspieler denken, den kennenzulernen ich einmal die Ehre hatte. Dieser Mann war jahrelang in einem nationalsozialistischen Konzentrationslager gewesen. Aus winzigen Restchen von Kartoffelteig hatte er sich nach und nach eine Reihe von kleinen Fingerpuppen modelliert, mit denen spielte er Märchen vor den Kindern, wenn keine Wächter in der Nähe waren. Er brachte die Kinder zum Lachen. Er spielte auch mit ihnen ihr eigenes Schicksal, ja sogar ihren Tod. Später kamen auch viele erwachsene Häftlinge zu ihm, und er spielte mit ihnen das Gleiche. Oft spielte er in der Nacht vor der Hinrichtung mit dem Verurteilten dessen Schicksal. Und die Art, in der er das tat, gab diesen Menschen das Gefühl ihrer Würde wieder. Sie mussten sterben, aber sie starben anders, gelassener, manche sogar getröstet.

Gewiss, man kann fragen, was hat es diesen Menschen denn genützt? Ich würde so nicht fragen. Für mich ist dieser Puppenspieler ein sehr tapferer Mann und ein wahrer Künstler.

Diese Ganzheit aus Kopf, Herz und Sinnen, die uns nur das absichtslose Spiel schenken kann, was ist sie ihrem tiefsten Wesen nach anderes als *Schönheit?*

Über diesen Zusammenhang zwischen dem freien Spiel und der Schönheit hat Friedrich Schiller seinen berühmten Essay *Briefe über die ästhetische Erziehung des Menschen* geschrieben. Weder vorher noch nachher ist jemals Klügeres zu diesem Thema gesagt worden, und es wäre zweifellos besser bestellt um unsere heutige Kunst und Literatur, wenn mehr Leute, die diese Frage angeht, sich der Mühe unterziehen wollten, dieses Werk ernsthaft zu studieren.

Auf dem Gipfel seiner Gedanken und gleichsam als zusammenfassende Konsequenz seiner Überlegungen schreibt Schiller darin den seltsam paradox klingenden Satz: „Der Mensch soll *nur* mit der *Schönheit* spielen, aber er soll mit der Schönheit nur *spielen*."

Was heißt das? Der Wert des freien Spiels – und also auch der Kunst und der Poesie, die für Schiller die höchste Form des Spiels bedeuten – entscheidet sich nach seiner Schönheit. Denn die Schönheit – und nur sie! – adelt und heilt den Menschen und erlöst ihn aus allen Zwängen der Naturnotwendigkeit und der geistigen und sittlichen Gesetze. Sie macht den Menschen frei – und darin liegt für Schiller zugleich der höchste sittliche Wert. Aber, so fährt er fort, *nur* dort, *nur* im freien Spiel darf der Maßstab der Schönheit absolut gelten. Herausgerissen aus diesem Zusammenhang des Spiels musste die unbedingte Forderung nach Schönheit notwendigerweise unmenschlich werden.

Ein Medikament, das den Menschen gesund machen kann, wenn es richtig verwendet wird, kann durch Missbrauch immer auch zur Droge werden, die den Menschen zerstört. So unsinnig es wäre, in das freie Spiel moralische Kategorien hineinzutragen, so schädlich wäre es auf der anderen Seite, ästhetische Maßstäbe zur Grundlage der Entscheidungen im täglichen Leben zu machen. Das Urteil, das ein Richter fällt, soll gerecht sein. Ob es schön ist, ist irrelevant. Ein wissenschaftliches Forschungsergebnis soll wahr sein. Seine Schönheit spielt keine Rolle. Die Entscheidung eines Politikers soll von Verantwortung seinen Mitmenschen gegenüber getragen sein. Wo kämen wir hin, wenn die Mächtigen sich bei ihren Entschlüssen von ästhetischen Maßstäben leiten ließen! Früher oder später würden sie beim Verhalten des Kaisers Nero landen, der die Stadt Rom anzünden ließ, um einen eindrucksvollen Hintergrund für den Vortrag seiner Gedichte zu haben.

Nun neigt ja unser heutiges Kultur- und Geistesleben mehr als jedes andere zuvor dazu, alle Kategorien durcheinanderzuwerfen, anstatt sie auseinanderzuhalten. Am liebsten möchte man einen einzigen Universalschlüssel haben, der alle Türen öffnet. Aus dieser Bequemlichkeit des Denkens heraus hat man die Frage nach der Schönheit überhaupt fallen gelassen und vergessen. Die Diskussion um ein modernes Kunstwerk, eine Theateraufführung, ein Buch dreht sich vor allem darum, was es aussagt, ob es originell ist, ob es neu ist – vor allem neu soll es sein! –, ob es aber schön ist, das steht so gut wie nie zur Debatte. Ganz folgerichtig erhebt ein großer Teil unserer modernen Kunst und Literatur nicht einmal mehr diesen Anspruch. Schönheit wird nicht einmal mehr angestrebt.

Woher kommt das?

Schönheit ist ihrem Wesen nach transzendent. Nur diesseitig lässt sie sich überhaupt nicht fassen. Sie ist nicht objektivierbar, das heißt, sie lässt sich nicht messen, wägen oder zählen. Die Schönheit braucht, um wahrgenommen zu werden, Menschen, die dazu fähig sind. Ist sie deshalb nur ein subjektives Erlebnis? Das materialistische Denken kann nur feststellen, dass alle Kulturen der Welt, alle Jahrhunderte, ja, jede einzelne Generation andere Schönheitsbegriffe entwickelt haben, die bisweilen bis zur völligen Gegensätzlichkeit verschieden sind. Wo liegt da das Gemeinsame? Da ein am naturwissenschaftlichen Empirismus geschultes Denken dieses Gemeinsame nicht mehr erkennen konnte, wurde die ganze Frage nach der Schönheit relativiert. Schön, so sagte man, ist eben das, was jeweils für schön gehalten wird. *Die Schönheit* als solche gibt es überhaupt nicht.

Ja schlimmer noch: Man stellte die unsinnige Behauptung auf, dass Schönheit gleich *Beschönigung* sei, das heißt also, eine betuliche Lüge, mit der man das Unerträgliche, das Gemeine und Brutale unserer Welt zu verschleiern, zu verharmlosen oder ganz zu verdecken suche. Aber man wollte doch vor allem wahrhaftig sein! Man wollte das Unerträgliche unerträglich, das Gemeine gemein, das Brutale brutal darstellen. So wurde im Namen eines falsch verstandenen Wahrhaftigkeitsanspruchs das Widerwärtige geradezu zum künstlerischen und poetischen Maßstab erklärt. Es entstand bei einigen Kritikern und Künstlergruppen ein regelrechter Kult der Hässlichkeit. Dass weder Homer noch Dante, weder Goya noch Grünewald das Schreckliche und Unerträgliche aus ihrem Werk ausgespart hatten, dass sie nichts beschönigten und gleichwohl alles in Schönheit verwandelten, wurde nicht mehr begriffen.

Und das Publikum, die Leute? Sie schwiegen eingeschüchtert und betrübt. Denn ein großer Teil des Kulturjournalismus redete ihnen ein, dass sie reaktionäre Spießbürger seien, wenn sie Schönheit erwarteten. So zuckten sie die Achseln und schickten sich drein, denn wer möchte schon als reaktionärer Spießbürger gelten? Diese Einschüchterung wirkt bis heute fort. Aber ebenso besteht bei den meisten Menschen nach wie vor – vielleicht sogar mehr als je zuvor – eine Sehnsucht, ja geradezu ein Hunger nach Schönheit. Ich glaube, für nichts sind die Menschen so dankbar, als wenn ihnen ein kleines Stück Schönheit angeboten wird. Das gilt für Kinder noch viel mehr als für Erwachsene. Und wenn ihnen die Schönheit vorenthalten wird, dann greifen sie eben zum Surrogat, zum Ersatz, zum Kitsch, um ihren Hunger zu stillen.

Ich habe gesagt, Schönheit sei ihrem Wesen nach transzendent, also allein diesseitig überhaupt nicht fassbar. Sie ist sozusagen ein Lichtschein aus anderen Welten, der in die unsere hereinleuchtet und dadurch die Bedeutung aller Dinge verwandelt. Das Wesen der Schönheit ist das Geheimnisvolle und das Wunderbare. Die Banalitäten dieser Welt werden in ihrem Licht zu Offenbarungen einer anderen Wirklichkeit, aus der wir alle kommen und in die wir zurückkehren und nach der wir uns zeit unseres Lebens sehnen, obwohl wir sie vergessen haben.

Der französische Dichter André Breton schrieb in seinem *Manifest des Surrealismus*: „Das Wunderbare ist immer schön. Es ist sogar nur das Wunderbare schön."

Meine Damen und Herren, ich bitte Sie, sich einmal zu überlegen, bis zu welchem Grad es uns modernen Menschen gelungen ist, unsere Welt zu entzaubern, sie aller Geheimnisse und Wunder zu berauben, sie durch rationale Erklärung zugrunde zu richten. Betrachten wir für einen Augenblick gemeinsam die Vorstellung von der Welt, wie sie heute jeder aufgeklärte moderne Mensch hat und wie sie allen Kindern schon in der Schule eingetrichtert wird.

Da gab es also einmal irgendwo in einer verlorenen Ecke des Universums einen großen Wasserstoffnebel, der – man weiß nicht warum – anfing, sich zu drehen. Nach und nach bildeten sich daraus eine Reihe von Materieklumpen, die um eine gemeinsame Sonne herumtrudelten. Nach einigen Milliarden Jahren entstand unter dem Einfluss kosmischer Strahlen auf einem dieser Materieklumpen eine erste Eiweißzelle, die anfing, sich zu reproduzieren. Wiederum im Verlauf unvorstellbarer Zeiten entwickelte sich diese Eiweißzelle höher und höher – und zwar gemäß der Notwendigkeit der Anpassung und der natürlichen Auslese –, bis zuletzt der Mensch dabei herauskam. Dieser

Mensch war zunächst dumm und abergläubisch, er dachte sich die Natur, die ihn umgab, bewohnt von geheimnisvollen Wesen, von Elfen, Nixen, Zwergen und so weiter, er glaubte, dass in und über den Sternen göttliche Wesen lebten, er verehrte sie sogar und betete zu ihnen, er meinte, seiner Mutter Erde dankbar sein zu müssen für alles, was sie ihm schenkte, und vor allem war er der Meinung, selbst eine unsterbliche Seele zu besitzen. Heute wissen wir, dass alles das nichts als rührender Unsinn ist. Auch die Seele des Menschen bedeutet nichts anderes als die Summe aller elektrochemischen Prozesse in Hirn und Nervensystem. Genau durch diese Art des wertfreien, aufgeklärten Denkens haben wir nach und nach die Natur in den Griff bekommen und zu unserem willenlosen Sklaven gemacht. Und falls die Menschheit das Leben auf diesem Materieklumpen, Erde genannt, nicht vorzeitig durch einen Atomkrieg beendet, wird dieses System noch ein paar Millionen oder Milliarden Jahre weitertrudeln, bis es nach den Gesetzen der Entropie dermaleinst den Hitze- oder Kältetod sterben wird. In der kosmischen Friedhofsstille, die danach herrscht, wird die ganze Geschichte der Menschheit mit ihren Leiden und Triumphen, mit ihren Kulturen und Kriegen, mit ihren Heiligen, Genies und Narren nichts gewesen sein als ein kaum wahrnehmbar winziges Intervall in einer unabsehbar riesenhaften Reihe gewaltiger, aber sinnloser Vorgänge.

Ich bitte Sie, meine Damen und Herren, sich die ganze Trostlosigkeit und Banalität einer solchen Weltvorstellung wirklich vor Augen zu halten. Mich jedenfalls wundert es nicht, dass Menschen, vor allem junge Menschen, die ein solches Weltbild für die ganze Wahrheit halten, sich bei der geringsten Lebensschwierigkeit eine Kugel durch den Kopf schießen oder sich durch Drogen selbst zerstören. Aus einem solchen Weltbild sind keine moralischen, religiösen und ästhetischen Werte mehr abzuleiten. Alles – selbst die nebensächlichste Lebensfunktion – wird innerhalb einer solchen Vorstellung sinnlos und absurd.

Es ist an der Zeit, diesem Weltbild ein anderes entgegenzusetzen, das der Welt ihr heiliges Geheimnis und dem Menschen seine Würde zurückgibt. An dieser Aufgabe werden die Künstler, die Dichter und Schriftsteller einen wichtigen Anteil haben, denn ihre Arbeit ist es, dem Leben Zauber und Geheimnis zu verleihen.

Und hier komme ich nun zum vierten und letzten Schritt meiner Überlegungen. Ich sollte ja Auskunft darüber geben, warum ich für Kinder schreibe oder warum ich überhaupt schreibe. Das absichtslose freie Spiel der Phantasie war meine erste Antwort. Aus ihm ergab sich der Maßstab der Schönheit. Schönheit wiederum führte uns zum Wunderbaren und Geheimnisvollen. Wenn ich diese drei Begriffe sozusagen als drei Himmelsrichtungen meiner poetischen Landschaft bezeichnen darf, so fehlt noch die vierte, und die ist der Humor.

Sehen Sie, meine Damen und Herren, alles, was ich bis jetzt sagte, könnte einen dennoch zu einer Art Dogmatik verleiten. Es könnte aus dem Schriftsteller so etwas machen wie einen Guru seines Publikums, einen esoterischen Lehrer seiner Leser. Das aber wurde heißen, er wirkt durch andere als rein künstlerische Mittel. Damit würde er wieder nur zum Propagandisten seiner Botschaft, der sich der Poesie gleichsam als Verpackungsmittel bedient. Und das genau sollte ja vermieden werden.

Davor rettet einen einzig und allein der Humor.

Auch was Humor ist, kann man selbstverständlich nicht erschöpfend definieren. Auch er lässt sich nicht messen oder quantifizieren, er lässt sich schon gar nicht testen. Er entzieht sich jeder Absicht. Humor kann niemals fanatisch oder dogmatisch sein. Er ist immer menschlich und freundlich. Er ist jene Bewusstseinshaltung, die es uns ermöglicht, die eigene Unzulänglichkeit ohne Bitterkeit einzugestehen und uns leicht zu machen. Und auch die Unzulänglichkeiten der anderen mit einem Lächeln zur Kenntnis zu nehmen. Humor ist nicht identisch mit der Weisheit, aber er ist ihr nahe verwandt.

Die Erfinder des Humors sind, wie ich glaube, die Juden. Und das hat einen guten Grund. In den meisten anderen Kulturen ist man entweder Idealist oder Realist. Ist man Idealist, so wendet man den Blick nur auf das Wesentliche, auf das Erhabene, auf das Göttliche. Die peinlichen Banalitäten des Lebens übersieht man. Ist man aber Realist, so sieht man nur die Misere der Welt und hält alles Höhere für Illusion. Die Juden haben in einer langen Leidensgeschichte gelernt, weder das eine noch das andere Extrem loszulassen. Sie leben in dieser Spannung zwischen Oben und Unten und erdulden sie mit ihrer berühmten Hartnäckigkeit. Sie wissen, wie schmerzhaft Plattfüße sein können, und sie wissen um den ewigen Gott. Und sie bringen es fertig, sich in aller Bescheidenheit mit ihren Plattfüßen vor Gottes Thron zu stellen. Und das ist der wahre Humor.

Und da wir hier ja hauptsächlich von Literatur für Kinder oder für das Kind in uns allen reden wollen: Ich sage Ihnen gewiss nichts Neues, wenn ich noch hinzufüge, dass Kinder für nichts so empfänglich sind wie für den echten Humor, denn er sagt ihnen, dass man Fehler haben und machen darf, ja, dass wir geliebt sind, gerade wegen unserer Fehler. Und damit, wie ich glaube, führt uns der Bogen ganz unmerklich und von selbst zurück zu unserem Ausgangspunkt, dem freien, absichtslosen Spiel.

Der Tausendfüßler kann wieder tanzen.

Ich danke Ihnen. Domo arigato gosaimashita!

Ein Königreich

Es war einmal ein König, dessen ganzes Reich war nicht größer als ein Daumennagel, aber es war eben doch ein richtiges Königreich. Genau gesagt lag es sogar auf seinem linken Daumennagel, das war praktisch, denn so konnte er es jederzeit besichtigen – mit einem Vergrößerungsglas natürlich. Wenn der König das Reich besichtigte, dann wurden im ganzen Land die Glocken geläutet, die Böller geschossen, die Armee marschierte zur Parade auf, und die Bürger warfen ihre Hüte in die Luft und riefen „Vivat".

Es war aber andererseits auch wieder nicht so praktisch, denn der König musste seine linke Hand immer sehr sorgfältig vor sich hinhalten, damit das Reich nicht herunterfiel.

Stilistische Mätzchen

Bei manchen Autoren kann ich den Eindruck nicht loswerden, dass sie beim Schreiben ständig den kleinen Finger abspreizen und ein feines Mündchen machen. Meist werden sie von der Kritik als bedeutende Stilisten gefeiert. Mich verärgert es eher. Wenn sich mir beim Lesen immer wieder das Gefühl aufdrängt, dass der Autor mich durch seine Zeilen hindurch mit hochgezogenen Augenbrauen anblickt, als wolle er fragen: „Hast du auch bemerkt, wie ungewöhnlich und feinsinnig ich das wieder formuliert habe?", dann verliere ich jede Lust weiterzulesen und klappe das Buch zu.

Phantasie und Anarchie

Es hat sicherlich einen guten Grund, warum Diktaturen der Phantasie mit abgrundtiefem Misstrauen gegenüberstehen und sie, soweit es irgend möglich ist, zu verbieten trachten. Sie fühlen sich von ihr bedroht, sie macht ihnen Angst, weil sie eine anarchische Kraft im Menschen darstellt. Diese anarchische Kraft hat zwei Pole, einen zerstörerischen und einen schöpferischen. Phantasie löst bestehende Denkordnungen auf, schafft aber zugleich neue Vorstellungen oder bringt bestehende in neue Zusammenhänge. Dagegen wehrt sich natürlich jedes starre System, das Anspruch auf alleinige Gültigkeit erhebt und danach strebt, ein reibungsloses Funktionieren aller in seiner Ordnung durchzusetzen.

In diesem Sinne leben wir in der sogenannten „freien Welt" heute ebenfalls in einer Diktatur, nämlich der einer gnadenlosen Vermarktungs- und Konkurrenzgesellschaft. In ihr wird der Mensch von früh an, schon in der Schule, zum Leistungsdenken gedrillt. Phantasie lässt man höchstens in der Form des „Brainstormings" gelten, also zum Zwecke, neue Produktionsideen oder Verkaufsstrategien zu entwickeln. Zweckfreie Phantasie gilt als Energieverschwendung. Aber unter diesem Joch verkümmert die Phantasie, wird krank und stirbt ab. Das macht auch die Menschen krank, vor allem die Kinder, seelisch und physisch. In unseren Hospitälern liegen immer mehr Kinder mit Managerkrankheiten oder Magengeschwüren, von den Neurosen ganz zu schweigen. Und das im Namen der Aufklärung und des Fortschritts.

„Fürchte dich nicht"

Jede Begegnung mit der Wirklichkeit der geistigen Welt ist für den Menschen mit dem Erlebnis des Schreckens, ja des Entsetzens verbunden. Schon die Doppelbedeutung des Wortes „Geist" deutet darauf hin. Die Begegnung mit Pan verursachte Panik. Jeder Engel sagt als Erstes zu dem, welchem er sich zeigt: Fürchte dich nicht! Die Gegenwart eines übermächtigen Bewusstseins ist unserem Bewusstsein fast unerträglich. Etymologisch drückt die Silbe *gei* in allen indogermanischen Sprachen Schreck und Entsetzen aus. Das erklärt die offene oder verdeckte Angst der Menschen, sich der geistigen Wirklichkeit auch nur zu nähern, eine Angst, die sich meist als Skeptizismus, wissenschaftliche Aufgeklärtheit oder mehr oder weniger aggressiver Spott tarnt.

***

Wer nicht beten kann, der kann auch nicht segnen.

***

W. H. ist ein religiös völlig unbegabter Mensch.

Wörterausstoß

Als ich das erste Mal in den Vereinigten Staaten war, wurde ich immer wieder von Kollegen und Journalisten gefragt: „Wie viele Wörter schreiben Sie pro Tag?"

Ich verstand diese Frage überhaupt nicht, und sie wiederum verstanden nicht, dass ich nicht verstand. Schließlich bekam ich heraus, dass man dortzulande tatsächlich die Arbeitsleistung eines Autors nach der Menge der Wörter bemisst, die er täglich produziert. Das erklärte mir auch diese Pressefotos, auf denen man den jeweiligen Schriftsteller meist mit hochgekrempelten Hemdsärmeln und loser Krawatte, einen Bleistift quer im Mund, vor seiner Schreibmaschine oder seinem Computer sitzen sieht, gleichsam dampfend vor Energie und Arbeitswut. Auch von mir wurden entsprechende Fotos arrangiert, obwohl ich in meinem ganzen Leben noch nie so geschrieben habe.

Als ich dann öffentlich bekannte, dass meiner Ansicht nach die Quantität der abgesonderten Wörter absolut bedeutungslos sei, dass zehn gelungene Zeilen schon ein recht erfreuliches Tagespensum darstellten und jedenfalls mehr zählten als zehn Seiten, die dann doch wieder nur in den Papierkorb geworfen wurden, und dass man für diese zehn Zeilen weder eines Computers, noch eines Diktiergerätes, noch sonst irgendeiner Beschleunigungsmaschine bedürfe, sondern der gute alte Schreibstift genüge, da erntete ich verlegenes Lächeln.

Entweder nahm man meine Äußerung für ein (ziemlich werbeunwirksames) Understatement, oder – und das halte ich für wahrscheinlicher – den amerikanischen Kollegen geht es genauso, nur schickt es sich nicht, darüber zu reden.

Von der Flaschenpost des Poeten

Ein Interview von José-Luis Merino

Merino: Kann Literatur darin bestehen, Abenteuer zu erleben, die wir nicht kennen?

Ende: Sprechen Sie vom Telefonbuch? Ein sehr unterschätztes Werk! Welcher Reichtum an Personen! Und jede einzelne ein mögliches Abenteuer, das wir noch nicht kennen. Versuchen Sie's nur mal!

Merino: Es gibt weder gute noch schlechte Wörter. Es gibt nur eine gute oder schlechte Weise, sie zu gebrauchen. Oder nicht?

Ende: Und ob es schlechte Wörter gibt! „Menschenmaterial" zum Beispiel, auch „Sachzwänge" oder „Stundenlohn" (als ob man Lebenszeit verkaufen könnte!) oder „Atommüll-Entsorgung" – sie alle sind schon als Wörter gelogen.

Merino: Warum ist manchmal die Nichtwirklichkeit wirklich, ohne jedoch aufzuhören, unwirklich zu sein?

Ende: Weil Dichtung und Lüge aus der gleichen Substanz gemacht sind, der Fiktion. Diese Substanz kann Heilmittel oder Gift sein, je nachdem, in wessen Hände sie gerät. Sie kann sehend machen oder blind. Dichtung gibt sich als unwirklich aus und schafft darum Wirklichkeit. Lüge gibt sich als wirklich aus und schafft darum Unwirklichkeit.

Merino: Sind Schneeflocken weiße Wörter, die weggefegt werden, wenn sie ihren Bestimmungsort erreichen?

Ende: Ach, das wäre zu schön! Aber ich bin in der Nähe eines Gletschers geboren und weiß deshalb, dass Schneeflocken zu kompaktem Eis werden können – wenn auch nicht zu ewigem, so doch immerhin zu ziemlich dauerhaftem.

Merino: Noch mal zum Thema Schneeflocken, Schnee und Bestimmung: Ist es richtig, dass Jahresflocken auch im Sommer fallen?

Ende: Lieber Freund, wer hat Ihnen nur diesen Unsinn erzählt? Jahresflocken fallen stets nur im Schönheitssalon. Mit dem Sommer haben sie nichts zu tun.

Merino: Der Schriftsteller versucht glaubhaft zu machen, dass er die Wirklichkeit beschreibt, ohne zu wissen – oder vielleicht nur allzu gut wissend –, dass das einzig Wirkliche in seinem Schreiben die Wirklichkeit der Worte ist. Schreiben ist eine Wirklichkeit aus Worten. Ich will mich besser ausdrücken: Schreiben ist eine Deutung der Wirklichkeit. Später deutet der Leser wiederum die ihm vorgelegte Deutung. Aber zu diesem Zeitpunkt befindet sich der Leser schon weit weg von seiner eigenen Deutung der Wirklichkeit, des Tatbestandes, der Tatsachen. Das ist sehr wortreich ausgefallen. Könnten Sie es mit weniger Worten sagen?

Ende: Tatsachen sind überhaupt keine Wirklichkeit. Darin liegt ja gerade die Verblendung dieses Jahrhunderts. Ein Mandarin im China des Jahres 1000, ein Mönch der Gotik und ein Atheist der französischen Aufklärung leben in ganz verschiedenen Wirklichkeiten – obgleich die Tatsachen, die sie umgeben, die gleichen sind. Eine Tatsache wird erst Wirklichkeit durch die Bedeutung, die wir ihr geben. Diese Bedeutung ist aber eine Frage der jeweiligen Kultur – also historisch und veränderlich. Ein Schriftsteller, der allen Ernstes behauptet, die Wirklichkeit zu beschreiben, „so wie sie ist“, ist entweder ein Dummkopf oder ein Betrüger. Er gibt vor, einen Globus der Erde im Maßstab 1 zu 1 zu machen. Einmal davon abgesehen, dass dies wohl kaum möglich ist – wozu sollte es gut sein? Den Globus gibt es ja schon.

Merino: Haben Sie wohl jemals Leute gesehen, deren Antlitz den Ausdruck der letzten Avantgarde zeigt?

Ende: Meinen Sie die Kritiker? Sprechen Sie doch leiser, mein Bester!

Merino: Muss man eigentlich wissen, was es ist, worüber man gerade miteinander berät – oder irrt man unbedingt in allem?

Ende: Meistens berät man sich miteinander, um herauszufinden, was zum Teufel es ist, worüber man sich miteinander berät. Der Irrtum entsteht erst, wenn man aufhört, das zu tun, weil man glaubt, einander verstanden zu haben.

Merino: Kann das Wesentlichste im Leben darin bestehen, dass man Fragen verbrennt, während man noch lebt?

Ende: Um Himmels willen! Das Wesentliche besteht doch darin, dass die Fragen uns verbrennen, solange wir leben. Manchmal (aber nur manchmal) beneide ich die Überzeugten, die ihre Antworten tragen, als wären sie Asbestanzüge.

Merino: Gibt es irgendetwas, dem Sie den Namen „Ende“ gegeben haben?

Ende: Könnten Sie die Frage noch einmal wiederholen, bitte?

Merino: Könnte man sagen, dass Schreiben so etwas wie ein großes Meer ist, in dem alle Schiffbrüchigen ähnlich aussehen?

Ende: Das könnte man sagen, denn Schreiben bedeutet ja nichts anderes, als von der einsamen Insel, auf der man irgendwann gestrandet ist, immer noch eine weitere Flaschenpost ins Meer werfen (solange der Vorrat an leeren Flaschen eben reicht). Der Schiffbruch ist also die Voraussetzung des Schreibens. Ein Nichtschiffbrüchiger kommt wohl kaum auf eine so absurde Idee. Allerdings werden die Flaschenposten meist nur wieder von anderen Schiffbrüchigen aufgefischt, die sich ihrerseits für den Zettel im Inneren herzlich wenig interessieren, sondern ihn rücksichtslos wegwerfen, um die leere Flasche selbst zu benützen.

Merino: Ist Literatur nicht eine lange Reihe von Anfängen und Ablehnungen, von Abwesenheiten und Ängsten, dazu noch jene geballten Fäuste, die den Wagemut zurückhalten, und auch noch der ständige, unendliche Zweifel – und außerdem das, was sich unter und hinter den Nebeln, die man noch nie zuvor gesehen hat, abspielt, das man jedoch seit jenem Tag intuitiv zu erkennen anfing, an welchem man sich dazu entschloss, Schriftsteller zu werden; und auch noch das Namenlose, Unbenennbare …?

Ende: Was erlauben Sie sich, mein Herr! Nehmen Sie sofort die Finger aus meiner Tasche! Sie werden von meinem Anwalt hören! Adieu!

Telegramm zum Sirius

GROSS-STADT-MORGENGRAUEN – STOPP – ÜBER VEREISTE STRASSEN GEHEN GESTEINIGTE – STOPP – IM FRÜHNEBEL ENTSTRÖMT DIE MILCH DEN BLINDEN KÜHEN – STOPP – BUCKLIGE ENGEL HALTEN DEN TON DER GLOCKEN DASS KEIN LAUT DAS RAUSCHEN DES REGENS ERREICHE – STOPP – DES REGENS AUS MILCH – STOPP – DES BLINDEN REGENS DER KÜHE – STOPP –

IM WIND KEUCHT DER HOF – STOPP – UND KLEINE GEBILDE AUS TRÄNEN UND BLUT TROPFEN VOM BODEN NACH OBEN AUF ALLE DÄCHER DES HIMMELS – STOPP – AUF ALLE DÄCHER DES HIMMELS LÄCHELT DER BUDDHA DEM EINE GEIGE LEIS AUS DEM AUGE RINNT – STOPP –

WEH DIESEM VOLK DAS NIEMAND MEHR KENNT – STOPP – DAS AM NORDPOL WOHNT MIT KÖPFEN KAHL VON GEDANKEN UND SALZFLUT – STOPP – VERLOREN SIND SIE IN HALLENDEN STRASSEN DIE SIE IN GRAUEN GESCHWADERN DURCHFLIEGEN – STOPP –

SCHWÄMME SIND AUF DIE KÖPFE GEBUNDEN – STOPP – DENN DIE SONNE BRÜLLT IHR GETÖS – STOPP – ANDERE SCHWÄMME WACHSEN AUF LIEBESPAAREN – STOPP – ODER IN KELLERLÖCHERN DER ERDE – STOPP – IM DUNKELN – STOPP –

ÜBER DEM ALLEN LÄCHELT DAS ANTLITZ MIT SEINER EDLEN CLOWNS-TRÄNE – STOPP – ODER IST ES INZWISCHEN SCHON EIN KONTRABASS MIT EINGEBAUTER NÄHMASCHINE – STOPP – NICHTS MEHR IST WAS ES EBEN NOCH WAR – STOPP –

GLEICHVIEL – STOPP – ETWAS BEGINNT ZU KREISEN – STOPP – UND EIN ANDERES WEINT – STOPP – SEI STILLE MEIN HERZ – STOPP – STILLE – STOPP – HORCH – STOPP – DIE SPHINX GEHT SPAZIEREN – STOPP –

Theaterkritiker

Das Unglück mit den jetzigen Theaterkritikern ist, dass sie für gewöhnlich zwischen Stück, Regie und darstellerischer Leistung nicht unterscheiden können. Sie schreiben: „Das Stück hat Längen, einige kräftige Striche hätten ihm gutgetan …" – wenn der Regisseur unfähig war. Sie schreiben: „Herr oder Frau X brillierte in dieser Rolle …" – wenn der Text nicht totzukriegen war. Sie schreiben: „Unter der meisterhaften Regie von Y …" – wenn die Darsteller sich's selbst gerichtet haben, wie sie's brauchten. Die Rezensenten haben so gut wie nie eine konkrete Vorstellung vom Herstellungsprozess einer Aufführung. Deshalb schlage ich vor, dass jeder, der Theaterkritiken schreiben will, erst einmal ein bis zwei Jahre an einer Bühne als Regieassistent lernen sollte.

Als ich diesen Vorschlag unlängst vor einem Regisseur äußerte, antwortete der: „O Gott, warum hassen Sie uns so, Herr Ende?"

***

Im Allgemeinen schätzen es die Menschen durchaus nicht, dass du ihnen ohne Vorurteile gegenübertrittst. Sie wollen, dass du Vorurteile habest – die ihren.

Zwangsdenken

Kausallogik ist die Grundlage jeder Wissenschaft, gleich ob sie Natur oder Kultur zum Gegenstand hat, aber diese Logik bezieht sich stets nur auf das, was wir vorfinden, auf das Gewordene, also letztlich auf Vergangenheit. Rückblickend erscheint bekanntlich alles zwangsläufig. Das Schöpferische, das sich immer nur im gegenwärtigen Augenblick vollzieht und seinem Wesen nach akausal ist – sonst wäre es eben nicht schöpferisch –, ist so nicht wahrnehmbar und wird deshalb geleugnet. Die Freiheit des Menschen ist zwar evident, aber unbeweisbar, und keine Logik „zwingt" mich, an den „Lebendigen Gott" zu glauben. Das Schöpferische im Menschen und in der Welt wahrzunehmen, ist selbst schon ein schöpferischer, also akausaler Akt. Die Blindheit dafür ist eine Verstümmelung, die zum Verlust des Jetzt und Hier in unserem Denken und Fühlen führt. Dadurch leben wir gefangen in einer Vergangenheitswelt. Aber jede Art von Gefangenschaft – auch und gerade eine innere – erzeugt Aggressivität. Das Ich beginnt gegen die Kerkerwände zu toben und erkennt sie doch nicht. Und eben dadurch werden die einschließenden Mauern immer undurchdringlicher. Die zunehmende Lust an der Brutalität in unserer Gesellschaft ist der Ausdruck für diese innere Situation.

In Kafkas Tagebüchern gibt es einen merkwürdigen Eintrag: „Christus – der Augenblick". Es klingt wie ein Paradox: Nur im Jetzt und Hier erscheint das Nicht-Zeitliche, Ewig-Schöpferische, das allein den Menschen wahrhaft frei macht.

Nur ein Zufall?

Vor etwa dreißig Jahren beschäftigte ich mich eingehend mit den *Blaubüchern* von August Strindberg. Darin findet sich unter dem Titel „Ein eigenhändiger Brief Christi" ein kurzer Abschnitt, in welchem Strindberg der Meinung der Historiker entgegentritt, dass Jesus nichts Schriftliches von eigener Hand hinterlassen habe. Das, so begründet er seinen Widerspruch, könne nicht wahr sein, denn der Kirchenvater Eusebius (3. Jahrhundert) bezeuge in einer seiner Schriften, er habe das Original eines Briefes von Jesus aus den Archiven von Edessa gesehen und abgeschrieben. Es handelte sich dabei um die Antwort Jesu auf die schriftliche Bitte eines gewissen Burgherrn namens *Abgarus,* überbracht von einem Boten namens *Ananias* an „den guten Erlöser in Jerusalem", Jesus möge kommen und ihn von seiner Krankheit heilen. In seinem Erwiderungsbrief preist Jesus den Glauben des *Abgarus,* teilt ihm aber mit, er könne nicht kommen, weil er erst erfüllen müsse, wozu er gesandt sei. Danach aber wolle er ihm einen seiner Jünger schicken, der ihn von seiner Krankheit heilen und ihm und den Seinen das Leben bringen werde.

Strindberg fügt noch hinzu, dass es ganz undenkbar sei, Eusebius, als der gottesfürchtige Mann, der er war, habe sich das alles einfach aus den Fingern gesaugt. Dennoch werde sein Bericht – ohne Angabe von Gründen – von der offiziellen Geschichtsschreibung nicht für gültig gehalten.

Ich selbst habe die Schriften des Kirchenvaters Eusebius nicht studiert und Strindbergs Angabe nicht nachgeprüft, sehe aber keinen Grund, sie in Zweifel zu ziehen.

Viele Jahre später las ich die Visionen der Katharina von Emmerich *(Der Gotteskreis),* die Clemens von Brentano als Hausarzt der Stigmatisierten aufgeschrieben hat. Darin findet sich die Beschreibung folgender Szene: Die Seherin erlebt sich in einer Art Steinbruch. Im Hintergrund ist ein Holzgerüst errichtet, darauf steht Jesus und spricht. Eine dicht gedrängte Menschenmenge hört ihm zu. Katharina beobachtet einen vornehm gekleideten Boten, der vergebens versucht, nach vorn zu gelangen. Jesus, der es bemerkt, befiehlt einigen seiner Jünger, dem Manne Platz zu schaffen. Dieser überreicht Jesus ein Schreiben, eine in kostbaren Stoff gehüllte Schriftrolle. Sie enthält die Bitte eines nicht-jüdischen Fürsten namens *Abgarus,* Jesus möge doch zu ihm kommen, um ihn zu heilen. Jesus liest den Brief, dreht ihn dann um und schreibt auf die Rückseite mit einem Stift, den er aus dem Busen seines Kleides zieht (ein Rohr, aus dem man eine Mine hervorschieben kann!), eine Antwort, die inhaltlich und teilweise sogar im Wortlaut mit der von Strindberg erwähnten Eusebius-Abschrift übereinstimmt. Katharina erklärt, dass sie dem Herrn beim Schreiben über die Schulter sehen und mitlesen konnte.

Die Szene geht dann noch weiter: Der Bote, Maler von Beruf, hat den Auftrag, ein Porträt Jesu zu zeichnen, doch misslingt es ihm zu seiner eigenen Verwunderung immer wieder. Jesus bemerkt es, lässt sich Wasser bringen, wäscht sein Gesicht und trocknet es mit dem kostbaren Stoff, in welchen die Schriftrolle gehüllt war. Zum Staunen des Boten findet sich danach auf dem Tuch ein Abbild Jesu.

Beim Lesen dieser Passage erinnerte ich mich plötzlich wieder an den Eusebiustext, den Strindberg zitiert. Ich suchte das *Blaubuch* hervor und verglich: Kein Zweifel, es handelte sich um denselben Brief, sozusagen in einer leicht veränderten Lesart oder einer anderen Übersetzung.

Dass Katharina, die eine einfache Frau war und sogar nur ihren Heimatdialekt sprach, den Kirchenvater Eusebius gelesen haben könnte, ist auszuschließen. Nebenbei bemerkt hat sie, soweit mir bekannt ist, nirgendwo sonst einen Brief Jesu erwähnt; dieser Bericht ist singulär. Brentano war zwar ein hochgebildeter Mann, aber dass er die Texte des Eusebius gekannt hätte, ist mit nichts zu belegen. Außerdem hatte er durch die Visionen seiner Patientin, deren unmittelbarer Zeuge er war, eine tiefe religiöse Erschütterung erfahren. Die Vermutung, dass er von sich aus diesen Brieftext in Katharinas Bericht eingefügt haben sollte, halte ich schlichtweg für absurd.

Wieder waren einige Jahre vergangen. Ich beschäftigte mich zu dieser Zeit gerade mit den Schriften von Jakob Lorber, einem Freund von Franz Schubert und eine höchst erstaunliche Persönlichkeit. Er war ein armer Musiklehrer in Graz und wünschte sich sein Leben lang brennend, als Kapellmeister nach Triest berufen zu werden, das damals eines der wichtigen Musikzentren war. Eines Tages, nach zahllosen vergeblichen Bewerbungen, erfüllte sich schließlich dieser Wunsch. Der Umzug mit Weib und Kindern war bereits vorbereitet, da vernahm er plötzlich – es war der 15. März 1842 – eine Stimme, welche sich ihm als die Christi zu erkennen gab. (Er beschreibt sie als einen hellen, klaren Tenor, der aus seiner Herzgegend zu ihm sprach, so laut und deutlich, dass er sich stets wunderte, weshalb diese Stimme für alle anderen unhörbar blieb.) Sie befahl ihm: „Setze dich hin und schreibe!" Er ließ den Umzug, verzichtete auf die ersehnte Stellung in Triest und nannte sich fortan den „gehorsamen Schreibknecht Gottes". In den darauffolgenden Jahren schrieb er unter diesem Diktat eine wahrhaft erstaunliche Menge von Büchern, hauptsächlich religiösen, aber auch weltlichen Inhalts. Die Manuskripte sind flüssig, ohne Innehalten geschrieben, in einer fast kalligrafischen Schrift, und weisen so gut wie keine Korrekturen auf. Sie enthalten eine Fülle detaillierter Mitteilungen über Wissensgebiete, von denen Lorber zuvor nicht die geringsten Kenntnisse hatte, so z. B. Einzelheiten der jüdischen Esoterik oder historischer Vorgänge.

Beim Studium seiner Werke stieß ich auch auf ein schmales Bändchen mit dem Titel *Ein Briefwechsel Jesu.* Es handelt sich um sieben Briefe an einen Fürsten namens *Abgarus.* Der erste dieser Briefe entspricht inhaltlich und teilweise wiederum im Wortlaut der Abschrift des Eusebius und dem von Katharina mitgeteilten und von Brentano aufgeschriebenen Text.

Dass Jakob Lorber die Aufzeichnungen Brentanos durch Schubert oder einen der Romantikerfreunde zu Gesicht bekommen haben könnte, ist höchst unwahrscheinlich. Es gibt nicht den geringsten Anhaltspunkt für eine solche Annahme. Außerdem ist nicht recht einzusehen, warum eine der genannten Personen ein solches – für sie zumindest – frevelhaftes Fälschungsmanöver hätte vornehmen sollen, wenn es doch bisher ganz unbekannt geblieben ist. Hätte eine von ihnen damit Absichten, welcher Art auch immer, verfolgt, so hätte sie ja wohl auch dafür gesorgt, dass diese erstaunliche Übereinstimmung bekannt geworden wäre. Aber ganz offensichtlich haben sie alle selbst nichts davon gewusst, und auch sonst hat sie bisher niemand bemerkt.

Ist das Ganze also nur ein merkwürdiger Zufall? Der gleiche Name, der Bote, die Übereinstimmung des Inhalts und teilweise sogar des Wortlauts? Das ist wohl kaum möglich.

Die Fragen, ob der Brief Jesu aus den Archiven von Edessa, von dem Eusebius spricht, tatsächlich authentisch war; ob die Visionen der Katharina von Emmerich – wie sie selbst sagt – „historisch“ sind; ob schließlich die Stimme, nach deren Diktat Lorber schrieb, wirklich die Stimme Christi war, können und sollen hier nicht zur Diskussion stehen. Mit gewöhnlichen Kriterien sind sie nicht zu beantworten. Nachzuprüfen ist aber für jeden, der sich der Mühe unterziehen will, die Gleichheit dieser drei unabhängigen Zeugnisse, auf die ich da gestoßen bin.

***

Je selbstsüchtiger einer ist, desto mehr verliert er sein wahres Selbst. Je selbstloser einer handelt, desto mehr ist er er selbst.

Optimal

Ich lese in einem Fachbuch, dass früher oder später Computer das Schreiben von Romanen, Gedichten und Dramen übernehmen können, und zwar werden sie es besser (und vor allem schneller) machen als jeder menschliche Autor. Denn, so argumentiert der Fachmann, was ist ein gutes Gedicht anderes, als eine optimale Zusammenfügung von Bausteinen, die alle vorher schon bestanden haben, also von Wörtern, Metaphern, Sprachmelodie, Gedanken usw. Zwar sind wir gegenwärtig noch nicht so weit, aber in einer nicht fernen Zukunft wird die Entwicklung diesen Punkt erreicht haben. Dann wird man alle erforderlichen

Komponenten sammeln und einspeichern können. Dasselbe gilt natürlich auch für die Musik und andere Künste.

Nun gut, möchte ich erwidern, aber die Sache hat einen Haken: Wer entscheidet, was „optimal" ist? Der Computer?

Die Schnattermaschine

Nach der Methode André Breton

... Konvoi der Trapper lastet übrigens am Horizont der Sonnen und alten Rädermassen hoffen auf Vertonung durch die Influenza ihrer Sorge kein Stein der Hoffnung geht verloren unter Gaslaternen und der Hang zum Aufruhr bleibt aber der Moor am Himmel krallt die Füße unter und stöhnt auf vor Wollust in der Nase bohrend kein Lebender kann unter Palmen wandeln wenn unter Palmen Brände in die Öffnung unserer Nähe glasten du bist mir immer fremd und keine Spinne webt ein Netz von dir zu mir verhoffe nimmer denn jeder Jäger keimt im Innersten der Same seiner Kinder darf die Notlage nicht ausnützen Adam sah den Apfel an und unter der Hand stach ihn die Sonne aber der Mann seiner Träume wog den Podex in der Hand und urteilte sachlich wie ein Zitronenverkäufer so sind die Menschen eben nicht alle das will ich nicht sagen aber die Dorfkirchen sind zum Kotzen wenn sie neu getäfelt vor den Brautaltar treten alle Stubenfliegen fliegen um die Wette unter dem Sofa kein Mensch störe ihre Ruhe es ist ein Segen dass der Nabel mitten aus dem Bauch wächst denn wo sollte er sonst auch wachsen kannst du mir eine Fahrkarte nach Venezuela verschaffen ich werde es niemals sagen von welchem After sie mir in die Sonne fiel hoffentlich kommen die Boudoirs aus der Mode denn die Fräuleins bedrücken mich wie Geldsäcke alles ist nicht nach meinem Geschmack aber manches ist scheußlich ich sehe mir das Rhinozeros an und urteile hart über dasselbe denn es scheint mir sündhaft und ohne Arabeske zu stehen wenn nur Walt Disney nicht wäre so könnte man auch an anderes denken als an das Ballett der Torero zum Beispiel spielt überhaupt keine Rolle aber die Mode ist im Eimer der Gräfin Hazienda und sumpft ihren

Kräutertee aus der Wiege der Neugeborenen kann man sich etwas Schöneres denken als den Rausch des Schreibens unter den Händen ich danke für alle Ehren denn ich habe keine Sorge von der Nacht an den Nagel gehangen Offiziere sind ein Wort und als solches nicht zu verachten die Mimose ist aber mehr und stofflich ein Äquivalent der Naturgesteine in einem Mausoleum als der Docht von der Lampe fiel hatte ich das Unglück schon erledigt denn die Hose war nass und das Stück sollte unter keiner Frage vergänglich sein weil der Hecht nie etwas aß was der Hofmeister verschüttet hatte der Anfangsbuchstabe bedarf eines Glaubensfreien denn ohne ihn kann der Wäschemeister nirgendwohin seine Macht legen und Hühner auch nicht kein Traum ist wahrer als der Haupthahn einer Suppenschüssel von der alle gegessen haben unter seinem Regime von einem doppelten Zungenschlag kann ich die Tante noch einmal spalten wenn du mir keine Ruhe lässt so gehe ich aufs Gymnasium und mache alle Sorgen von der Hand in die Taschen meiner Lehrer die du mir nie die Wahrheit sagtest Geliebte was ist unter deinem Deckel ich hasse keine Fliederbüsche mehr seit ich weiß dass sie taub sind …

Märtyrer der Sinnlosigkeit

Von allen Nihilisten scheint mir De Sade der konsequenteste. Gegen ihn wirken die meisten anderen wie betuliche Traktätchenschreiber, weil kaum einer es wagt, tatsächlich alle sittlichen Werte für null und nichtig zu erklären. De Sade „entlarvt" alle Moral als reine Fiktion, die auf gesellschaftlicher Macht fußt, d. h., sie ist nur ein Mittel, den Mächtigen ihre Macht zu erhalten und die Machtlosen in ihrer Abhängigkeit zu belassen. Warum auch nicht, da es für ihn ja eine ausgemachte Sache ist, dass die Existenz des Individuums wie die des ganzen Menschengeschlechts keinen Sinn hat. Wir werden durch Zufall geboren und sterben ebenso zufällig, ohne dass etwas von uns übrig bleibt. Wir kommen aus dem Nichts und gehen wieder ins Nichts. In der kurzen Spanne Zeit dazwischen hat der Starke das Recht, so viel Lust aus seinem Dasein herauszuholen – auf Kosten von wem auch immer –, wie er will und wie seine Machtposition es ihm erlaubt. Lust ist der einzige Wert, den De Sade anerkennt, und sie bedarf keiner weiteren Begründung, da sie angenehm und daher erstrebenswert ist. Da es keinen Gott gibt, gibt es auch keine Verantwortung „an sich", sondern höchstens den Konflikt mit der Gesellschaft und ihrer Justiz, doch den entscheidet wiederum die Machtposition. Wer es sich leisten kann, darf alles.

Das Unbegreifliche an der Existenz des „göttlichen Marquis" ist für mich nicht seine Philosophie, die ja mehr oder weniger von allen seinen Zeit- und Standesgenossen geteilt wurde, sondern sein Sendungsbewusstsein. Offenbar hielt er die öffentliche Verkündung seiner Lehre für so wichtig, dass er dafür über die Hälfte seines Lebens ins Gefängnis ging. Hätte er seine Überzeugung stillschweigend in die Praxis umgesetzt, anstatt sie öffentlich zu verbreiten, so wären ihm daraus mit ziemlicher Sicherheit nicht die geringsten Schwierigkeiten erwachsen; das machte ja fast der gesamte Adel damals. Nicht was er tat, wurde verurteilt, sondern dass er Bücher darüber schrieb. Damit untergrub er die Macht seines Standes und damit letzten Endes auch seine eigene.

Aber warum tat er das? Und er tat es ja mit einer regelrechten Besessenheit. Was kann einen Menschen, der davon überzeugt ist, dass nichts einen Sinn hat und nur die Lust, wie finster und trostlos sie auch sein mag, der Mühe des Lebens wert ist, dazu bewegen, für die Verkündigung eben dieser Lehre dreißig Jahre Gefängnis auf sich zu nehmen? Glaubte er denn, der Menschheit eine wichtige Wahrheit mitzuteilen? Aber wenn nichts einen Sinn hat, wozu dann überhaupt ein Streben nach Wahrheit, wie auch immer sie beschaffen sein mag? Kann man denn aus Überzeugung ein Märtyrer der Sinnlosigkeit sein? War es das Streben nach literarischem Ruhm? Aber das hieße ja, die Menschheit oder doch wenigstens die „gebildete Welt" als höhere Instanz anzuerkennen. Und gerade das behauptet er ja, nicht zu tun. Oder muss man annehmen, dass er selbst nicht wirklich glaubte, was da in seinem Kopf vorging? Hat er also wissentlich oder unwissentlich gelogen? In diesem Fall wäre seine Wahrheit seine Unwahrheit.

Ich frage mich, ob ein Mensch mit De Sades Philosophie – wenn er sie wirklich selbst ganz und gar ernst nimmt – auch nur eine einzige Stunde leben könnte. Müsste er sich nicht – wie Camus meint – auf der Stelle selbst auslöschen? Aber wozu ein solcher Protestakt – gegen was oder wen? Immerhin handelt es sich dabei ja um eine erhebliche Anstrengung.

Wie man's auch dreht und wendet, die Rechnung geht einfach nicht auf.

Realismus als Konvention

Der sogenannte Realismus in der Literatur setzt zweierlei voraus: Erstens den Glauben, dass wir tatsächlich wüssten, was Realität ist, dass also unsere Vorstellung von ihr endgültig und richtig sei. Zweitens den Glauben, dass eine Abbildung dieser Realität möglich oder sogar nützlich wäre. Das Zweite resultiert natürlich aus dem Ersten.

Um den ersten Glauben zu erschüttern, genügt es im Grunde, für einen einzigen Augenblick hinter die eigene Vorstellung zurückzutreten. Dann wird man gewahr, dass die Realität, von der ein Mandarin des Jahres 1000 spricht, sich sehr unterscheidet von der eines Enzyklopädisten aus dem Frankreich des 18. Jahrhunderts, und diese wieder völlig von der eines Mönchs der Gotik. Jeder von den dreien hielt seine Realität für endgültig und richtig. Wir Heutigen aber sehen, dass sie jeweils eine sprach- und kulturgebundene, eine historisch gewordene und daher sich ändernde Realität war. Wo Gespenster zur Realität gehören, gelten Gespenstergeschichten nicht als phantastische Literatur, sondern als realistische Berichte, und natürlich umgekehrt. Selbstverständlich trifft das auch auf unsere Realitätsvorstellung zu. Der Glaube an ihre endgültige Richtigkeit ist also nur das Nicht-gewahr-Werden einer Konvention.

Der zweite Glaube hebt sich, wie mir scheint, in sich selbst auf. Eine wirklich getreue Abbildung der Realität machen zu wollen, ist etwa ebenso sinnvoll wie das Anfertigen einer Landkarte im Maßstab 1 zu 1. Einmal davon abgesehen, dass es wohl kaum möglich ist, fragt man sich, wozu überhaupt? Wozu denn diesen Spiegel, der die Welt nur verdoppelt?

Will der Realismus aber aus dem universalen Zusammenhang aller Erscheinungen nur ganz bestimmte – z. B. gesellschaftliche Verhältnisse – herausgreifen, so bedient er sich ja, nolens volens, der Fiktion, die ihrerseits wieder kulturgebunden ist. Mithin ist der Realismus nichts anderes als ein relativ junger Teil der phantastischen Literatur – der allerdings, im Gegensatz zu dieser, seine eigenen Voraussetzungen nicht durchschaut. Die phantastische Literatur geht davon aus, dass die einzige Wirklichkeit, die wir ehrlicherweise darstellen können, die ist, die wir selbst erfinden. Nichts anderes tut der Realismus, nur weiß er es nicht oder gibt vor, es nicht zu wissen.

Die geistigen Zwischenhändler

Der Fortschritt ist seinen Preis schon wert!
Auch Plattköpfe wollen doch leben,
drum hat man sie lesen und schreiben gelehrt –
na, nun lesen und schreiben sie eben.

Eine Schicksalshieroglyphe

Entwurf einer Geschichte

Während des Zweiten Weltkrieges.

Klara, eine junge Frau, erwartet Paul, ihren Liebsten, der Soldat an der Front ist. Paul hat Heimaturlaub bekommen, ein paar Tage bloß, und Klara reist ihm entgegen, damit sie ein paar Stunden länger zusammen sein können. In irgendeinem Ort auf halber Strecke mietet sie ein Zimmer in einer Pension und holt ihn von der Bahn ab. Beide sind entschlossen, miteinander eine Liebesnacht zu verbringen. Sie haben ein wenig Angst davor, beide sind noch sehr jung, und für beide ist es das erste Mal. Die Gefahr ist aber groß und beide wissen auch, dass es das letzte

Mal sein kann. Doch dann geht alles ganz leicht und wie von selbst. Etwas geschieht mit ihnen, das sie aufhebt und gleichsam schwerelos werden lässt. Das gemeinsame kümmerliche Abendessen beim Licht einer einzelnen Kerze wird zu einem Fest. Keiner von beiden muss überlegen, wie sie aufeinander zugehen sollen, alles fügt sich auf beinahe wunderbare Weise und ist vollkommen. Die Liebesnacht enthält ihrer beider ganzes Leben, nichts bedarf der Erklärung, alles ist klar und gut, als sei es von Anbeginn der Zeiten so gefügt – und doch deutet alles zugleich auf das Ende hin, in allem liegt schon der Todeskeim, das Zuviel.

Gegen Morgen kommt Fliegeralarm. Klara und Paul bleiben in ihrem Zimmer, sie wollen allein bleiben, wollen jetzt nicht in den Schutzkeller unter andere Menschen. Als die Einschläge der Bomben immer näher kommen, flieht Klara an Pauls Brust und presst ihr Gesicht an ihn, er hält sie fest im Arm. Dann zerreißt eine Detonation das Haus.

Im Morgengrauen beginnt man, die Trümmer wegzuräumen. Viele Leichen werden geborgen und auf einen Haufen gelegt. Auch das Paar, das sich noch immer fest umschlungen hält, wird gefunden und dazugelegt. Später geht ein Arzt an den Leichen vorüber und bemerkt, dass eine noch blutet, also nicht tot ist. Es ist Klara. Man löst sie aus der Umarmung ihres toten Geliebten und bringt sie ins Krankenhaus. Sie kommt nach einigen Tagen wieder zu Bewusstsein. Klara bleibt am Leben, doch die eine Hälfte ihres Gesichtes, die nicht durch die Brust ihres Geliebten geschützt war, ist gezeichnet. Millionen winziger schwarzer Staubteilchen wurden durch den Druck der Explosion unter die Haut gepresst. Ihr Gesicht bleibt zur Hälfte blauschwarz.

Das Ereignis hat ihren Charakter verändert, sie ist von da an eine merkwürdig stille Frau, freundlich zu allen, aber immer ein wenig abwesend und wie durch eine unsichtbare Wand von allen getrennt, nicht zu erreichen. Elf Jahre später heiratet sie einen ganz einfachen Mann, der auf eine fast ehrfürchtige Art ihre Einsamkeit respektiert und alles tut, um ihr das Leben zurückzugeben, obwohl er weiß, dass es vergebens ist.

Schwäbische Ordnungsliebe

Ich weiß nicht, ob diese Geschichte wahr ist, es wurde mir ernsthaft versichert – wenn nicht, so ist sie jedenfalls ziemlich treffend erfunden:

In Stuttgart hatte ein Dienstmädchen aus Liebeskummer Selbstmord verübt. Die Herrschaft, die davon noch nichts wusste, vermisste das Frühstück, rief nach ihr, durchsuchte Haus und Garten, konnte sie aber nicht finden. Schließlich entdeckte die Dame des Hauses auf dem Küchentisch einen Zettel, auf dem in säuberlicher Schrift zu lesen stand: „Ich hänge in der Speisekammer. Ihre Rosa."

Warum eigentlich?

Ich stelle fest, dass ich mich ganz unverhältnismäßig über Leute ärgern kann, die, am Ende einer voll besetzten Rolltreppe angekommen, erst einmal stehen bleiben, um sich in aller Ruhe zu orientieren. Ich fühle den Wunsch, sie gegen das Schienbein zu treten. Warum eigentlich? Es gibt doch wahrhaftig Schlimmeres, das mich aber viel weniger erbost.

U und E

In allen deutschen Rundfunkhäusern gibt es die Unterscheidung zwischen U-*(Unterhaltungs-)* und E-*(ernste)*Musik, wobei zwischen beiden ein deutlicher Unterschied in Rang und Ansehen zu verzeichnen ist. U-Musik ist kommerziell und wird halt „für das breite Publikum" gemacht, während in der E-Musik das eigentlich anspruchsvolle Kulturerbe verwaltet wird. (Ich frage mich manchmal, was Mozart wohl dazu sagen würde.)

Eines Tages besuchte ich wegen eines gemeinsamen Planes den Komponisten S. H. in seinem Büro des Bayerischen Rundfunks. Er hatte gerade das Band für die Musiksendung eines anderen Komponisten vorbereitet. Sein Vorgesetzter kam, um die

Sendung „abzunehmen“, d. h., durch Unterschrift zu genehmigen. Mit gerunzelter Stirn hörte er sich das Musikstück an. Danach ein Augenblick Schweigen. Schließlich sagte er: „Wissen Sie, Herr H., das gefällt mir, das kann eh schon nix sein.“

Ich vermute, dass der Satz scherzhaft gemeint war – trotzdem trifft er, wie mir scheint, den Nagel unserer gegenwärtigen Kulturvorstellung auf den Kopf.

Da hat man also bemerkt, dass es in der Neuzeit viele, von ihren Zeitgenossen verkannte, Genies gab. Mahler, Strawinsky, von Einem und alle die anderen wurden zunächst ausgepfiffen und abgelehnt. Ihre Musik gefiel niemand. Erst später begriff man ihre Bedeutung. Ein solcher Irrtum kann uns nicht mehr passieren, denn wir haben den richtigen Schluss aus dieser Lehre gezogen. Man muss die ganze Frage einfach andersherum beantworten! Wesentliche Musik erkennt man daran, dass sie einem nicht gefällt. Deshalb muss sie aus Steuergeldern subventioniert werden. Wer also von dieser segensreichen Einsicht unserer Gesellschaft profitieren möchte, braucht nur dafür zu sorgen, alles wegzulassen, was gefallen könnte.

Noch einmal: Was ist Kunst?

M. besucht mich im Krankenhaus. Wir gehen zusammen im umliegenden Park spazieren. Allenthalben zwischen den Büschen und Bäumen stehen Kunstwerke: verrostete Gebilde aus Eisenblech oder nickelglänzende Röhrengeschlinge. Sie tragen Titel wie *Gerade und gebogen, XVI/41* oder *Vergänglichkeit* oder *Genesung 93.* Wir versuchen gemeinsam nach besten Kräften, uns für die jeweilige Aussage der Künstler zu sensibilisieren.

Bei einer Sache sind wir uns unklar, und nach genauerer Untersuchung zeigt sich, dass es sich hier um die Abzugsschächte des institutseigenen Müllkellers handelt, also eine reine Zweckanlage.

M.s Miene hellt sich auf. „Jetzt verstehe ich“, sagt sie zufrieden. „Wenn man ganz und gar nicht weiß, was es sonst sein könnte – dann ist es Kunst.“

Großmutter sitzt im chinesischen Garten und weint

Wie ich das Kriegsende erlebte

1943 wurden die Luftangriffe auf München immer schlimmer. Es verging kaum eine Nacht, ohne dass Bomben fielen. Um wenigstens die Kinder in Sicherheit zu bringen, wurden alle Schulen evakuiert. Der offizielle Ausdruck für diese Aktion hieß *K.L.V.* (Kinder-Land-Verschickung), und die Unterbringungsorte nannte man „Lager". Das war so eines der bevorzugten Wörter der damaligen Sprachregelung: Arbeitslager, Konzentrationslager, *K.L.V.*-Lager ... In Wirklichkeit waren es ehemalige Hotels und Pensionen in den oberbayrischen Urlaubs- und Reiseorten, die zu diesem Zweck requiriert wurden, also alles andere als das, was das Wort „Lager" vielleicht an Vorstellungen erweckt.

Meine Schule, das Maximilians-Gymnasium, war nach Garmisch-Partenkirchen – meinem Geburtsort übrigens – verfrachtet worden, samt dem Lehrerkollegium, das zu dieser Zeit freilich nur noch aus Männern bestand, die selbst nach rigorosesten Gesichtspunkten nicht mehr zum Kriegsdienst zu gebrauchen waren, also Invalide, chronisch Kranke oder auch einfach zu alte. Vielleicht hatte der eine oder andere unter ihnen auch besonders gute Beziehungen zu höheren Dienst- oder Parteistellen, die ihm seine Unabkömmlichkeit als Erzieher bescheinigten. Die meisten von ihnen waren Nazis, aber nicht alle. Unser alter Griechischlehrer, zum Beispiel, begrüßte uns zu Unterrichtsbeginn nicht mit dem vorschriftsmäßigen „Heil Hitler!", auf das wir ebenso zu antworten hatten (es klang immer wie „Heitler!"), sondern mit dem antiken Ruf „Cheirete mathetäs!" (*Seid mir gegrüßt, Schüler),* worauf wir „Cheire Didaskalos!" *(Sei uns gegrüßt, Lehrer!)* erwiderten. Das war zu jener Zeit schon ein recht waghalsiges Signal für Dissidenz.

Wir Buben waren in Drei-, Vier- oder Fünfbettzimmern untergebracht. Neben dem Unterricht bestand unser Tageslauf hauptsächlich aus der sogenannten „vormilitärischen Ausbildung", das hieß, aus Exerzieren (man nannte es „Schleifen"), Körperertüchtigung, Geländespielen, langen Propagandamärschen, bei denen wir natürlich die obligatorischen Lieder wie „Es zittern die morschen Knochen" oder „Volk ans Gewehr" zu singen hatten. „Wenn das Judenblut vom Messer spritzt" gehörte nicht zu unserem Repertoire, vielleicht weil wir ein „humanistisches" Gymnasium waren und solche Texte selbst den linientreuesten unserer Erzieher zu weit gingen.

Ich glaube nicht, dass die meisten meiner Klassenkameraden sich viel bei dem ganzen kriegerischen und nationalsozialistischen Brimborium dachten, bei dem allmorgendlichen und allabendlichen Flaggenhissen und -einholen, bei den Aufmärschen und patriotischen Feiern. Man kannte es nicht anders und machte eben mehr oder weniger lahm, was befohlen wurde, nicht anders als halbwüchsige Schüler zu allen Zeiten Anweisungen von oben gehorchen. Manch einer maulte ab und zu ein bisschen, aber wer eine Auszeichnung bekam, war dann doch auch wieder stolz darauf. Ich kann mich jedenfalls nicht erinnern, dass wir jemals unter uns auch nur andeutungsweise über politische Fragen gesprochen hätten. Dazu fehlten uns alle Voraussetzungen und Vergleichsmöglichkeiten. Außerdem – wir waren zwölf, dreizehn Jahre alt und hatten andere Interessen.

Aber einige wenige unter uns waren sozusagen vom Elternhaus her „belastet". Judenkinder gab es natürlich schon längst nicht mehr an einem deutschen Gymnasium, aber es gab Kinder aus „politisch unzuverlässigen Familien", und die sahen sich, sei es nun aufgrund eigener Meinung oder nicht, in eine gewisse Oppositionsrolle gedrängt. Das war auch bei mir der Fall.

Mein Vater Edgar Ende gehörte zu den ersten Malern des Surrealismus in Deutschland, einer Kunstrichtung, die unter den Nazis als „entartet" galt. Infolgedessen hatte man ihm staatlicherseits „Berufsverbot" erteilt. Das bedeutete, er durfte seine Bilder weder ausstellen noch verkaufen, er durfte auch keinem Künstlerverband angehören, ja, er durfte noch nicht einmal Farben, Pinsel oder andere Materialien kaufen, für die man ja – wenigstens während der Kriegsjahre – einen Bezugschein der Reichskulturkammer brauchte. Trotz eines chronischen Herzleidens war er schon 1940 zur Wehrmacht eingezogen worden und befand sich inzwischen bei einer Flak-Einheit *(Fliegerabwehr)* irgendwo in der Nähe von Köln.

Viele Leute behaupteten ja nach dem Krieg, sie hätten von Konzentrationslagern und all den anderen entsetzlichen Dingen, die während des Dritten Reiches geschehen sind, ganz und gar nichts gewusst. Sie müssen sich wohl die Ohren verstopft haben, denn es war fast unmöglich, nichts davon zu wissen. Meine Eltern jedenfalls und dadurch auch ich, wir wussten nur allzu gut davon. Wenn wir auch das ganze Ausmaß des Grauens noch nicht in seinen Einzelheiten kannten, das, was uns bekannt wurde, genügte – weiß Gott. Immer wieder waren Freunde oder Bekannte meiner Eltern aus rassischen oder politischen Gründen von der Gestapo oder der SS abgeholt worden und spurlos verschwunden. Ich weiß nicht, auf welche Weise Nachrichten aus den Konzentrationslagern heraussickerten, jedenfalls wurden sie von Mund zu Ohr weitergegeben und bei uns im allerengsten Freundes- oder Familienkreis besprochen. Ich lernte schon ziemlich früh als Kind, dass ich weder in der Schule noch beim Spielen auf der Gasse je das kleinste Wort darüber verlieren durfte. Es hätte sich im buchstäblichsten Sinne in ein „Sterbenswörtchen“ verwandeln können. Denunzianten gab es überall, sogar unter Kindern.

Meine innere und äußere Situation im *K.L.V.*-Lager war also einigermaßen schwierig. Ich glaubte unseren Erziehern kein Wort. Dass sich diese Haltung nicht gerade günstig auf meinen schulischen Eifer auswirkte, versteht sich von selbst. Ich war ein schlechter Schüler. Ich *wollte* nicht lernen – jedenfalls nicht das, was man uns da beizubringen bemüht war.

Es gab wenig zu essen, wir hatten ständig Hunger, aber das war ja in jenen Kriegsjahren ganz allgemein der Fall, wir nahmen es als normal hin. Was uns aber nach und nach mit wachsender Wut erfüllte, war die Tatsache, dass am Lehrertisch ganz ungeniert vor unseren Augen Fleisch und sogar Butter serviert wurde, während wir uns jeder mit zwei Pellkartoffeln und einem Klecks Quark zufriedengeben mussten. Wir waren uns sicher, dass es sich da um Rationen handelte, die eigentlich uns gehörten. Und als wir schließlich beobachteten, wie irgendeinem Parteibonzen, der eine Kontrollvisite gemacht hatte, von der Lagerleitung eine Kiste Äpfel ins Auto geschoben wurde – unsere Äpfel zweifellos! –, da kochte unsere Empörung über. Wir veranstalteten eine Protestdemonstration, zogen stundenlang im Gänsemarsch im Haus herum und sogar auf die Straße hinaus, ohne auf irgendein Kommando zu reagieren, machten mit allen möglichen Geräten einen Heidenlärm und schrien in Sprechchören: „Wir – ha – ben – Hunger!"

Obwohl ich eigentlich nur mitgemacht hatte, beschloss die Lagerleitung, mich für den Anstifter der allgemeinen Aufsässigkeit zu halten. Ich wurde „strafversetzt". Um mich von meinen Komplizen zu trennen, steckte man mich in ein anderes Lager in Partenkirchen zu Kindern, die zwei Klassen unter der meinen waren. Ich weiß nicht, ob das als Demütigung gedacht war oder ob es einfach nur die nächstbeste Möglichkeit war, mich loszuwerden. Für mich jedenfalls erwies sich diese Strafversetzung als ausgesprochener Glücksfall. Das Essen war hier reichlicher und besser, und unter den „Kleinen" war ich natürlich binnen Kurzem Hahn im Korb. Nur der tägliche Weg zum Unterricht war jetzt für mich länger, aber das kam mir gerade recht. So konnte ich mich jeden Morgen, wenigstens für ein paar Minuten, mit meinem Mädchen treffen. Ich hatte mich nämlich zum ersten Mal Hals über Kopf verliebt, und zwar in die bildhübsche Tochter der Familie, der die Pension gehörte, in der ich jetzt untergebracht war.

Eines Tages kam mit der Post für mich eine jener roten Karten mit dem Aufdruck „Lebenszeichen". Darauf stand: „Wohnung abgebrannt – Mama gesund". Erst einige Tage später konnte sie mir ausführlicher schreiben. Bei einem der inzwischen fast allnächtlichen Fliegerangriffe war unser Atelier mit allem, was wir besaßen – viel war es ohnehin nicht gewesen –, und mehr als zweihundert Bildern meines Vaters den Phosphorbomben zum Opfer gefallen. Meine Mutter hatte sich aus dem Keller des brennenden Hauses retten können. Man hatte ihr jetzt in Solln, damals noch ein Vorort von München, ein kleines Zimmer im Dachgeschoss einer Villa zugewiesen.

Dann kam der 20. Juli 1944. Die wirklichen Hintergründe der Ereignisse erfuhren wir natürlich nicht – nur, dass eine Verräterbande versucht hatte, unseren „geliebten Führer“ in die Luft zu sprengen, doch sei das Attentat, Gott sei Dank, misslungen. Hitler hielt eine Rede an das deutsche Volk im Rundfunk, die wir uns stehend in Reih und Glied anhören mussten. Er sprach noch mehr als sonst von der „Vorsehung“. Mir schien seine Stimme anders zu klingen als früher, müder, kaputter.

Dass sich die deutsche Armee an allen Fronten in heilloser Auflösung befand, ahnte ich. Nach der offiziellen Sprachregelung war immer wieder die Rede von einem „planmäßigen Rückzug“, der erfolgreich verlaufen sei. Genaueres erfuhren wir nicht, nicht einmal, wo die Fronten inzwischen tatsächlich verliefen. Trotzdem sprach es sich unter uns herum, dass die Russen im Osten und die Alliierten im Westen schon irgendwo in Deutschland standen und unaufhaltsam vorrückten. Einige unserer Lehrer erzählten uns weiterhin vom bevorstehenden „Endsieg“, der uns sicher sei, weil der Führer noch eine Wunderwaffe in petto habe, die er demnächst einsetzen und dadurch alles zu unseren Gunsten ändern werde.

Da diese Wunderwaffe aber aus irgendeinem Grund weiterhin auf sich warten ließ, kam das Regime vorerst auf die verzweifelte Idee, den sogenannten „Volkssturm“ einzuberufen. Um bombastische Worterfindungen war man ja nie verlegen. Greise und Kinder wurden im Gebrauch von Panzerfäusten und Handgranaten unterwiesen, um das Vaterland – oder was von ihm noch übrig war – zu verteidigen. Wieder einmal hatte ich Glück: Gerade zu dem Zeitpunkt, als meine Klasse an die Reihe kam, war in dem neuen Lager, in dem ich mich nun befand, eine ansteckende Form von Hepatitis ausgebrochen und wir standen unter Quarantäne. Sechs Wochen später, als die Ausgangssperre für uns aufgehoben wurde, war plötzlich vom „Volkssturm“ keine Rede mehr. Vielleicht hatte man mich auch einfach vergessen. Es ging ja schon vieles drunter und drüber, sogar in der deutschen Bürokratie.

Im November 1944 wurde ich fünfzehn Jahre alt, und das bedeutete: wehrpflichtig. Man brauchte eben dringend Nachschub an Menschenmaterial. Wenige Tage danach schon bekam ich den Befehl zur Musterung zugestellt.

Alle Jungen meines Alters mussten in einer Sporthalle antreten, auch die der anderen *K.L.V.*-Lager aus der Umgebung. Wir waren etwa zweihundert, vielleicht auch mehr. Es war ziemlich kalt und hatte geschneit. Die Halle war ungeheizt. An den Wänden entlang standen Tische, dort saßen die Militärärzte in dicken Mänteln, jeder von einigen Wehrmachtshelferinnen umgeben, die als Sekretärinnen oder Assistentinnen fungierten. Wir mussten uns splitternackt ausziehen und einzeln nach Aufruf von Tisch zu Tisch gehen, um gewogen, gemessen und untersucht zu werden. Wir mussten Kniebeugen machen und uns bücken, damit man uns in den Hintern sehen konnte. Die Mädchen wirkten nicht sonderlich interessiert – was sollte sie auch schon an einer Schar halbwüchsiger Buben groß interessieren? –, riefen sich aber doch das eine oder andere Späßchen auf unsere Kosten zu. Die meisten von uns liefen mit klappernden Zähnen und hochroten Köpfen herum, ein paar brachen aus Scham und Verwirrung in Tränen aus.

Wenn ich mich recht erinnere, wurden wir alle für „tauglich" befunden, ohne Ausnahme. So waren wir nun also von einer Stunde zur anderen aus schutzbedürftigen Kindern *(K.L.V.)* zu kriegsverwendungsfähigem Kanonenfutter *(K.V.)* geworden. Von diesem Augenblick an musste jeder von uns täglich mit seiner Einberufung rechnen.

Als Erstes kam ein Werbe-Offizier der Waffen-SS, ein kleiner, aschblonder Mann mit fischigen Augen, selbst noch sehr jung, höchstens 19 oder 20. Meine Klasse war in Formation angetreten. Jeder wurde einzeln vorgerufen und musste mit lauter Stimme erklären, ob er bereit sei, sich „freiwillig" zu melden. Einfach mit Nein zu antworten, ohne überzeugenden Grund, wäre gerade für mich natürlich einigermaßen riskant gewesen. Ich zermarterte mir das Hirn, aber mir wollte keine plausible Ausrede einfallen. Dann wurde ich aufgerufen und trat vor. Der SS-Mann stellte seine Frage. „Nein", sagte ich. Der Offizier blickte irritiert von seinen Papieren auf und fixierte mich ein paar Sekunden lang. „Und warum nicht?", fragte er. Meine

Hände an der Hosennaht waren kalt und feucht. Und plötzlich kam mir der rettende Einfall. „Weil sich das mit meinem späteren Beruf nicht vereinbaren ließe, Herr Sturmbannführer." – „Soso!", sagte er gedehnt: „Was willst du denn mal werden?" – „Pfarrer", schnarrte ich möglichst zackig. Er musterte mich mit glasigem Blick von oben bis unten, dann scheuchte er mich mit einer angewiderten Handbewegung ins Glied zurück. „Hau ab, du Flasche!"

Ich erinnere mich nicht, was aus den anderen Jungen meiner Klasse wurde, die mit Ja geantwortet hatten. Ich glaube, die ganze Sache ging schließlich aus wie das Hornberger Schießen. In diesen letzten Kriegsmonaten gab es oft erhebliche Differenzen zwischen der Waffen-SS und der Wehrmacht, was die Kompetenz betraf. Es kam oft vor, dass Befehle der einen Seite durch Gegenbefehle von der anderen aufgehoben wurden und die wieder durch neue Gegenbefehle. Soweit ich weiß, kam jedenfalls keiner von uns zur Waffen-SS.

Um diese Klippe war ich also mit knapper Not herumgesegelt, blieb aber immer noch die andere, die Einberufung zur Wehrmacht.

Dass der Krieg inzwischen endgültig verloren war und nicht mehr lange dauern konnte, war uns allen klar. Es ging also nur noch darum, Zeit zu schinden. Jeder Tag, um den einer seine Einberufung verzögern konnte, zählte dabei. Einige meiner Klassenkameraden waren auf eine glorreiche Idee gekommen, die sozusagen eine Flucht nach vorn bedeutete: Man konnte sich als Offiziersanwärter melden. Dazu musste man eine besondere Prüfung ablegen, die jedoch erst in einigen Wochen stattfinden würde. Bestand man diese Prüfung, so musste man zunächst eine entsprechende Ausbildung hinter sich bringen, ehe man an die Front kam. Bestand man sie nicht, so hatte man wenigstens diese paar Wochen und dazu noch die Tage bis zum Eintreffen des Ablehnungsbescheids gewonnen – und wer weiß, wie die Dinge bis dahin lagen. Ich meldete mich also gemeinsam mit ihnen als Offiziersanwärter an. Da ich mich dabei für eine Waffengattung entscheiden musste, schrieb ich hin: Gebirgsjäger.

Ich hoffte, auf diese Weise während der Ausbildung in der Nähe von München bleiben zu können.

Meine Bewerbung wurde tatsächlich angenommen. Dass ich damit wieder einmal Glück gehabt hatte, zeigte sich schon bald. Während wir noch auf die Prüfung warteten, waren einige Jungen meines Jahrgangs aus der Parallelklasse bereits zur Wehrmacht eingezogen worden. Man hatte ihnen einen Stahlhelm aufgesetzt, einen Karabiner 08/15 in die Hand gedrückt und sie den amerikanischen Panzern entgegengeschickt. Zwei von ihnen waren schon am ersten Tag ihres Einsatzes gefallen. Einen davon kannte ich gut. Wir hatten ihn Freddy genannt. Er konnte phantastisch malen und hatte mir eines seiner Aquarelle geschenkt, eine Schneelandschaft.

Dann kam der Tag unserer Prüfung. Da wir schon gemustert waren, bestand sie hauptsächlich aus schriftlich zu beantwortenden Fragen, die die Allgemeinbildung betrafen, wie zum Beispiel: „Wie viel Prozent Salzgehalt hat das Meer?" Da ich keine Ahnung hatte, schrieb ich hin: „Welches Meer?" und fiel prompt durch. Wenige Tage später hatte ich meinen Ablehnungsbescheid.

Jetzt wurde die Sache brenzlig. Jeden Morgen bei der Postverteilung fürchtete ich, meinen Gestellungsbefehl zu bekommen. Und etwa zwei Wochen später war es tatsächlich so weit – ich hielt ihn in Händen, mit der genauen Anordnung, wann ich mich in welcher Kaserne zu melden hätte.

Dass ich das nicht tun würde, war beschlossene Sache. Aber wie konnte ich mich davor drücken? Wir alle waren ziemlich geübt darin, Krankheit zu simulieren. Wir wussten sogar, wie man durch Essen von Zigarettenstummeln kurzfristig hohes Fieber hervorrufen konnte. Aber den Ärzten waren alle diese Tricks natürlich ebenso bekannt. Um wirklich einen Aufschub zu erreichen, musste man sich schon eine Axt ins Bein schlagen oder einen Finger abschneiden. Aber dazu fehlte mir der Mut. Außerdem war diese Möglichkeit noch in anderer Hinsicht riskant: Wenn man nicht mit absoluter Glaubwürdigkeit nachweisen konnte, dass es sich dabei um einen Unfall gehandelt hatte, wurde man als Deserteur behandelt. Das bedeutete meist das Todesurteil. Damit war man zu jener Zeit schnell bei der Hand.

Ich beschloss, einfach heimlich auszureißen, mich zu meiner Mutter durchzuschlagen und dort versteckt zu halten, bis alles vorbei wäre. Der einzige Mensch, den ich in meinen Plan einweihte, war mein Mädchen. Ich packte das Nötigste in einen Rucksack, kletterte nachts aus dem Fenster und machte mich auf den Weg nach München. Einen Zug konnte ich nicht nehmen, da gab es zu viele Kontrollen. Ich musste es zu Fuß und per Anhalter versuchen. Also stapfte ich durch den Schnee. Drei Tage später fand ich das Haus in Solln, wo meine Mutter jetzt untergebracht war, und wir fielen uns in die Arme.

Verrückterweise war auch hier inzwischen ein Gestellungsbefehl für mich angekommen. Meine Mutter, die eine sehr resolute kleine Person war, steckte beide, den aus Garmisch, den ich mitgebracht hatte, und den aus München, sofort in den Ofen. Falls es zu Nachforschungen kommen würde, wollte sie einfach leugnen, dass je etwas Derartiges angekommen sei. Bei den ständigen Bombardements gingen ja viele Postsendungen verloren. Zum Glück kam es aber nicht zu Nachforschungen. Ich weiß nicht wieso, aber weder aus dem *K.L.V.*-Lager noch von einem der Wehrersatzämter kam eine Rückfrage über meinen Verbleib bei meiner Mutter an. Möglicherweise suchte man mich überall sonst, nur gerade hier nicht. Später erfuhr ich zum Beispiel, dass sich ein paar meiner Altersgenossen in Berghöhlen und Almhütten versteckt hatten und aufgespürt worden waren. Was aus ihnen geworden ist, weiß ich nicht.

Neben dem Zimmer meiner Mutter gab es noch eine kleine Abstellkammer, in der richtete ich mich ein. Die Besitzerin der Villa, eine etwas konfuse, immer verängstigt wirkende ältere Dame, bewohnte die Parterreräume. Sie stellte keine Fragen und wollte lieber überhaupt nichts mehr von der Welt wissen. Wir trafen uns nur bei den nächtlichen oder täglichen Fliegerangriffen im Keller des Hauses. Da saß sie dann in eine Ecke gedrückt, hatte sich eine Gasmaske aufgesetzt und schnorchelte vor sich hin. Ab und zu, wenn die Bombeneinschläge bedrohlich nahe kamen, hob sie den unteren Teil der Gasmaske hoch und kippte mit zitternden Händen einen Schnaps.

Von meinem Vater hatten wir schon längere Zeit nichts mehr gehört. Die letzte Nachricht, dass seine Einheit inzwischen nach Baden bei Wien verlegt worden war – Köln war ja längst von den Alliierten eingenommen, die standen inzwischen an der Donau –, war schon einige Monate alt.

Natürlich hatte meine Mutter in der Zeit, die sie in diesem Villenvorort wohnte, einige Bekanntschaften geschlossen, so zum Beispiel mit einer Familie H., bei der sie öfter eingeladen war. Ich weiß nicht, wie und bei welcher Gelegenheit sie sie kennengelernt hatte, aber Antinazis hatten so etwas wie einen sechsten Sinn füreinander. Die H.s waren praktizierende Katholiken. Ich bin mir heute nicht mehr sicher, aber ich glaube, sie standen in irgendeiner Beziehung zu den Leuten der „Weißen Rose", jener Widerstandsgruppe um Professor Huber und die Geschwister Scholl, die in Stadelheim hingerichtet worden waren.

Bei einer dieser Einladungen, zu denen nun auch ich mitkommen durfte, lernte ich einen sehr jungen Jesuiten namens Sch. kennen, der damals noch Frater war und aus dem Stift im nahe gelegenen Pullach kam. Wie sich im Gespräch bald herausstellte, war er besonders an allen Fragen der modernen Kunst, auch am Surrealismus, interessiert. Später, als er schon längst zum Pater avanciert war – also in den Jahren nach dem Krieg –, machte er sich übrigens einen nicht unbedeutenden Namen als Mitarbeiter der Kultur-Zeitschrift „Stimmen der Zeit".

An jenem Abend gerieten wir bald in ein höchst inspiriertes Gespräch über Gott und die Welt, das sich bis spät in die Nacht hinzog und unbedingt nach einer Fortsetzung verlangte. Als er schließlich von meiner prekären Situation erfuhr, schlug er mir vor, mich zu meiner größeren Sicherheit ins Stift nach Pullach mitzunehmen und in eine Kutte zu stecken. Dort würde mich sicherlich niemand suchen. Ich lehnte dieses Angebot aber dankend ab, weil ich befürchtete, aus dieser Kutte später so leicht nicht wieder herauszukommen.

Von da an trafen wir uns häufig zu angeregten Diskussionen und freundeten uns an. Sch. war immer sehr blass und von zarter Konstitution. Später erfuhr ich, dass er krank war. Er litt, wenn ich mich recht erinnere, an einer besonderen Form von Anämie. Die strengen Exerzitien, die seine Ordensregel ihm vorschrieb, brachten ihn einmal buchstäblich an den Rand des Todes. Doch das war schon nach dem Krieg.

Da er unter anderem auch eine ausgesprochen pädagogische Ader besaß, schlug er mir eines Tages vor, mit mir Griechisch zu treiben, damit mir meine gymnasialen Kenntnisse – sie waren sowieso nicht erheblich – nicht vollends verloren gingen. Tatsächlich gelang es ihm irgendwie, mich herumzukriegen. So kam es, dass wir, während rings um uns her eine Welt unterging, zusammensaßen und das Johannesevangelium übersetzten: „Am Anfang war das Wort, und das Wort war bei Gott …"

Inzwischen rückte die amerikanische Armee schon nach München vor. Aus dem deutschen Rundfunk war nicht viel Konkretes zu entnehmen, sein Programm bestand fast nur noch aus triumphaler Marschmusik und Durchhalteparolen, aber natürlich hörten wir alle den „Feindsender", dessen Paukensignal – der Anfang von Beethovens „Fünfter" – für uns ganz buchstäblich den Finger des Schicksals bedeutete, der an unsere Tür pochte. Es versteht sich von selbst, dass es offiziell strengstens verboten war, diesen Sender zu hören, es stand sogar die Todesstrafe darauf. Gegen Ende des Krieges stand ja auf die lächerlichsten Vergehen die Todesstrafe. Aber das machte auf niemanden mehr sonderlichen Eindruck. Der Tod war sowieso allgegenwärtig und keiner wusste, ob er den nächsten Tag noch erleben würde.

Einmal, als meine Mutter fortgegangen war, um wie üblich stundenlang nach ein wenig Brot, einem Stück Molkewurst oder ein paar weißen Rüben anzustehen, kam Sch. zu mir. Er wirkte ungewöhnlich ernst und war noch blasser als sonst. Er sei beauftragt, mir eine Frage zu stellen, sagte er, doch müsse ich ihm zuvor einen heiligen Eid schwören, über alles unbedingtes Stillschweigen zu bewahren, auch meiner Mutter gegenüber. Nicht weil er ihr etwa misstraue, sondern weil sie ganz gewiss mit dem Vorschlag, den er mir zu machen hätte, nicht einverstanden sein würde. Auch er selbst erfülle seinen Auftrag nur mit den größten Bedenken, aber die Entscheidung hinge eben einzig und allein von mir ab.

Ich schwor's ihm und erfuhr nun, dass er in Verbindung mit einer sogenannten „Freiheitsaktion Bayern“ stand. Es handelte sich dabei um eine natürlich klandestine Gruppierung, hauptsächlich von Wehrmachtsoffizieren, die diesen absurden Krieg endlich beenden wollten. Vor allem planten sie, München kampflos den Amerikanern zu übergeben, denn die Nazis hatten angeordnet, die Stadt „bis zum letzten Blutstropfen“ zu verteidigen. Der einzige Name, den ich von Sch. erfuhr, war der eines gewissen Hauptmanns Gerngroß, des Initiators und Leiters dieser Aktion.

Eines der schwierigsten Probleme für diese Gruppe stellte die Übermittlung von Nachrichten dar. Telefon und Funk kamen natürlich nicht infrage, weil sie abgehört wurden. Sie brauchten also dringend einen Kurier, der möglichst unauffällig war und keinen Verdacht erweckte. Einen Jungen wie mich zum Beispiel. Allerdings, sagte Sch., wisse ich ja selbst, wie groß das Risiko sei und womit ich zu rechnen hätte, wenn ich erwischt würde. Er wolle mich nicht im Geringsten drängen, und wenn ich ablehnte – was ihm persönlich lieber wäre –, sei die Sache auf der Stelle vergessen.

Ich erklärte mich ohne langes Nachdenken bereit.

Heute, ein halbes Jahrhundert danach, bin ich mir nicht mehr sicher, warum ich das eigentlich tat. Ich hatte einfach keine Angst. Auf eine ziemlich irrationale Art fühlte ich die absolute Gewissheit, dass mir schon nichts passieren würde. Und die Möglichkeit, irgendetwas Sinnvolles und Notwendiges tun zu können, anstatt immer nur wartend herumzusitzen, stimmte mich beinahe übermütig. Vielleicht spielte auch so etwas wie bubenhafte Abenteuerlust eine Rolle.

Zunächst brauchte ich ein Fahrzeug. Dazu requirierte ich, ohne zu fragen, ein altes verrostetes Damenfahrrad im Keller, das unserer Hausbesitzerin gehörte, aber seit Langem außer Gebrauch war. Ich ölte es, flickte die Schläuche und brachte es in Schwung.

Schon am folgenden Tage wurde ich in eine Nobelvilla in Solln bestellt. Im Salon standen ein paar Wehrmachtsoffiziere beisammen und berieten. Einer von ihnen kam zu mir und begrüßte mich, dann nahm er mich beiseite und nannte mir eine Adresse in Bogenhausen, einem weit entfernt liegenden anderen Villenviertel der Stadt. Dort sollte ich nach „Robinson" fragen und dem Betreffenden – aber nur ihm! – folgende Botschaft überbringen: „Großmutter sitzt im chinesischen Garten und weint." Ich wiederholte Namen und Wortlaut und er schickte mich los. Ich radelte also stadteinwärts.

Von Solln nach München führte eine breite Allee an der Isar entlang. Hier bewegte sich ein endloser grauer Menschenstrom, die geschlagene deutsche Armee auf dem Rückzug in Richtung Alpen, zu Tode erschöpfte, ausgemergelte Gestalten. Selbst die Achtzehn- und Zwanzigjährigen unter ihnen sahen aus wie uralte Männer, die sich kaum noch auf den Beinen halten konnten. Auch Verwundete waren darunter, mit blutverkrusteten Verbänden um Arm oder Kopf, manche humpelten auf Krücken. An einigen Bäumen links und rechts baumelten Erhängte im Wind. Im Vorbeiradeln sah ich, dass sie Pappschilder umgehängt hatten, darauf stand mit roter Farbe geschrieben: „Deserteur". Die armen Teufel hatten offensichtlich versucht, sich in die Büsche zu schlagen, und waren von den allgegenwärtigen „Kettenhunden" – so nannte man die Feldgendarmerie – oder der SS aufgegriffen worden. Mich beachtete Gott sei Dank niemand.

Je näher ich dem Stadtrand kam, desto deutlicher hörte ich das Heulen und Einschlagen von Granaten. Wie ich später erfuhr, stammten sie nicht etwa von den Amerikanern, die zu diesem Zeitpunkt München noch gar nicht erreicht hatten, sondern von der SS, die am nördlichen Stadtrand, bei Freimann, lag und aus irgendeinem Grund die eigene Stadt unter Feuer genommen hatte. Ich weiß nicht, warum. Möglicherweise, um die Armee auf diese Weise am Rückzug zu hindern. Die Stadt war eine einzige qualmende Trümmerwüste. Die meisten Straßen waren durch eingestürzte Häuser verschüttet, ich musste Umwege suchen oder mein Damenfahrrad über Schuttberge schleppen. Einmal sah ich ein abgerissenes Bein vor mir liegen.

Es hatte offenbar einer Frau gehört, der Schuh war noch dran. Ich stieg drüber weg. Solche Dinge hatte ich schon bei früheren Luftangriffen, vor unserer Evakuierung, gesehen.

Schließlich fand ich die Adresse in Bogenhausen. In einer Privatwohnung traf ich wiederum auf eine Gruppe von Offizieren und fragte nach „Robinson". Ein Leutnant kam auf mich zu, und ich flüsterte ihm meine Botschaft ins Ohr. Er nickte und sagte: „Fahr zurück und melde denen: Winnetou pflanzt Karotten und sucht seine Brille."

Damit machte ich mich auf den Rückweg.

Als ich gegen Einbruch der Dunkelheit schließlich nach Hause kam, erwartete mich meine Mutter schon an der Haustür und empfing mich mit einer schallenden Ohrfeige. Sie hatte sich die größten Sorgen um mich gemacht.

Ich tat beleidigt und erklärte ihr nach einigem Hin und Her, ich hätte da eben ein wunderschönes Mädchen kennengelernt, das in Grünwald wohne, und wir hätten uns sehr viel zu sagen, und überhaupt, meine Liebesgeschichten gingen sie nichts an. Dafür hatte sie Verständnis. Sie bat mich nur, ihr Bescheid zu sagen, wenn ich mich wieder verabreden würde. Das versprach ich.

Mein Gedächtnis für Daten und Zahlen ist ausgesprochen unzulänglich, deshalb kann ich heute nicht mehr mit Sicherheit sagen, wie lange meine Kuriertätigkeit dauerte, aber mehr als zwei Wochen werden es wohl nicht gewesen sein. Die Botschaften, die ich zu übermitteln hatte, waren immer chiffrierte Sätze, deren Bedeutung ich selbst nicht verstand, und auch die Namen der Empfänger und Absender waren Decknamen. Selbst wenn man mich also erwischt hätte, wäre ich nicht imstande gewesen, viel zu verraten – außer natürlich die Adressen. Aber ich wurde nicht erwischt.

Irgendwann in dieser Zeit kam dann über den Rundfunk die Nachricht, Adolf Hitler sei tot. Eine halbe Stunde später wurde sie widerrufen, dann doch wieder bestätigt. Ich konnte es mir einfach nicht vorstellen. Seit ich denken konnte, hatte dieser Mann unser aller Schicksal bestimmt. Sein Bild hing noch immer in jeder Amtsstube. Es war, als ob man aus einem Albtraum erwacht und sich nicht zurechtfinden kann, weil Spuk und Wirklichkeit noch ineinanderfließen.

München wurde dann tatsächlich kampflos den Amerikanern übergeben. Oder doch beinahe, denn ganz zuletzt – ich denke, es muss der 29. April 1945 sein – gab es wohl doch noch ein Massaker. Auch das bekam ich allerdings nur am Rundfunk mit. Morgens hatten Hauptmann Gerngroß und seine Leute das Funkhaus besetzt und der Bevölkerung die Anweisung gegeben, Betttücher als weiße Fahnen aus den Fenstern zu hängen und die amerikanischen Soldaten in Ruhe zu erwarten, vor allem keinerlei Gegenwehr zu leisten. Mittags hatten offenbar die Nazis das Funkhaus zurückerobert und irgendein Bonze brüllte hysterisch seine Wut in den Äther. Doch nachmittags war die Sache dann endgültig ausgestanden und die Nazis schwiegen. Für immer, dachte ich damals.

Am nächsten Tag, dem 30. April, kamen die Amerikaner.

Ich stand in Solln am Straßenrand, um mich herum ein paar kleinere Kinder, nur wenige Erwachsene, hauptsächlich Frauen. Es war sehr still, niemand redete. Man hörte die Vögel zwitschern und die Sonne schien. Dann näherte sich aus der Ferne das Geräusch der Panzer. Unerwarteterweise kamen sie nicht von Norden, also aus Richtung der Stadt, sondern von Süden. Sie mussten also die Stadt umgangen haben und fuhren nun auf sie zu.

Und dann sah ich zum ersten Mal amerikanische Soldaten: Gut genährte, lachende junge Burschen, Schwarze und Weiße, lässig in ihre Jeeps gelümmelt, in Uniformen, die mir unglaublich schick vorkamen. Einer hatte auf dem Rücken seines Kampfoveralls ein lebensgroßes Pin-up-Girl aufgenäht, ihre Beine auf seinen Beinen. Aus ihren Lautsprechern dudelte Jazzmusik. Sie warfen uns Kaugummis zu und ich fing einen auf. Er schmeckte nach Zimt. Es war der erste Kaugummi meines Lebens.

Der Krieg war vorbei. Ich ging nach Hause.

Jetzt konnte ich meiner Mutter erzählen, wie es sich mit meiner angeblichen Freundin in Wahrheit verhalten hatte. Ich glaube, sie war nahe daran, mir noch einmal eine herunterzuhauen, aber dann nahm sie mich stattdessen in den Arm und gab mir einen Kuss.

Mein Vater kam schon zwei Monate später, mager und abgerissen. Er war im letzten Augenblick durch die Enns geschwommen; dieser Fluss in Österreich war die Demarkationslinie zwischen der russischen und der amerikanischen Armee. Wäre er am östlichen Ufer geblieben, so wäre er vermutlich nach Sibirien abtransportiert worden und, herzleidend wie er war, wohl kaum zurückgekehrt. So aber war er, nur mit einer Badehose bekleidet, in amerikanische Gefangenschaft gekommen und schon bald entlassen worden. Die Familie war wieder zusammen.

In all den Jahren davor hatte ich mir immer vorgestellt, wenn erst einmal „alles vorbei" sei, dann würde ein großes, wunderbares Gefühl der Erleichterung über mich kommen. Aber es hat sich nie eingestellt, bis zum heutigen Tage nicht.

Kurze Zeit nach dem Krieg sah ich einen Film mit dem Titel *Bei Nacht und Nebel*. Er bestand aus Dokumentaraufnahmen, die SS-Leute selbst während der Massenvernichtungen in Konzentrationslagern aufgenommen hatten. Ein Bild ist mir ganz besonders im Gedächtnis geblieben, und ich werde bis heute nicht fertig damit: Da sieht man eine Großaufnahme, das Gesicht eines netten jungen Kerls mit sauber gekämmtem Blondhaar, sportlicher Typ, Skifahrer oder Fußballer, ein Gesicht, wie es einem überall auf der Straße oder im Stadion begegnet. Er lacht sympathisch und unbefangen in die Kamera. Die fährt langsam zurück und nach und nach erkennt man seine Umgebung. Er steht vor einem Galgengerüst, an dem mehrere, zu Skeletten abgemagerte Leichen hängen. Es ist eine Postkarte, die der junge Mann seiner Liebsten in der Heimat geschickt hat. Darunter steht: „Mit herzlichen Grüßen und Küssen, Dein Franz."

Wie viel oder wie wenig Manipulation ist eigentlich notwendig, um aus einem ganz „normalen", bis dahin harmlosen Herrn Jedermann eine gehorsame Folter- und Mordmaschine zu machen? Ich gehe auf der Straße, ich sitze im Lokal und schaue mir die Leute am Nebentisch an, ich rede mit einem Verkäufer im Warenhaus – und ich kann diese Frage nicht loswerden. Vielleicht ist das der Grund, warum sich die große Erleichterung bei mir nie eingestellt hat.

Das Bleibende

„Wenn du dich durch jede Erfahrung, die du machst, änderst", so wurde Meister Muto einmal von einem seiner Schüler gefragt, „was ist dann das Bleibende an dir?"

„Die Art, wie ich mich immerfort ändere", antwortete er.

Armida[2]

Durch das Land
der Granatkrater und stockenden Blutsümpfe,
draus Schwaden der Zersetzung
hinziehen über die Erde –

Aus dem Untergang riesiger Städte,
groß wie nichts sonst von Menschenhand,
Babylon, brennendes Chikago, Rom –

Zu dieser Zeit,
da die endlosen Karawanen von Verstörten
durch die Nebel der blatternarbigen Erde ziehen,
hin und zurück und im Kreis,
Tische mitschleppend nach jenseits,
wo Tische nicht mehr erforderlich sind,
vorüber an den Gerippen von Pferden und Autos –

---

[2] Armida, Gestalt aus dem Versepos *Das befreite Jerusalem* von Torquato Tasso (1544–1595). Beim Kampf um die „Heilige Stadt" versuchen die Mächte der Hölle, von Luzifer zusammengerufen, mit List, die christlichen Ritter, vor allem den jüngsten und tapfersten unter ihnen, Rinaldo, ihren Auftrag vergessen zu lassen. Ihr Werkzeug ist Armida, die Magierin des Eros, ein Mädchen, „dem keins im Morgenland an Schönheit gleicht".

Durch dieses Schweigen,
in dem von nun an nichts mehr harmlos ist,
kein Abfallkübel vor dem Haus,
kein nächtlich in die Muschel gemurmeltes Wort,
kein hallender Schritt in der Gasse,
da jeder immerfort einen Riesen
auf seiner Schulter mit sich schleppt:
Die eigene Bedeutung
vor dem Hintergrund unmittelbarer Ewigkeit –

Im letzten Zwielicht
bewegt sich ein festlicher Zug
hoher Gestalten
nun durch die Wildnis
eines seit Langem zerfallenen Gartens
böser Zierlichkeit.
Zwischen Blumen voller phantastischer Gifte
langsam, feierlich, jetzt einen Schritt und nun wieder,
schiebt eine Prozession sich heran
unter wankenden Baldachinen,
verblichenem Goldsamt,
zerrissenen Perlengehängen:

Dreißig Dämonen,
prachtvoll, schön und gefährlich,
tragen auf kupfernen Schultern
das Lager, darauf Armida ruht,
hingeschmiegt in dunkel-trunkne Musik.

Armida, Tochter der Sonnenfinsternis!
Reglose Mitte des wirbelnden Wahnsinns!
O der nachtviolette Leib dieser Untergangsfrau!
Kleine Schattensichel unter den Brüsten,
zart und blau wie der Mond ihres Banners!
O dieses Lächeln, süß und heillos
wie der Nadelstich einem Süchtigen!
Bleiche Haut, bedeckt von Juwelen,
lockend, nackt und zerstört!

O das im Sande verwehte Königsgrab ihres Gesichtes!
Schönheit der letzten, verrinnenden Stunden,
Abendrot aller Tage
in der Scharlachglut ihres Haars,
nun der Vorhang über dem schrecklichen Schauspiel
des Menschengeschlechts schon gefallen,
das Schlimme schon da und das Elend
schon so vollkommen ist!

Horch! Durch das zerschossene Haus treppauf
knirschen die Tritte der Träger,
Scherben von buntem Glas
und geborstnes Gemäuer unter den Sohlen.
Aufwärts auch über Stufen,
die nur noch Leere sind,
Schritt für Schritt, feierlich wandelt
der Zug mit der todsüßen Last,
naht jenem Zimmer, wo nichts mehr steht
als ein Tisch, ein Bett, eine Flasche, ein Glied,
wo der Student des Sterbens
in seine kalten Finger sich bläst,
vergeblich selber sich schlägt,
sein Herz zu erwärmen, darin Gedichte liegen,
prachtvoll und steif wie Fasane im Eisschrank.

Sieh, nun blüht ein glühender Dschungel aus allen Ecken,
lautlose Tiefsee, uraltes Veneta,
korallenverschlungner Palast!
Dachlos und voller Sterne
dreht sich das Zimmer empor auf gläsernen Säulen.

Alle Verwesung
wird zum durchbrochnen Brokat,
zur zerfallenden, nicht zu entziffernden Seide:
Ein kostbares, moderndes Lager
für ihrer Leiber Umnachtung.

Verwandlungen

Die großen Geheimnisse sind keine Rätsel, für die es eine bestimmte Lösung gibt. Um in sie einzudringen, muss man sich von ihnen verwandeln lassen. Wer dazu nicht bereit oder nicht fähig ist, der wird ins Leere laufen. Aber der, dem es gelungen ist, vermag denen, die es nicht wollten oder konnten, niemals etwas zu verraten. Sie verstehen ihn nicht.

So schützen sich die Geheimnisse selbst.

Mahlzeit

Im Weltall steht ein Tisch, zum Mittagessen gedeckt, dahinter eine Stehlampe. Der Untermieter, ein sehr junger Student, und die Frau sitzen vor ihren Tellern und warten. Rechts hinten liegt der Soldat hinter einem kleinen Erdwall. Er ist ausgemergelt, unrasiert, lehmverschmiert – ein Frontschwein. Man hört die Einschläge von Trommelfeuer und sieht es um ihn aufblitzen. Nach einer Weile wird es stiller. Die beiden am Tisch scheinen von dem Lärm nichts zu bemerken.

DIE FRAU
Ich glaube, wir fangen doch schon mal ohne ihn an. Ich weiß nicht, wo er schon wieder so lang bleibt.

STUDENT
Was macht er denn gerade, Ihr Mann?

DIE FRAU
Keine Ahnung. Dabei hat er noch so viel Arbeit, die liegen bleibt. Nachher wird er wieder nicht rechtzeitig fertig.

STUDENT
Dann hat er wohl viel zu tun?

DIE FRAU
Na, es geht so. Im Augenblick ist es wieder etwas stiller, aber im Ganzen können wir nicht klagen. Ah, ich glaube, jetzt kommt er.

DER SOLDAT
(Steht auf. Das Trommelfeuer hört ganz auf, und er geht zum Tisch.)

DIE FRAU
Na, endlich. Wo warst du denn so lang?

DER SOLDAT
Ach – nirgends. Was gibt's denn Schönes?
(Er nimmt die Serviette.)
Guten Appetit.

STUDENT
Guten Appetit.
(Alle drei beginnen zu essen.)

DIE FRAU

Du hast noch so viel zu tun. Nachher wirst du wieder nicht fertig. Dann meckerst du wieder, weil ich nicht weiß, was ich auf den Tisch setzen soll, ohne Geld.

DER SOLDAT

Es ist merkwürdig, woran man es manchmal merkt. Zum Beispiel im Krieg, nicht wahr? Da lagen doch dauernd Leichen rum, ich meine Leichen von Menschen. Aber das macht einem bald nichts mehr aus. Die gehörten ja mit zur Partie, versteht ihr? Die hatten mitgemacht, das war ganz in Ordnung. Aber wenn dann plötzlich tote Pferde rumlagen, da fragte man sich: Ja, was haben *die* eigentlich damit zu tun?

DIE FRAU

Ach nein, bitte, nun erzähl nicht schon wieder vom Krieg. Wir wissen's doch alle inzwischen.

STUDENT

Ich hab's nicht verstanden, was Sie meinen.

DER SOLDAT

Also, da war so ein angeschirrtes Pferd, vor einem Karren, das stemmte sich mit den Vorderbeinen auf, hinten konnte es nicht mehr hoch aus irgendeinem Grund. War wahrscheinlich verletzt. Er macht mit dem Kopf immer so – so majestätische Bewegungen.

(Er macht es vor, nickt mit dem ganzen Oberkörper, während er das Kinn anzieht.)

Versteht Ihr? Immer so. Das Weiße im Auge leuchtete richtig. Dann wurde das Vieh plötzlich ganz starr in seiner Haltung. Wahrscheinlich hatte hinten einer die Zügel festgezurrt. Jedenfalls konnte es sich nicht mehr bewegen. Ein Landser stellte sich vor den Gaul und drückte ihm die Mündung seiner Knarre auf die Stirn. Das Pferd war ganz ruhig, und er drückte ab. Gewehre machen ja manchmal einen Krach wie eine Kanone, ich weiß nicht wieso.

Das Pferd bäumte sich auf und schlug mit den Vorderbeinen in der Luft herum. Der Landser stand ein bisschen ratlos und blass davor und wusste nicht, was er machen sollte. Wahrscheinlich war er ja mit dem Gaul jahrelang durch die Lande gezogen, versteht ihr?

STUDENT
Ach, der lebte noch?

DER SOLDAT
Na klar, so geht das ja auch nicht. Ich weiß eigentlich nicht, woher ich das auf einmal hatte, werd's wohl mal irgendwo gelesen haben, jedenfalls schrie ich ihm zu: „Ins Ohr, Mensch! Ins Ohr!" Der Gaul hatte sich wieder beruhigt inzwischen. Er hatte ja auch Vertrauen zu seinem Herrn.

STUDENT
Ja.

DER SOLDAT
Der Landser ging also um das Pferd herum, lud noch mal durch und steckte ihm den Lauf ins Ohr. Diesmal war das Pferd gleich tot.

STUDENT
So.

DER SOLDAT
Ich drehte mich um und schaute die anderen an, die herumstanden. Ich sag euch, die waren alle so!
(Er drückt sich mit Daumen und Zeigefinger die Backen ein.)

DIE FRAU
Willst du noch Nachtisch?

DER SOLDAT
(schüttelt den Kopf)
Ich muss wieder los.

DIE FRAU
Wozu koch ich überhaupt?

DER SOLDAT
Also dann – Mahlzeit.
(steht auf)

STUDENT
Mahlzeit!

Der Soldat geht wieder an seinen vorherigen Platz. Das Trommelfeuer setzt wieder ein, der Student und die Frau schauen sich stumm an.

„Nimm dein Kreuz auf dich …“

Die Horizontale bedeutet die Dimension des Zeitlichen, des Nacheinander, des Weges, auch der Kausalität. Die Vertikale bedeutet die Dimension des Ewigen, des Immer-Gegenwärtigen, des Schöpferischen. Der Schnittpunkt beider ist das Jetzt und Hier. Jeden Augenblick der Zeit in Bezug zum Absoluten zu setzen, heißt das Leiden annehmen.

Der Kindermord

In jedem Menschen lebt ein Kind,
das kommt aus andern Welten;
Die Herrscher, die von Diesseits sind,
die lassen es nicht gelten.

Sie fürchten sich vor seiner Macht,
wenn es erst groß geworden.
Sie ziehn mit Spießen aus bei Nacht
und wollen es ermorden.

Und fragt das Kind nach seinem Reich,
aus dem es hergekommen,
und sehnt es sich, dann wird es gleich
in Mörderhand genommen.

Und in Herodes’ Unterricht
lernt es in Herzensnöten:
Die Himmelsheimat gibt es nicht!
So kann man es leicht töten.

Ach, liebe Kinder, glaubt daran,
wenn euch der Tod so nah ist:
Der Kindermord kommt immer dann,
wenn der Erlöser da ist.

Gespräch in der Tiefe

Ein runder Kellerraum. In der Mitte eine Wendeltreppe ohne Geländer, die sich nach oben in der Dunkelheit verliert.
Der Professor (mit roter Baskenmütze) und der Müllmann.

PROFESSOR
Fassen wir also unsere Situation noch einmal zusammen: Wir sind uns klar darüber geworden, dass wir beide nichts anderes sind als zwei Traumfiguren, die sich auf einer der unteren, wenn nicht sogar auf der tiefsten Bewusstseinsebene eines uns unbekannten Träumers befinden. Möglicherweise weiß er überhaupt nichts von unserer Existenz und wird nie etwas von ihr wissen, falls wir ihm nicht irgendwann begegnen. Das ist ein interessanter Gedanke. Existieren Traumfiguren, die niemals geträumt werden, weil sie zu tief unten angesiedelt sind? Existieren wir?

MÜLLMANN
Also, ich für meinen Teil würde sagen, jawohl.

PROFESSOR
Aber dann …

MÜLLMANN
Was – dann?

PROFESSOR
Nun, ich meine, wenn man ein wenig höher steigt?

MÜLLMANN
Ich bin noch nie höher gestiegen. Niemand hier unten ist das.

PROFESSOR
Tatsächlich? Auch der Tiefseetaucher nicht? Man sagte mir, dass er sogar schon bis ins achte Stockwerk …

MÜLLMANN
Was das betrifft, Herr Professor, bin ich skeptisch.

PROFESSOR
Halten Sie ihn denn für – unglaubwürdig?

MÜLLMANN

Ich will nichts gesagt haben. Ich bezweifle seine Worte nicht, aber ich glaube ihm auch nicht. Ich glaube nur, was ich selber mit meinen zwei Augen gesehen habe.

PROFESSOR

Großartig! Sie wären der geborene Wissenschaftler. Schade, dass Sie Müllmann geworden sind, mein Lieber.

MÜLLMANN

Och, wissen Sie, man kann auch den Beruf des Müllmanns wissenschaftlich ausüben, wenn Sie verstehen, was ich meine.

PROFESSOR

Natürlich, natürlich. – Eh, wieso eigentlich?

MÜLLMANN

Unvoreingenommen, denkend, kritisch und gründlich. Wenn ich zum Beispiel eine Mülltonne leere – das heißt, wenn ich eine leeren würde, so wäre sie nachher was?

PROFESSOR

Was?

MÜLLMANN

Sie wäre leer.

PROFESSOR

Tatsächlich, das ist richtig.

MÜLLMANN

Das heißt, ich hätte alles entfernt, was nicht zur Sache, also zur Mülltonne gehört, zum Beispiel Blumensträuße, Kronleuchter oder Kanonenkugeln. Das wäre eben wissenschaftlich.

PROFESSOR

Zweifellos. Stoßen Sie häufig auf Kanonenkugeln?

MÜLLMANN

Ich stoße auf gar nichts, da ich ja keine Mülltonnen leere. Aber ich würde auch auf keine stoßen, wenn ich es täte – außer nach Kriegen. Da lägen sie massenhaft darin. Nach Revolutionen dagegen fände ich die Tonnen voller Kronen.

PROFESSOR
Sehr interessant. Wie oft leeren Sie denn so die Tonnen?

MÜLLMANN
Sie wollen mich kränken, Professor, indem Sie auf meinen desolaten Zustand anspielen.

PROFESSOR
Nichts liegt mir ferner, mein Bester!

MÜLLMANN
Ich würde sie jeden Tag zweimal leeren, einmal morgens, einmal abends. Es müsste unendlich befriedigend sein, das zu vollbringen, was keiner tun mag und was doch so notwendig ist.

PROFESSOR
Entschuldigen Sie die Frage – Sie bevorzugen den Konjunktiv?

MÜLLMANN
Hier gibt es keine Mülltonnen, Herr Professor – oder sehen Sie irgendwo eine? Kaum ein paar Quadratmeter Steinboden. Was bleibt mir schon übrig als der Konjunktiv? Geht es Ihnen denn anders?

PROFESSOR
Oh, reden Sie nicht davon, es schmerzt mich. Es ist überaus schwer, eine Traumfigur zu sein, die nie in Funktion treten darf. Sitzt wenigstens meine Mütze gerade?

MÜLLMANN
Was zum Teufel kümmert mich Ihre Mütze!

PROFESSOR
Es ist sehr wichtig für einen Mann wie mich, dass seine Mütze gerade sitzt. Was habe ich denn sonst von meinem Dasein? Mütze gerade, alles gerade. Ich liebe alles Gerade.

MÜLLMANN
Bedauernswerter Mensch!

PROFESSOR
Aber um nochmals auf diese Wendeltreppe zu kommen …

MÜLLMANN
Sie ist nicht gerade. Sie ist krumm.

PROFESSOR
Das ist ja mein Problem. Aber nehmen wir einmal an …

MÜLLMANN
Sie sind hartnäckig wie ein Biber. Warum geben Sie Ihre ewige Fragerei nicht auf – oder Sie steigen einfach einmal selbst hinauf?

PROFESSOR
Na, hören Sie mal, mein Lieber, ich bin schließlich Wissenschaftler! Ich bin kein Abenteurer …

Das Ideal

Ein Musenjünger war wild behaart,
doch fand er, am falschen Platze:
Am Kinn, da prangte ein mächtiger Bart
und auf dem Kopf eine Glatze.

Er hätte die Sache gern umgekehrt
und bemühte sich wirklich erheblich,
nahm Pulver und Salben und klopfte und rieb …
Doch alles blieb leider vergeblich.

Da begann er Leute mit langem Haar
und ohne Bärte zu hassen,
und schließlich hat er, nach Tag und Jahr,
wie folgt sich vernehmen lassen:

„Wie hässlich ist doch ein haariges Haupt
und wie hässlich ein nacktes Kinn!
Ich staune – dies sei mir zu sagen erlaubt –
wie schön ich selber bin!"

Denn wem es nun einmal nicht möglich ist,
sein Ideal zu erreichen,
der richtet das Ideal halt nach sich,
so kann er ihm dennoch gleichen.

Die kukanische Revolte[3]

Ein junger Mann namens Franz Assiser kommt eines Tages zu der Einsicht, dass der Planet Erde und mit ihm der Fortbestand der Menschheit nur zu retten ist, wenn wir alle auf der Stelle die Ermahnungen der Ökologen in die Tat umsetzen und auf alles Überflüssige verzichten. Er beschließt also, ab sofort nur noch das zu kaufen, was er tatsächlich benötigt. Da er ein gewisses Charisma besitzt, sammelt sich bald eine Gruppe gleichgesinnter junger Leute um ihn. Schon bald gilt deren Haltung als „in" und wird zur Mode einer ganzen Generation in den hoch industrialisierten Ländern. Ein „Assy" zu sein wird zum letzten Schrei. Niemand, der dazugehören will, kauft mehr neue Autos, Motorräder, Haarsprays, Stereoanlagen, Chemieprodukte …

Die Industrie versucht zunächst, sich dem Trend anzupassen und auf „poverty-look" umzuschalten. Man produziert sämtliches Zubehör zum bedürfnislosen Leben. Doch was noch bei den Punks gelungen ist, scheitert diesmal. Franz Assiser merkt den Trick und steuert dagegen. Man verspricht ihm durch geheime Mittelsmänner hohe Beteiligung an den Umsätzen, aber er weigert sich. Man versucht ihn durch Schenkungen mundtot zu machen, aber es ist umsonst. Man kauft einige Ökologie-Koryphäen, darunter sogar einen Nobelpreisträger, die öffentlich gegen Assiser auftreten und erklären, so sei das alles natürlich nicht gemeint gewesen und ein Laie wie er richte nur Unheil an usw. Franz bleibt unbeugsam und mit ihm alle Assies.

Eine internationale Wirtschaftskatastrophe bahnt sich an. Autoindustrien brechen zusammen und in ihrem Gefolge ganze Reihen von Zuliefererbetrieben. Die Petroindustrie gerät in Schwierigkeiten. Börsenkurse stürzen. Das Bruttosozialprodukt vieler Industrieländer fällt rapide, dadurch sinkt die allgemeine Kaufkraft. Neue Industrien werden mitgerissen, von den 193 Waschmitteln werden nur noch drei gekauft. Eine ökonomische Katastrophe, weltweit. Massenentlassungen sind an der Tagesordnung, in Deutschland allein stehen zwanzig Millionen Arbeitslose auf der Straße …

[3] Kukanien = Schlaraffenland

Auf einer streng geheimen Sitzung beschließen Politiker und Wirtschaftsbosse, Franz Assiser umbringen zu lassen – und wenn nötig, auch die Haupträdelsführer seiner Bande. „Es ist besser, dass *ein* Mensch sterbe, als dass das ganze System verderbe ..." Der Auftrag dazu ergeht an die führenden Mitglieder des organisierten Verbrechens. (Verbrecher sind letztlich dieser Gesellschaft weniger schädlich, weil Brandstifter, Diebe, Räuber, ja sogar Mörder durch ihre Schadensstiftung für neuen Umsatz und damit für die Erhaltung oder sogar Schaffung von Arbeitsplätzen sorgen. Das gilt natürlich auch für Umweltverbrecher.)

Am Tage von Franz Assisers Ermordung zeigen sich alle „tief betroffen über den Tod dieses jungen Idealisten". Die polizeilichen Ermittlungen ergeben, dass es die Tat eines einzelnen Verrückten war. Keinerlei Zusammenhang mit irgendeiner Gruppe oder Organisation ist nachweisbar. Der Täter kommt in die Nervenklinik.

Ohne Franz gelingt es sehr bald, die Assies wieder zu ganz normalen Konsumenten zu machen. Alles ist wieder in Ordnung, das Bruttosozialprodukt steigt, die Vollbeschäftigung ist kein unerreichbares Ziel mehr ...

Unter all diesen Freudenbotschaften kommt auch – mehr am Rande – die Nachricht, dass in den nördlichen Ozeanen ein bislang wissenschaftlich noch nicht erklärbares Absterben des Planktons zu beobachten sei, das sich mit erstaunlicher Geschwindigkeit ausbreite. Ein Anlass zur Besorgnis sei indessen vorläufig nicht gegeben ...

Die Welt verändern?

Seit hundertfünfzig Jahren wird fortwährend davon geredet und geschrieben, dass man die Welt verändern müsse. Man meinte damit natürlich „verbessern", doch vermied – und vermeidet man noch immer – dieses Wort, denn „Weltverbesserer" klingt offenbar nicht sachlich genug. Nun, verändert haben wir die Welt ja zweifellos – so sehr, dass wir uns bald eine andere suchen müssen.

Typisch deutsch

Einige meiner Rezensenten haben vermutet, dass ich in meinen Büchern viel eher versuche, die Tradition der Romantik auf eine uns heute gemäße Form aufzugreifen, als mich an der anglo-amerikanischen „Fantasy"-Literatur zu orientieren. Das ist richtig. Schon der ellenlange Untertitel von *Momo* war von mir als Hinweis darauf gedacht, denn die Romantiker liebten ja derlei „Umständlichkeiten", nur ist er von den wenigsten so verstanden worden. Auch mein Konzept des „Märchen-Romans" (Durchdringung von Tag und Traum) sollte in diese Richtung zeigen. Übrigens: Die Bezeichnung „Märchen-Roman" als literarische Kategorie ist ja inzwischen in der Literaturwissenschaft schon ganz üblich geworden, so als habe sie seit jeher existiert, deshalb erlaube ich mir bei dieser Gelegenheit einmal darauf aufmerksam zu machen, dass sie von mir stammt. Das nur nebenbei.

Jedenfalls, wenn man mich nach meinen künstlerischen und literarischen Vorfahren fragt, so müsste ich neben Hoffmann, Chamisso, Brentano, Fouqué, Jean Paul, Tieck und all den anderen wohl in allererster Linie Novalis nennen, den ja auch – zu Recht oder nicht – die französischen Surrealisten zu ihren geistigen Vätern rechnen.

Aber warum gerade die Romantiker?

Im Gegensatz zu unseren europäischen Nachbarn, zu den Franzosen, den Engländern, den Italienern, den Russen und den Spaniern, gibt es ja für uns Deutsche bekanntlich so etwas wie ein kulturelles Identitätsproblem. Wir haben kein selbstverständliches Verhältnis zu unserer eigenen Kultur und Lebensart, wie die anderen Nationen es haben. Es gibt dafür historische, politische, geografische, religionsgeschichtliche und hundert andere Gründe, auf die ich mich aber hier nicht einlassen will. Tatsache ist jedenfalls, dass jeder Franzose, wenn er etwas als typisch französisch bezeichnet, damit etwas meint, das er bejaht, mit dem er sich einverstanden erklärt, in dem er sich wohlfühlt. Ebenso verhält es sich beim Engländer, beim Russen, beim Italiener. Aber wie ist es beim Deutschen? Es gibt eine bayrische, eine schwäbische, eine preußische, eine rheinische Lebensart – aber eine deutsche? Ich möchte als Beispiel nur einmal die erotischen Spielregeln anführen, also die Art und Weise, wie Männer und Frauen umeinander werben. Das erotische Konzept ist ja gewiss eines der wichtigsten Elemente jeder Kultur. Mag auch ein gut Teil Klischee darin stecken, so gibt es eben doch so etwas wie einen französischen Eros, einen spanischen, einen russischen, einen italienischen. Es gibt sogar – Gottes Wunder! – einen typisch englischen. Aber wie sieht, bitte, der deutsche aus? Gibt es überhaupt so etwas?

Ich selber hatte mich daran gewöhnt, das Wort „typisch deutsch" nur noch als negatives Adjektiv zu benutzen – für alles, was mir hierzulande das Atmen schwer machte. Aber irgendwann kam mir dann die Einsicht, dass ich mich eben damit auch wieder nur „typisch deutsch" verhielt. Man kann ebenso gut vornüber fallen wie hintenüber, wenn einem das aufrechte Stehen schwerfällt. Aus dieser Unsicherheit resultiert bei uns immerfort entweder ein sinnloser Nationalismus oder ein ebenso sinnloser Anti-Nationalismus, der meist dazu führt, dass wir wahllos alles übernehmen, was wir an anderen Kulturen bewundern, gleich, ob es uns ansteht oder einfach nur übergestülpt wird, oft eine eher komische Maskerade.

Mir scheint, dass es für uns Deutsche von entscheidender Wichtigkeit ist, unsere eigene kulturelle Identität zu finden und anzunehmen, zumindest nicht weniger wichtig als alle politischen, gesellschaftlichen und wirtschaftlichen Fragen. Damit meine ich natürlich kein akademisch-historisches Wissen um die eigene Geschichte, das ist ja mehr als genug vorhanden, sondern eine Gemeinsamkeit von Lebensformen und -werten; es handelt sich also um eine Aufgabe, die in allererster Linie die Künstler und Schriftsteller betrifft.

Nun wird es einem ja in Deutschland besonders schwer gemacht, einen unbefangenen Blick auf die uns gegebenen Möglichkeiten zu werfen; unser offizieller, meist mehr oder weniger provinzieller Kulturbetrieb verstellt einem die Sicht. Es wimmelt von Schulmeistern aller Couleurs, jeder schnattert auf jeden ein, dass man zuletzt sein eigenes Wort nicht mehr versteht. Deshalb stellte ich bei meinen vielen und oft jahrelangen Aufenthalten in anderen Ländern immer wieder die Frage, was denn für die Leute dort in einem positiven Sinne typisch deutsche Literatur und Kultur sei. Zu meiner Verwunderung nannte man mir fast immer E. T. A. Hoffmann oder einen der anderen Romantiker. Das, so sagte man mir, sei die unverwechselbare Stimme im Konzert der Nationen, die nur aus Deutschland kommen könnte. Mir ist klar, dass auch darin ein gewisses Klischee steckt, trotzdem machte mich die Häufigkeit, mit der ich diese Antwort bekam, nachdenklich.

An großen Einzelpersönlichkeiten hat es in der deutschen Kulturgeschichte ja nie gefehlt, aber sie blieben eben fast immer einzelne. Ist es nicht tatsächlich so, dass die Romantik die erste und, soweit ich sehen kann, bislang einzige originär deutsche Kulturleistung im Sinne einer gemeinsamen Lebensgebärde war, die auch auf die anderen europäischen Nationen so anziehend und überzeugend wirkte, dass sie sogar übernommen wurde? Puschkin ist ohne die Romantiker nicht denkbar, auch Byron nicht, und in Frankreich könnte man viele Namen aufzählen. In der deutschen Romantik gibt es auch durchaus das zu finden, was man im positiven Sinne einen typisch deutschen Eros nennen könnte, der so in keiner anderen Nation gefühlt und gelebt worden ist. Man denke nur an die Rolle der Frauen – auch das zum ersten und, wie mir scheint, bisher einzigen Mal.

Natürlich sind mir die negativen Seiten der Romantik klar, sie sind ja unübersehbar, und außerdem – welche Kultur hat keine? Trotzdem, an irgendeine Tradition muss man anknüpfen, bewusst oder unbewusst, auch oder gerade dann, wenn man sie modifizieren möchte; denn Sprache ist nun einmal lebendige Geistesgeschichte, und niemand, der schreibt, tut es voraussetzungslos. Mir scheint, dass die deutsche Kultur im Vergleich zu der anderer Nationen noch sehr unfertig ist, sozusagen noch im *status nascendi;* vielleicht könnte man auch sagen, sie steckt noch mitten in der Pubertät. Das würde einiges erklären. Und wie das in der Pubertät nun einmal so zu sein pflegt: Die eigene Identität ist immer am schwersten zu begreifen und anzunehmen. Man starrt fasziniert auf andere hin, die einem imponieren. So will eben der heutige Deutsche alles sein, nur kein Romantiker, obwohl er meistens nicht einmal weiß, was dieses Wort eigentlich meint.

Was meine eigenen Entscheidungen betrifft, so bin ich davon überzeugt, dass es der Mühe wert ist, an diesen allzu früh abgerissenen Faden unserer Kulturgeschichte wieder anzuknüpfen. Oder noch deutlicher gesagt: Ich sehe überhaupt keine andere Möglichkeit.

Die Doktrin des Prof. Dr. Dr. Satanson

§ 1

Ausnahmslos alles in der Welt beruht auf dem Gesetz von Ursache und Wirkung. Das bezieht sich natürlich auch, ja sogar ganz besonders, auf den Menschen.

§ 2

Da dem so ist, kann es keinen Zweifel darüber geben, dass prinzipiell alles, vor allem aber die Existenz und das Verhalten des Menschen, kausal erklärbar ist. Scheinbar Unerklärliches besteht nur aufgrund eines – vorläufigen – Mangels an Kenntnissen. Besonders zu fördern sind in diesem Sinne alle Forschungen, die das Wesen des Menschen ausschließlich durch genetische Vererbung oder durch eingeschliffene Reflexe (Umwelteinflüsse) erklären.

§ 3

Ist aber alles ursächlich bedingt, so kann die Wirklichkeit keinen unaufhebbaren Widerspruch enthalten. Daher muss die widerspruchsfreie Erklärung der Welt und des Menschen das höchste und einzige Ziel aller Wissenschaft sein. Denn was erklärbar ist, ist auch handhabbar.

§ 4

Verwirrung und Meinungsverschiedenheiten bezüglich des Menschen sind nichts anderes als das bedauerliche Resultat immer ein und derselben illusorischen Vorstellung, der Mensch sei in irgendeinem nicht näher zu beschreibenden Punkt seines Wesens frei – oder doch wenigstens zur Freiheit bestimmt. Ist aber, wie alle unsere Wissenden übereinstimmend bekunden, alles in der Welt kausallogisch bestimmt, so gibt es eben keinerlei Freiheit – diese wäre ja gerade das Akausale, aus sich selbst sich setzende Ursprüngliche oder gar Schöpferische. Da dieses aber nach unserer Erkenntnis nicht existieren kann, ist die Vorstellung einer wie auch immer gearteten menschlichen Freiheit als unsinnig, ja verderblich zu eliminieren.

§ 5

Damit entfallen natürlich auch alle Fragen nach Verantwortung und Moral, doch das dürfte eher ein Vorteil sein, da derartige Begriffe nach unserer äußerst langen Erfahrung aufgrund ihrer Irrationalität stets nur Unordnung gestiftet haben.

§ 6

Aus dem Vorhergehenden folgt zwingend, dass die Alleinherrschaft der einzigen widerspruchsfreien Wahrheit das Ziel jeder menschlichen Gesellschaft sein muss. Eine so geartete Diktatur hat das Recht, ja die Pflicht, jede von ihr abirrende Meinung augenblicklich zum Verstummen zu bringen, da eine solche nur neuerliche Unklarheit und damit möglicherweise vermeidbares Leiden verursachen könnte.

§ 7

Der Terminus „Diktatur" könnte bei dem einen oder anderen vielleicht Unbehagen hervorrufen, weil er dabei an Zwang oder Vergewaltigung denkt. Doch das liegt uns fern. Diktaturen solcher Art scheiterten bisher immer früher oder später an der einfachen Tatsache, dass jeder Druck, selbst wenn er noch so subtil angewendet wird, in jedem Falle einen gleich starken Gegendruck erzeugt. Dieses kausallogische Gesetz hat seine Gültigkeit nicht nur im Bereich der unbelebten Natur, sondern ebenso, ja mehr noch, auf der sozialen oder psychologischen Ebene des Menschen. Ungeachtet dieser Erfahrung ließ eine für jeden

Wissenden nur schwer zu begreifende Blindheit alle bisherigen Diktatoren der Weltgeschichte glauben, es genüge schon, den Druck nur jeweils entsprechend zu erhöhen, um schließlich jeden Gegendruck zu zerbrechen. Durch diese Unklugheit bereiteten sie sich stets selbst ihren Untergang. Es hieße unserem eigenen Wissen um die Allgültigkeit des Gesetzes von Ursache und Wirkung zuwiderhandeln, wollten wir uns solcher törichten Mittel bedienen.

§ 8

Die einzige Form von „Glücklicher Diktatur" – und eine solche haben wir im Sinne –, die auf unabsehbare Dauer von Bestand sein kann, muss so beschaffen sein, dass die Masse der Gelenkten sich nichts Besseres zu wünschen weiß, als so vollständig wie nur irgend möglich gelenkt zu werden.

§ 9

Der Wunsch danach liegt tatsächlich in der menschlichen Natur begründet und wartet seit ihrem Bestehen darauf, endlich erfüllt zu werden. Die illusorische Vorstellung der Freiheit verursacht nämlich ständig Leiden, und zwar nicht nur dadurch, dass der Einzelne sich der Möglichkeit zur eigenen Entscheidung für beraubt hält, sondern ebenso, ja sehr viel mehr noch dadurch, dass er sich bei jeder Gelegenheit vor die Notwendigkeit gestellt zu sehen glaubt, von dieser Möglichkeit Gebrauch machen zu müssen. Fühlt er sich aber ganz und gar in seine vermeintliche Freiheit entlassen, so weiß er natürlicherweise nichts mit ihr anzufangen, empfindet sie als quälende Last und trachtet mit allen Mitteln danach, sie so schnell wie möglich loszuwerden. Das ist nur folgerichtig, da es sich dabei ja um nichts anderes als eine verderbliche Illusion, also um eine Art Erkrankung handelt. Unser deklariertes Ziel ist es, diese endgültig und unwiderruflich zu heilen.

§ 10

Vor allem durch die eifrige Überzeugungsarbeit unserer Mitarbeiter ist es uns weitgehend gelungen, ganz allgemein im menschlichen Bewusstsein die Meinung zu befestigen, dass es das letztlich Erstrebenswerte, ja mit dem Guten schlechthin Gleichzusetzende sei, alles Leiden aus der Welt zu schaffen. Sogar unter den meisten unserer Gegner, deren Zahl insgesamt glücklicherweise nur noch unbeträchtlich ist, hat sich diese Ansicht weitgehend durchgesetzt. Eine leidenslose und konfliktlose menschliche Gesellschaft ist das Ziel unserer Aufklärungsarbeit. Die „Glückliche Diktatur" wird dieses Ziel verwirklichen.

§ 11

Dabei muss man sich einer Tatsache bewusst sein, die von unseren wissenschaftlichen Mitarbeitern und anderen fortschrittlichen Helfern leider noch immer zu wenig bedacht wird: Für gewöhnlich sind es nicht die äußeren, also objektiven Konditionen des Menschen, die sein Leiden verursachen, sondern seine subjektiven, also illusorischen Vorstellungen von persönlicher Würde, Lebenssinn oder Verantwortlichkeit, die mit seinen äußeren Konditionen unvereinbar sind. Exstirpiert man ein für alle Mal diese Illusionen, so verschwindet auch das Leiden. Gibt es aber kein Leiden mehr, so entfällt auch die Notwendigkeit, dasselbe bewältigen zu müssen, indem man ihm einen wie auch immer gearteten höheren Sinn unterstellt – eine Methode unserer Gegner, die sich im Verlauf der Weltgeschichte genugsam als unzulänglich, ja geradezu paradoxal erwiesen hat, da sie nur immer neue Meinungsverschiedenheiten und Konflikte und in deren Gefolge nur immer weitere Leiden hervorrief.

§ 12

Die „Glückliche Diktatur", die wir verwirklichen werden, bedeutet für alle, die an ihr teilhaben, Zufriedenheit, Bequemlichkeit und Sicherheit, also die Erfüllung der tatsächlichen menschlichen Bedürfnisse. Zwar wäre eine solche Gesellschaft – jedenfalls nach Meinung unserer Gegner – völlig wesenlos, aber gerade dieser Umstand würde von niemandem als Mangel empfunden werden. Im Gegenteil, die Frage nach dem Sinn des Ganzen würde allgemein für sinnlos gehalten werden – was sie ja auch tatsächlich ist. Infolgedessen würde sie eben von keinem mehr gestellt. Damit entfiele auch endgültig das lästige Streben nach Freiheit und Würde. An seine Stelle träte das reibungslose Funktionieren jedes Einzelnen zum Wohle aller.

§ 13
Denn ganz im Gegensatz zu der unsinnigen Meinung, die von manchem unserer Gegner in völliger Verkennung der Tatsachen verbreitet wird, liegt uns ganz und gar nichts daran, die Welt und den Menschen zu vernichten, sondern ausschließlich daran, ihr und ihm unsere endgültige und immerwährende Ordnung zu geben. Warum sollten wir zerstören wollen, was wir zu beherrschen wünschen?

Geld und Wachstum

Es ist vollkommen wahnwitzig zu glauben – oder doch mit glatter Stirn zu behaupten –, man könne alle Eventualitäten bei der Verwendung atomarer Energie, sei diese nun militärisch oder „friedlich", kontrollieren und in den Griff bekommen. Das wissen die Verantwortlichen aller Lager nur zu gut. Dennoch werden sie nach jedem GAU von Neuem beteuern, dass dieser nun ganz bestimmt der letzte gewesen sei und sich Ähnliches nie mehr ereignen werde. Das war bisher so, das wird so bleiben.

Der Grund für dieses verzweifelte Sich-blind-Stellen liegt in einem Wirtschafts- und Finanzsystem, das inzwischen alle Merkmale einer veritablen Karzinombildung angenommen hat: Es muss ständig wachsen, um zu existieren. Dieses Prinzip gilt für den ehemaligen Staatskapitalismus ebenso wie für den noch existierenden Privatkapitalismus. Man muss sich klar darüber sein, dass es in unserer gegenwärtigen Welt überhaupt kein praktisches Beispiel einer nicht kapitalistischen Wirtschaft gibt, also einer, die der Bedürfnisbefriedigung der Menschen dient, ohne einem Wachstumszwang zu unterliegen. Dieses „wunderbare" Wachstum kommt aber eben nicht aus nichts. Die horrenden Kosten zahlt heute die Dritte Welt und, global, die Natur, die rücksichtslos ausgebeutet und zerstört wird. Und wo die natürlichen Ressourcen nicht mehr ausreichen, muss der ständig wachsende Energiebedarf eben durch „unnatürliche“ befriedigt werden. Es bedarf wahrhaftig keiner großen Phantasie, sich vorzustellen, wo diese Entwicklung hinführt. Es hat auch keinen Zweck, an den erschreckenden Folgesymptomen herumzuflicken: Das ganze Wirtschaftssystem muss eben geändert werden. Aber das kann man nicht, oder man will es auch gar nicht.

Ich bin überzeugt, dass die großen Wirtschaftsleute und die verantwortlichen Politiker aller Lager dieses Problem längst sehen – aber sie schweigen. Sie wagen nicht, darüber öffentlich zu sprechen. Denn eine Partei, die ernsthaft eine alternative, das heißt, nicht kapitalistische Wirtschaftsform auf ihr Programm setzen würde, wäre aus mancherlei Gründen sehr schnell weg vom Fenster. Sie würde wohl nicht einmal Wähler finden. Also werden es, wie ich fürchte, die Ereignisse sein, die uns belehren werden.

***

Auf einem Dampfer, der in die falsche Richtung fährt, kann man nicht sehr weit in die richtige Richtung gehen.

Descartes

Ich kann mir nicht helfen, aber ich kann Descartes fundamentalen Satz „Ich denke, also bin ich“ – „cogito ergo sum“ – weder tief noch im Geringsten beweiskräftig finden. Nachdem der Anfang des Satzes in der ersten Person Einzahl abgefasst ist, zieht der zweite Teil den Schluss daraus, dass es diese erste Person Einzahl gibt. Das ist ganz nach Art des Taschenspielers, der zuerst unbemerkt ein Kaninchen in seinen Zylinder platziert, um es dann zum allgemeinen Staunen herauszuziehen. Man könnte ebenso gut sagen „ich sitze, also bin ich“ oder „ich rede, also bin ich“ oder eben „ich bin, also bin ich“. Wollte der Satz wirklich beweisen, was er zu beweisen vorgibt, dann müsste er etwa lauten „es denkt“ oder wenigstens „jemand denkt, also bin ich“.

Das aber wäre purer Unsinn. Also bedeutet dieser Satz einfach gar nichts. Er ist eine Tautologie. Er beweist seine eigene Voraussetzung. Das Rätsel des „ich bin“ löst er jedenfalls nicht.

Geträumte Zeilen

In der opalisierenden Auster des Morgens
liegt die Sonne blass und schimmernd
wie eine Perle.

***

Es schäumen im Laub die blauen Trauben.
Am Himmel donnert das Sonnengewitter,
und unter Hüten und bunten Hauben
glänzen die nackten Leiber der Schnitter.

***

Er hatte die tausend Falten und Fältchen seines Gesichts
am Spalier eines wohlwollenden Lächelns emporgebunden.

***

Der gläserne Bart des uralten Regens
hängt auf die Dächer der Stadt herab.

Ein Weihnachtstraum

Ich sollte die Geburt des Heiligen Kindes miterleben. Der Stall war wie auf einer Bühne aufgebaut, einem Podest, wie zu einem Krippenspiel, nur andeutungsweise und aus wenigen Balken bestehend. Aber alles war ohne materielle Substanz, wie aus Licht und Farben gemacht. Ich wurde bei meinem Namen gerufen, als es begann. Ich trat an die Stufe der höheren Ebene heran und hörte den Schrei eines Neugeborenen. Das Kind war eigentlich von vornherein da, und doch sollte ich Zeuge seiner Geburt werden. Das Ganze war wie eine Darstellung der Geburt, war aber in geheimnisvoller Weise zugleich die Geburt selbst. Es saß da ein jungfräuliches Wesen, unbeschreiblich zart, aus Farben und Licht. Als ich fühlte, dass die Geburt geschah, trat ich von der Stufe zurück aus Ehrfurcht und Scheu. Aber mir wurde gesagt (von dem Wesen selbst, denn ich redete mit ihm), ich dürfe bleiben. Dann war die Jungfrau plötzlich wie hinter einem Lichtvorhang, sodass ich ihre Konturen mehr ahnte als sah. Dieser Lichtvorhang teilte sich in der Mitte und die beiden Teile fügten sich umgekehrt wieder zusammen, der linke rechts und der rechte links. Dann fühlte ich plötzlich, dass ich in jeder Hand einen Stab hielt. Sie schüttelten mich mit großer Gewalt in verschiedene Richtungen, denn sie bewegten sich selbst. Ich ließ sie nicht los, und so warfen sie mich schließlich um. Mit gedämpfter Stimme rief ich: „Oh diese Engel und Erzengel!", denn mir war bewusst, dass ich etwas erlebte, was zwei solche erlebten. „Ja", sagte die Jungfrau, „nun fühle!" – „Ich werde stürzen", erwiderte ich leise. – „Das ist das Wichtigste", sagte die Jungfrau, „sie müssen stürzen." – Dann taumelte ich, immer noch die Stäbe festhaltend, und fiel, fiel ins Endlose. Doch ich verlor nicht das Bewusstsein, empfand auch keine Angst, trotz der ungeheuren Gewalt, die ich spürte. Als ich die Augen wieder aufschlug, lag ich auf dem Boden, bekleidet mit einem sonderbaren Gewand, an das ich mich im Einzelnen nicht mehr erinnere. Meine Mutter und meine Frau hoben mich auf und halfen mir auf ein Lager. Ob es bloß ein Traum oder ob es ein Gesicht gewesen sei? „Man kann", so sagte ich, „einen Traum von einem Gesicht sehr deutlich unterscheiden. Im Gesicht sind die Bilder wie aus Lichtstoff gewoben." Mit diesen Worten deutlich im Ohr erwachte ich nun wirklich in meinem Bett, voller Staunen, aber mit ununterbrochenem Bewusstsein. Ich war mir gewiss, dass alles dies, obgleich ich es jetzt nicht mehr verstand, von großer Bedeutung sei. Eine Gewissheit, die noch viele Tage anhielt.

Die Wirklichkeit des Verborgenen

Sobald man von der Wirklichkeit geistiger Welten spricht, denken die meisten Menschen sofort an parapsychologische Phänomene, an Gurus oder irgendwelche mehr oder weniger unheimliche Einweihungsrituale. Das, was ich damit meine, liegt eigentlich viel näher und ist für jeden, der unbefangen zu denken vermag, leicht nachzuvollziehen.

Nehmen wir als Beispiel einen ganz gewöhnlichen Löwenzahn, wie er auf jeder Wiese wächst. Woran denken Sie dabei? An die gezackten Blätter? An die gelbe Blüte? An die Pusteblume? An das kleine Fallschirmchen, woran das Samenkorn hängt? Welche von diesen Erscheinungsformen ist der Löwenzahn? Natürlich alle zusammen. Der Löwenzahn ist ein lebendiger Prozess, der sich Jahr für Jahr wiederholt. Das Samenkörnchen wird zur Pflanze, die Pflanze bildet die Blüte, die Blüte verwandelt sich in den „Lampion", der sich durch den Wind in die einzelnen Fallschirmchen auflöst, die wiederum die Samen tragen. Das jeweilige Stadium ist zeitlich und vergänglich, nur einer der verschiedenen Zustände, also eigentlich nicht wirklich, oder doch nur ein sehr kleiner, weil momentaner Aspekt der Wirklichkeit, die wir Löwenzahn nennen und die gleichsam hinter all diesen Erscheinungsformen als ein nicht-zeitliches Ganzes steht. Mit Sinnen kann man es nicht wahrnehmen, weil diese uns eben immer nur einen augenblicklichen Zustand der äußeren Erscheinung zeigen können. Sind wir also überhaupt nicht in der Lage, den wirklichen Löwenzahn wahrzunehmen? Ich glaube doch. Jeder, der mit ein wenig Geduld versucht, den lebendigen Prozess Löwenzahn immer wieder innerlich „nachzuspielen", wird zu einer Art Wahrnehmung des Ganzen kommen, das allerdings mehr ist als nur die Summe aller seiner Teile. Man bekommt, immer nur vergleichsweise gesprochen, den Eindruck einer Physiognomie, durch die sich wiederum etwas Wesenhaftes ausdrückt, das dahinter steht. Man wird auch bemerken, dass in allen Löwenzähnen der Welt immer dieses selbe Wesenhafte zum Ausdruck kommt. Es ist also nicht nur nicht-zeitlich, sondern auch nicht-örtlich, oder besser gesagt, nicht-räumlich. Es ist der *wirkliche* Löwenzahn.

Natürlich gilt das ebenso für jede andere Pflanze. Alle Völker der Welt, die den Zusammenhang mit der Natur noch nicht völlig verloren haben, wissen darum und wussten es immer. Man kann sogar die „Pflanzenheit" insgesamt in ihrer nicht-zeitlichen und nicht-räumlichen Beschaffenheit und Wesenhaftigkeit wahrnehmen. Ich denke, es hat etwas mit dem zu tun, was Goethe die „Ur-Pflanze" nannte. Dass es dazu einer ganz bestimmten inneren Einstellung bedarf, zeigt das Gespräch Goethes mit Schiller, in dem er versuchte, dem Freund seine „Ur-Pflanze" zu erklären. „Das ist eine Idee und keine Erfahrung", wandte Schiller ein. „Dann", antwortete Goethe, „sehe ich meine Ideen mit Augen."

***

Jemand ist sehr hässlich, aber wer ihn anblickt, wird schön.

Die Prophezeiung

Entwurf einer astrologischen Geschichte

Zu einem Kriminalkommissar, Abteilung Morddezernat, kommt eines Tages ein älterer, schwächlich aussehender Mann, der sichtlich mit seinen Nerven am Ende ist. Er stellt sich vor als Professor Dr. Emil Muscat, Privatdozent für Mathematik und Statistik. Auf die Frage, was man für ihn tun könne, bringt er nach einigem Herumstottern endlich heraus, er wolle Anzeige wegen Mordes an seiner Ehefrau Clarissa Muscat, geb. Hinerl, erstatten, die vor beinahe dreizehn Jahren bei einem Schiffsunglück ums Leben gekommen sei. Der Kommissar ist einigermaßen erstaunt.

„Und haben Sie denn auch einen bestimmten Verdacht, wer die Tat begangen haben soll?"

„Mehr als das", erwidert Professor Muscat. „Ich habe die völlige Gewissheit und kann es Ihnen beweisen."

„Lassen Sie hören, wer war's denn?"

„Ich selbst."

Der Kommissar wird hellhörig, zweifelt aber natürlich zunächst einmal.

„Wie hieß denn das Schiff, das da verunglückt ist?"

„Es war die *Poseidon*."

Der Kommissar erinnert sich, es war eine der letzten großen Schiffskatastrophen. Alle Zeitungen und das Fernsehen berichteten darüber. Der griechische Luxusdampfer havarierte aus nie ganz geklärten Gründen in der Nähe der Azoren und sank innerhalb einer halben Stunde. Hunderte von Menschen kamen dabei ums Leben, nur wenige konnten gerettet werden.

„Wollen Sie behaupten", fragt der Kommissar und betrachtet nachdenklich den kleinen, kümmerlichen Mann vor sich, „dass Sie damals dieses Unglück verursacht haben und dabei alle diese Leute umbrachten?"

„Nein, nein", versichert der Professor. „Mit dem Tode der anderen habe ich nichts zu schaffen, nur mit dem meiner Frau."

„Befanden Sie sich denn auch auf dem Schiff?"

„Nein, ich habe an der Reise nicht teilgenommen – und zwar mit voller Absicht nicht."

„Würden Sie vielleicht die Güte haben, das alles etwas deutlicher zu erklären?"

Auf umständliche Art, vom Kommissar immer wieder ermahnt, doch endlich zur Sache zu kommen, erzählt Professor Muscat nun die Geschichte seiner Ehe, die eine einzige Hölle war. Mehrmals versuchte er, die Scheidung durchzusetzen, aber vergeblich. Aus allerlei Gründen innerlicher, aber mehr noch äußerer Art befand er sich in völliger Abhängigkeit von seiner

Frau, die diese Druckmittel rücksichtslos anwandte. Als schwacher Charakter, der er zugegebenermaßen sei, habe er nie die Kraft gefunden, sich gegen ihren Willen aufzulehnen. Und sie schien es geradezu zu genießen, ihn langsam zu Tode zu quälen und ihm jegliche Selbstachtung zu nehmen. Vielleicht hatte sie ihn überhaupt nur zu diesem Zweck geheiratet. Nach und nach gab er jede Hoffnung auf, resignierte völlig, leistete keine Gegenwehr mehr und versank in Lethargie. Nur seine mathematischen Studien waren ein Reich, in das sie ihm nicht folgen und in dem er daher noch atmen und leben konnte.

Als Wissenschaftler hatte er sich nie mit Astrologie und ähnlichem Hokuspokus – wie er es früher nannte – beschäftigt, aber eines Tages fiel ihm ein Lehrbuch dieser *Ars antica* in die Hände. Mehr aus einer momentanen Langeweile heraus begann er, darin zu blättern, und stieß auf Senis Berechnungen, die Wallensteins Leben und Sterben betrafen, Tycho de Brahes Horoskop, in welchem er seinen eigenen Todestag absolut exakt voraussagt, und andere erstaunliche Beispiele. Von da an begann Professor Muscat sich intensiv mit dem Studium der Astrologie zu beschäftigen, heimlich natürlich. Innerhalb weniger Jahre war er so weit, dass ihm bei bekannten Persönlichkeiten, deren Geburtsort und -zeit er sich verschaffen konnte, die erstaunlichsten Treffer in Hinblick auf von ihm selbst prognostizierte Ereignisse gelangen, natürlich ohne je etwas davon irgendjemand mitzuteilen. Es genügte ihm, sich selbst von seinen diesbezüglichen Fähigkeiten restlos zu überzeugen. Ein ganz neues Gefühl der Macht erwachte in ihm.

Natürlich hatte er auch das Horoskop seiner Frau oft und oft studiert und war zu dem Ergebnis gelangt, dass sie in ihrem 53. Lebensjahr, drei Wochen nach ihrem Geburtstag, den Tod durch Ertrinken finden würde, und zwar im Zusammenhang mit einer größeren technischen Katastrophe. Als dieser Zeitpunkt heranrückte, sorgte er dafür, dass ihr über ihre Eltern, Freundinnen und andere nahestehende Personen der Vorschlag einer Schiffsreise nahegebracht wurde. Da sie aber zögerte, tat er so, als kränke es ihn, wenn sie diese allein, ohne ihn, anträte – was sie natürlich sofort den entsprechenden Entschluss fassen ließ. Es kam, wie es kommen musste – sie ertrank beim Untergang der *Poseidon*.

Seither, so schließt der Professor, quäle ihn in immer zunehmendem Maße sein Gewissen, er könne inzwischen keine Nacht mehr ein Auge zutun, er fühle sich dem Wahnsinn nahe und bäte deshalb, verhaftet und einem ordentlichen Gericht zur Verhandlung vorgeführt zu werden. Nur so könne er seinen inneren Frieden wiederfinden, und wenn man ihn als Mörder zu lebenslänglichem Zuchthaus verurteile, so erkläre er sich damit durchaus einverstanden.

„Haben Sie denn", fragt der Kommissar, „auch die Horoskope all der anderen Opfer der Schiffskatastrophe geprüft? Ist etwa bei ihnen allen der Tod durch Ertrinken angezeigt gewesen?"

„Das weiß ich nicht", antwortet Muscat. „Ich will es auch nicht wissen. Ich habe seit damals kein Horoskop mehr angesehen. Mein Erfolg – wenn Sie es denn so nennen wollen – hat mich zutiefst erschüttert. Ich war früher nicht religiös, aber jetzt glaube ich, das Künftige zu wissen ist Gott allein vorbehalten. Den Frevler, der es wagt, diesen Vorhang zu lüften, treibt dieses Wissen in den Wahnsinn oder ins Verbrechen."

Nur schwer lässt er sich vom Kommissar davon überzeugen, dass seine Selbstanzeige aussichtslos ist, dass die Justiz sein Verbrechen nicht als solches anerkennen wird, dass es keine Möglichkeit gibt, ihn wegen Mordes zu verhaften und vor Gericht zu stellen. Beinahe mit Gewalt muss Muscat zuletzt aus dem Büro des Kriminalisten entfernt werden.

Einige Monate später wird der Kommissar zu einer Leiche gerufen, die man in einer Wohnung gefunden hat. Nach dem Befund des Arztes scheint es sich um Selbstmord durch Vergiftung mit einer Überdosis schwerer Schlafmittel zu handeln. Der Kommissar erkennt sofort, dass es sich bei dem Toten um Professor Dr. Emil Muscat handelt.

Unter dessen Papieren findet er einen Abschiedsbrief: „Wer auch immer mich auffinden sollte, der möge wissen, dass ich glücklich und von einer unerträglichen Gewissenslast befreit aus dem Leben gegangen bin. Mein Horoskop hat mir in unbezweifelbarer Deutlichkeit gezeigt, dass ich mit 82 Jahren an einem abgeschiedenen Ort, Gefängniszelle oder Nervenklinik, durch Entkräftung und Marasmus sterben werde. Die Tatsache, dass ich nun von eigener Hand in meinem 62. Lebensjahr und unter planetarischen Aspekten, die in keiner Hinsicht eine solche Tat begünstigen, meinem irdischen Dasein ein Ende gesetzt habe, bedeutet, dass ich mich entweder betreffs meines eigenen Horoskops geirrt habe oder dass die Gestirne das Schicksal des Menschen nicht wirklich oder zumindest nicht völlig bestimmen. Mag die Schuld an meinem eigenen Tod auch noch so schwer wiegen, wenn ich nun vor Gottes Richterstuhl trete, von der Anklage des Mordes an meiner Frau werde ich damit jedenfalls freigesprochen sein. Es war meine einzige Möglichkeit, mir selbst meine Nicht-Schuld zu beweisen. Darum – falls es noch möglich sein sollte, mich durch irgendwelche medizinischen Maßnahmen ins Leben zurückzurufen, so bitte ich inständig darum, darauf zu verzichten. Wer es aber dennoch tut, der möge verflucht sein in dieser und in jener Welt, denn er hat einen Verzweifelten seiner letzten und einzigen Hoffnung beraubt. Emil Muscat."

„Sie können die Leiche abtransportieren", sagt der Kommissar zu den wartenden Leuten vom Notdienst. „Der Fall ist vollkommen klar."

Der Dichter und die Kritik

Ein sehr alter Herr, der bei der Begegnung dabei gewesen sein will, erzählte mir:

Thomas Mann und Hugo von Hofmannsthal unterhielten sich einmal über den Nutzen der Kritik. Thomas Mann erklärte in einer langen und äußerst klugen Ausführung, dass nach seiner Ansicht bisweilen eine gewisse konstruktive Kritik doch unter Umständen bewirken könne, sich über die angewandten Mittel klarer zu werden, und dass den eigenen literarischen Bemühungen gegenüber einen, wenn auch freilich nur im Rückblick noch anwendbaren, objektiveren Standpunkt an- und einzunehmen für ihn ein nicht unbeträchtlicher Gewinn im Sinne einer Steigerung des Anspruchs an sich selbst sein könne und so weiter und so fort.

Hofmannsthal hört ihm eine halbe Stunde mit vergrämter Miene zu. Endlich ist Thomas Mann zu Ende. Hofmannsthal hebt melancholisch die Augenlider und sagt in die entstandene Stille hinein: „Ah was! G'lobt will i werd'n."

Die neue Spießigkeit

Als Marcel Duchamp nach dem Ersten Weltkrieg seinen Flaschentrockner als „ready-made" ausstellte und Kurt Schwitters und Genossen ihre provokativen Vorstellungen gaben, da riskierten sie in mehr als einem Sinne Kopf und Kragen. Heute, fast schon ein Jahrhundert später, hat es sich herumgesprochen, dass es sich da doch wohl um moderne Kunst gehandelt hat. Nun machen die Enkel und Urenkel mit der großen Gebärde des wilden Mannes oder der wilden Frau immer dieselbe Revolution noch einmal – allerdings riskieren sie damit nicht nur nichts mehr, im Gegenteil, sie werden prächtig vermarktet oder hoch subventioniert.

Wenn Spießigkeit das ängstliche Festhalten an leer gewordenen Konventionen ist, dann hat es wohl selten eine spießigere Epoche gegeben als die unsere, eben gerade deshalb, weil sie sich so „modern" geriert.

Der Alleinunterhalter

Der Ich-Erzähler, ein ziemlich erfolgloser Alleinunterhalter, kommt in die Stadt X, weil dort ein internationaler Artisten-Kongress stattfindet. Eigentlich kann er sich diese Reise finanziell kaum leisten, aber er hofft auf ein „Comeback", da er früher einmal durchaus einen Namen hatte. Indirekt werden seine Einsamkeit und die Trostlosigkeit seiner Existenz geschildert. Er sucht nach einer Übernachtungsmöglichkeit. Eines der teuren Hotels kommt für ihn nicht infrage, und die billigeren sind alle ausgebucht. Schließlich findet er in einer reichlich verwahrlosten Pension ein Zimmer. Es ist durch eine verschlossene Doppeltür vom Nebenraum getrennt. Während er noch sitzt und raucht, belauscht er, ohne es zu wollen, die Stimmen im Nebenzimmer. Ein Mann und eine junge Frau, es scheint ein Liebespaar zu sein, das sich streitet.

Sie schreit: „Ich kann nicht mehr. Die Abhängigkeit, in der du mich ständig hältst, ist unerträglich. Ich werde dich verlassen, und zwar für immer."

Er lacht: „Na, geh doch! Ich halte dich nicht. Mach, dass du wegkommst!"

Sie: „Du weißt, dass ich das nicht kann. Und du nützt das aus! Ich hab alles so satt."

Der Streit steigert sich, Möbel fallen um, sie scheinen sich zu prügeln. Dann ist eine Zeit lang nur noch das leise Weinen der Frau zu hören. Er scheint einzulenken.

„Komm ins Bett."

„Nein, ich will nicht."

„Na, komm schon. Sei nicht zickig."

Danach ist es eine Weile still und der Ich-Erzähler legt sich selber schlafen, denkt an seine schiefgegangenen Liebesgeschichten. Aber jetzt ist es noch schlimmer, jetzt ist gar nichts mehr. Ein Mann allein hat keine Welt. Er ist schon kurz vor dem Einschlafen, da hört er im Nebenzimmer das Bett quietschen und eindeutiges Seufzen und Stöhnen. Es dauert lange. Der Ich-Erzähler wundert sich müde über die Ausdauer des Liebhabers. Vielleicht, denkt er, war ich auch auf diesem Gebiet immer ein Versager. Die Geräusche steigern sich von Mal zu Mal. Dann scheint das Paar doch endlich einzuschlafen, aber der Ich-Erzähler liegt wach. Er stellt sich die Frau nebenan vor, schön, langbeinig, rassig …

Am nächsten Morgen steht er übernächtigt auf und lauscht an der Tür, bis die beiden ihr Zimmer verlassen. Er will die Frau unbedingt sehen, die er sich vorgestellt hat. Er tritt auf den dunklen, muffig riechenden Gang hinaus.

Aus der Tür des Nebenzimmers kommt der Bauchredner Alexis Torrey, einst ebenfalls sehr erfolgreich und inzwischen vergessen, auf dem Arm seine Sprechpuppe Ramona.

Der Pilger

Über die Wüste der Welt
wandert er singend allein.
Tiefere Schwermut befällt
ihn in der Weite von Stein.
Pfadloser Pfad, der ihn hält,
wird bald der dunkelste sein,
wenn er, von Fernen umstellt,
wandert in Fernen hinein.
Schwarz ist das Himmelsgezelt,
Finsternis dringt auf ihn ein,
Nacht, die kein Stern mehr erhellt.
Nur noch sein eigener Schein
führt ihn durchs felsige Feld,
brennend vor Sehnsucht und rein.
Nichts ist mehr rings, was ihn hält,
alles muss ihn befrein:
Denn wer dem Heimweh verfällt,
sucht nach dem Brot und dem Wein
jenseits der Grenzen der Welt.
Singend geht er allein.

Nur einer Flöte Getön
sehnt sich im Dunkel ihm nach,
trostlos und töricht und schön,
bis es zerbrach …

Wenn Kinder fragen

Hat man Sie auf den Gedanken zu dem Buch gebracht, oder ist es Ihnen allein eingefallen? Ich meine, ist Momo *vielleicht eine Sage oder so was, die Sie erzählt bekommen und dann aufgeschrieben und ausgeschmückt haben?*

Nein, das war ganz und gar meine Idee.

Aber wie sind Sie denn auf die Idee gekommen, das Buch zu schreiben?

Nun, wenn du dir unsere Welt anschaust, dann muss dir doch auffallen, dass ununterbrochen neue Mittel erfunden werden, um Zeit zu sparen, immer schnellere Autos und Flugzeuge, alle möglichen Maschinen, Computer, die schrecklich schnell rechnen, Roboter, die die Arbeit viel schneller machen als ein Mensch, und trotzdem haben die Leute viel weniger Zeit als früher. Und von Jahr zu Jahr wird die Hetze schlimmer. Darin steckt doch ein ganz verrückter Irrtum, sogar ein wirklicher Betrug. Man redet ständig vom enormen Fortschritt, doch die Menschen werden weder glücklicher noch zufriedener dadurch. Im Gegenteil! Wenn es so weitergeht, werden die Menschen an diesem sogenannten Fortschritt zugrunde gehen. In meinem Buch wollte ich eben durch ein Gleichnis zeigen, was für lügenhafte Geister da am Werk sind, um uns und unsere Welt kaputt zu machen. Es gibt ja viele Möglichkeiten, die Wahrheit zu sagen. Das Gleichnis und das Märchen ist eine der besten, weil man sich dabei ganz auf das Wesentliche beschränken kann.

Ich möchte überhaupt wissen, wie Sie auf all die Ideen gekommen sind, dass Momo so gut zuhören kann und das mit dem Amphitheater und mit den grauen Herren und der Schildkröte und den Stundenblumen.

Die Ideen kommen einem während des Schreibens, während der Arbeit. Manchmal ergibt sich eine Idee ganz von selbst, manchmal muss man auch lange suchen und warten. Ich kann dir deine Frage natürlich nicht im Einzelnen beantworten, das würde zu weit führen. Aber ich will dir was sagen: Ideen haben kann man üben. Es ist tatsächlich Übungssache.

Jemand, der nicht Klavier spielen kann, staunt auch darüber, was ein Pianist fertigbringt. Aber der Pianist konnte das schließlich nicht von vornherein, einfach so. Er hat viele, viele Jahre geübt. Bei einem Schriftsteller ist es nicht anders, nur macht er nicht Musik, sondern er hat Geschichten-Ideen.

Worauf muss man achten, wenn man selbst eine Geschichte schreiben will?

Vor allem muss man sich alles, was man erzählen und beschreiben will, ganz genau vorstellen, so genau, dass man es wirklich in der Phantasie vor sich sieht bis in die kleinsten Einzelheiten. Das heißt nicht, dass man alles auch bis in die kleinsten Einzelheiten beschreiben muss. Beim Beschreiben genügt es dann, sich auf das Wesentliche, das Charakteristische zu beschränken. Man muss sich also viel mehr vorstellen, als dann im geschriebenen Text steht. Auf eine merkwürdige und sogar geheimnisvolle Art überträgt sich diese genaue Vorstellung trotzdem auf den Leser. Ich habe einmal eine Geschichte geschrieben, die in einem Schuhladen spielte. Ein Bekannter, der sie gelesen hatte, konnte mir später diesen Schuhladen ganz genau aufzeichnen; er wusste, wo die Tür war, wo die Reihe von Stühlen mit den Fußbänken davor, wo das Schaufenster und wo die Kasse. Alles das entsprach genau der Vorstellung, die ich beim Schreiben gehabt hatte – obwohl nichts davon in der Geschichte selbst ausführlich beschrieben wurde.

Warum schreiben Sie nur Phantasiegeschichten? Oder vermischen Sie Wahrheit und Phantasie? Zum Beispiel Momo *ist doch eine Geschichte, die in Wirklichkeit nicht passieren kann.*

Um auf diese Frage zu antworten, müsste ich so viel erklären, dass es ein dickes Buch füllen würde. Ich kann hier nur ein paar Gründe andeuten und hoffe, wenn ihr darüber nachdenkt, werdet ihr selbst Verschiedenes herausfinden. Als Erstes möchte ich euch fragen: Was bedeutet dieses Wort „Wirklichkeit" eigentlich? Bedeutet es „das, was wirkt"? Dann gibt es zweifellos sehr viele Dinge, die man nicht sehen oder anfassen kann und die dennoch Wirklichkeit sind, zum Beispiel Gefühle, Wünsche, Gedanken. Wenn man *solche* Wirklichkeiten, die in uns selbst da sind, beschreiben will, dann kann man es nur durch Bilder, die anders sind als die der äußeren Welt. Sie sind eher so wie unsere Träume. Jeder träumt doch manchmal seltsame Dinge. Im Traum sind wir eigentlich alle Märchendichter. Zum Beispiel kann ich in einer Geschichte einfach nur sagen: „Ich war traurig und mutlos." Ich kann aber auch beschreiben, wie ich in eine unheimliche, nebelbedeckte Sumpfgegend komme und dass ich bei jedem Schritt, den ich weiter hineingehe, immer schwerer und schwerer werde. Ich glaube, dass man damit das *Erlebnis* der Hoffnungslosigkeit viel deutlicher und besser schildert, als wenn man bloß sagt: „Ich war traurig und mutlos." Mit einem Wort, ich versuche so zu schreiben, wie unsere Träume sind. Und Träume gibt es doch, also sind sie auch wirklich. Es gibt nicht nur *eine* Wirklichkeit, sondern viele ganz verschiedene. Oder vielleicht sagt man besser, es gibt nur eine Wirklichkeit, aber sie ist wie ein Haus mit vielen Stockwerken, und je nachdem, in welchem man sich gerade befindet, hat man einen anderen Ausblick auf die Welt. Die Stockwerke, das sind unsere Vorstellungen, Gedanken und Gefühle. Zu anderen Zeiten oder bei anderen Völkern hatte man andere Vorstellungen, und deshalb bedeutete die Wirklichkeit dort etwas anderes. Ich beschreibe die Welt von verschiedenen Stockwerken aus. Manche Leute, die nie aus ihrem einen Stockwerk herausgekommen sind, sagen dann: „Das alles gibt es gar nicht, sonst müsste ich es doch auch kennen." So zu denken ist nichts als eine Gewohnheit – aber eine schlechte.

Schreiben Sie einfach los, oder machen Sie sich zuerst einen Plan von dem Buch, das Sie schreiben wollen?

Das ist ganz verschieden. Bei den *Jim-Knopf*-Büchern habe ich tatsächlich einfach losgeschrieben ohne Plan. Ich habe mit dem ersten Satz angefangen, ohne zu wissen, wie der zweite lauten würde. Die Geschichte ist erst beim Schreiben entstanden. Ich war selber manchmal richtig gespannt, wie es weitergehen würde. Manchmal habe ich auch wochenlang nicht weitergewusst und musste warten, bis der richtige Einfall kam. Natürlich habe ich dann nachträglich alles noch mehrmals überarbeitet, gekürzt oder erweitert oder umgeschrieben. Ganz anders war es bei *Momo* oder bei der *Unendlichen Geschichte*. Da habe ich mir vorher viele Pläne gemacht, wieder verworfen, neue Pläne gemacht usw. Natürlich hat sich dann während des Schreibens auch noch vieles geändert. Die wichtigste Sache in einem Schriftstellerzimmer ist ja der Papierkorb. Das meiste von dem, was man schreibt, wirft man fort. Wenn ihr ein fertiges Buch seht, dann müsst ihr euch vorstellen, dass der Schriftsteller ungefähr zehnmal so viel geschrieben hat. Das, was im Buch steht, ist nur das, was ausgewählt wurde, um gedruckt zu werden.

Fabula docet

Betrachten wir Tiere einmal nicht als Naturgeschöpfe, sondern als Fabelwesen, das heißt, als Ausdruck menschlicher Eigenschaften.

Wenn die Giftschlange als das Inbild der teuflischen List, ja des Bösen schlechthin erscheint, so ist es ja gewiss interessant, einmal zu überlegen, welche Tiere es sind, die es mit ihr aufnehmen können. Mir fallen zunächst drei ein:

Da gibt es erstens den Mungo. Er ist eigentlich der verkörperte Esprit, der Witz im älteren Sprachgebrauch, die Geistesgegenwart. Wenn er mit einer Schlange kämpft, so wirkt es fast wie ein Spiel, wie ein Tanz. Er lässt mit einer Art Judotechnik die Gegnerin immer wieder ins Leere schlagen, bis sie, durch ihre eigene Wucht betäubt, einen Augenblick lang die Orientierung verliert. Diesen Moment nutzt er, um sie zu töten.

Das zweite Tier ist das Huhn. Sein Federpanzer macht es unangreifbar für die Schlange. Das Huhn betrachtet die Schlange als eine Art von großem Regenwurm, den man aufpicken kann. Es ist einfach zu dumm, um die Dämonie der Schlange zu begreifen. Gegen diese perfekte hausbackene Dummheit ist die Schlange machtlos. Auch der Pfau, bekanntlich ein großer Schlangenvertilger, gehört zu den Hühnern. In seiner Pracht verkörpert er dieselbe Eigenschaft, sozusagen auf höchster gesellschaftlicher Ebene.

Das dritte Tier, das mir in den Sinn kommt, ist der Igel. Er ist gleichsam der Bohemien unter den Tieren, die verkörperte Unbekümmertheit. Er schlurft im Garten herum, rülpst und schmatzt laut beim Fressen, liebt Alkohol und betrinkt sich regelrecht, wenn er kann. Wird er angegriffen, rollt er sich zusammen und wartet in Gemütsruhe ab, bis der Angreifer die Geduld verliert und ihn in Ruhe lässt. Die Schlange imponiert ihm überhaupt nicht. Es ist ihm völlig wurst, ob sie ihn beißt, er ist immun dagegen. Er isst sie auf wie eine Banane.

Fremdsüchtig

Ich mag das heutzutage so oft gepriesene Wort „Toleranz“ nicht sonderlich. Es schmeckt irgendwie nach Herablassung. „Tolerare“ heißt ja „ertragen, dulden“. Tolerant zu sein bedeutet also, das Anderssein des anderen klaglos oder doch ohne Aggression auszuhalten, sich wohl oder übel damit abzufinden. Ich bin aber froh darüber, dass es andere gibt, die anders sind als ich. Es macht mir die Welt reich und farbenprächtig. Mich erfüllt alles Fremde mit dem größten Interesse, ja mit einer fast erotischen Neugier. Auch Frauen finde ich ja nicht deswegen anziehend, weil sie mir gleich, sondern weil sie eben anders sind als ich. Dieses andere will ich nicht „ertragen“, ich will es kennenlernen – auch oder gerade dann, wenn ich von vornherein weiß, dass ich es nie ganz verstehen werde.

Brief an einen Welterklärer

Lieber G.,

Du fragst mich im P.S. Deines letzten Briefes beiläufig, ob ich die Bücher von *Alestair Crowley* kenne. Ich weiß schon, worauf diese Frage abzielt, und da ich in letzter Zeit häufiger Anfragen von besorgten Pädagogen bekomme und sogar von gewissen protestantischen Kreisen eine Art Kampagne gegen mich geführt wird, will ich Dir auf Deine Frage etwas ausführlicher antworten.

Es ist wahr, ich habe mich im Laufe meines Lebens auf meiner Suche nach Hinweisen, die uns aus der Wüste unserer gegenwärtigen Zivilisation herausführen könnten, bisweilen auch in den abenteuerlichsten Labyrinthen herumgetrieben. Du wirst nicht leicht eine – im positiven wie im negativen Sinne – halbwegs bedeutende Gestalt der Esoterik, der Mystik oder der Magie (was immer man darunter verstehen mag) finden, mit der ich mich nicht schon herumgeschlagen habe. Notgedrungenerweise habe ich mich dabei auch durch Berge von sogenannter „okkultistischer" Feld-, Wald- und Wiesenliteratur durchfressen müssen.

Meine Begegnung mit Crowleys Lehre ging folgendermaßen vonstatten: Als ich noch ziemlich jung war, etwa dreißig, lernte ich einen Biologen kennen, H. F., einen seinerzeit nicht unbekannten Autor wissenschaftlicher Sachbücher. Nach zahllosen intensiven, meist nächtlichen Gesprächen stellte sich heraus, dass er *Thelemit* war, also Mitglied eines von Crowley gegründeten Geheimordens. Er bemühte sich, mich für diese Sache zu gewinnen. Als Unterrichtsmaterial bekam ich von ihm die Logenliteratur, die damals noch ausschließlich Ordensmitgliedern zugänglich war. Inzwischen kann man ja fast alles in der Esoterik-Abteilung jeder beliebigen größeren Buchhandlung kaufen. Ich war aber damals schon kein völliger Neuling mehr auf diesem Gebiet und empfand die Crowley'sche Lehre als hermetischen Kitsch. Die Bemühungen meines Bekannten scheiterten an meiner – wie nennst Du's in Deinem Brief? – „inneren

Opposition". Er endete übrigens wenige Jahre danach durch den bei Crowley-Anhängern üblichen, systematischen Gebrauch verschiedener Drogen in einer Nervenheilanstalt und brachte sich dort vermutlich um. Genau habe ich es nie in Erfahrung bringen können.

Nun, man kann ja auch vom Teufel einiges lernen, wenn man sich von ihm nicht drankriegen lässt – wobei ich allerdings gleich hinzufügen möchte, dass man Mr. Crowley doch reichlich überschätzt, wenn man ihn gleich mit dem Leibhaftigen identifiziert. Er ist nicht viel mehr als ein Schmierenkomödiant seiner eigenen Doktrin, mit einem geradezu exorbitanten Mangel an gutem Geschmack (einer Eigenschaft übrigens, die er mit vielen Gurus und Großmeistern der verschiedensten Couleurs gemeinsam hat). Jedenfalls können nur Leute, die auf diesem Gebiet ziemlich ahnungslos sind, übersehen, dass es sich bei seiner Lehre um ein ganz und gar eklektisches Gebräu aus Ingredienzien handelt, die anderswoher stammen, hauptsächlich aus Büchern von Eliphas Lévi (Abbé Luis Constant), der Madame Blavatzki und älterer Freimaurerliteratur, gewürzt mit einem Schuss Nietzsche und serviert in altägyptischer Keramik. Im Grunde war er wohl eher ein spleeniger reicher Engländer, der seine perversen sexuellen Neigungen und seine Drogensüchtigkeit durch Rituale zu rechtfertigen versuchte, als der große Dämon, zu dem er sich hochstilisierte. Dass er sich selbst gar als „To Mega Therion", das apokalyptische „Tier 666" bezeichnet hat, kommt uns heute, da wir apokalyptische Schrecken ganz anderer Größenordnungen im Bewusstsein haben, eher als eine Art Albernheit vor. Jedenfalls ist sein negatives Geltungsbedürfnis weitaus größer als seine Originalität oder seine tatsächliche Bedeutung.

Nun haben einige Leute, denen die Wirkung meiner Bücher unbegreiflich und daher suspekt ist – Neid spielt wohl auch eine gewisse Rolle –, bemerkt, dass der Satz „Tu Was Du Willst" aus meiner *Unendlichen Geschichte* auch in Crowleys Werken vorkommt und mich deshalb verdächtigt, ein geheimer Agent der satanischen Lehren dieses Bösewichts und also ein Jugendverderber zu sein.

Wären meine Kritiker nur ein klein wenig belesener und kennten wenigstens die grundlegenden Werke der europäischen Kultur, dann müssten sie wissen, dass dieser Satz und auch das Motiv der Suche nach dem „wahren Willen" *(Thelema)* überhaupt nicht von Crowley stammt. Er hat ihn nur, wie so vieles andere, für sich adaptiert. Er stammt vielmehr aus dem Buch *Gargantua und Pantagruel* von Rabelais, der Zeitgenosse, Arztkollege und vermutlich Freund von Michel Nostradamus war. Er hat dieses Buch, das von drastisch-komischen Einfällen nur so strotzt, erklärtermaßen zur Aufmunterung seiner Patienten geschrieben. Man kann es getrost als eines der größten klassischen Werke der phantastisch-humoristischen Weltliteratur bezeichnen. Im zweiten Teil des Buches kommt der fürstliche Riese Pantagruel mit seinem höchst amüsanten Gefolge in ein Kloster namens „Thelema", in dem Männer und Frauen gemeinsam leben. Die einzige Regel dieses Klosters lautet: „Tu Was Du Willst".

Aber auch Rabelais hat diesen Satz nicht erfunden. Lange vor ihm findet er sich in den Schriften des hl. Augustinus, der auf die Frage, was man tun müsse, um das ewige Leben zu erwerben, antwortet: „Liebe Gott – und tu, was du willst."

Und wer weiß, wo der ihn her hat. Vielleicht aus antiken Quellen, die mir unbekannt sind. Mir scheint, dass dieser Satz durch die ganze abendländische Geschichte geht, als eine Art Pendant zu jenem anderen – „gnoti seauton". Vielleicht gehören sie überhaupt zusammen: „Erkenne dich selbst – und tu, was du willst."

Da wir nun schon gerade dabei sind, erlaube mir noch eine Bemerkung über die besondere Funktion dieses Satzes in meinem Buch, die leider häufig überhaupt nicht zur Kenntnis genommen und einfach überlesen wird, wie ich feststellen konnte. Ohne dass ich mich jetzt auf eine weitere Argumentation über die Bedeutung des *Tu Was Du Willst* bei Augustinus oder Rabelais – von Crowley ganz zu schweigen – einlassen möchte, will ich doch einmal ganz deutlich sagen, dass dieser Satz bei mir eben gerade *keine* Lebensregel darstellt. In der *Unendlichen Geschichte* gilt er nur dort, wo er, wie ich glaube, hingehört, nämlich in Phantásien, also im Reich des Imaginären, der Kunst, der Poesie, der Träume. Dieses Reich ist ja, wie man weiß, amoralisch, in ihm gilt, wie ausdrücklich immer wieder gesagt wird, das Gute und das Böse gleich und ist gleichermaßen notwendig. Es wäre sinnlos, Träume moralisch zu bewerten, so wie es sinnlos wäre, in Shakespeares Werk Jago oder Lady Macbeth abzulehnen, weil sie des Teufels sind. Phantásien ist sozusagen dazu da, alle, auch die schlimmen Träume zu träumen. Um aber in die äußere Wirklichkeit, in die Welt der Mitmenschen zurückzukehren, muss mein Protagonist eben gerade dieses Zeichen der Vollmacht und damit natürlich auch die Maxime, die darauf steht, ablegen. Nur durch den freiwilligen Verzicht darauf findet er den Weg zurück, durch den Verzicht auf das „Tu Was Du Willst" wird AURYN zum Tor in die Welt der Mitmenschen.

Aber genug davon. Lass mich ein anderes Thema Deines Briefes aufgreifen: das Erleben von Ideen. Du irrst Dich, lieber G., wenn Du annimmst, mir sei diese Erfahrung unbekannt. Aber es gibt hier einen beträchtlichen Unterschied zwischen dem Erkenntnis-Menschen und dem Kunst-Menschen (wenn Du mir diese nicht sehr geschickt klingenden Ausdrücke verzeihst; mir fallen im Augenblick keine besseren ein.) Es sind zwei Lebensgebärden oder Grundhaltungen, die einander diametral entgegengesetzt sind. Natürlich gibt es beide in jedem von uns, aber man kann sie nicht gleichzeitig annehmen.

Jede Erkenntnis, sei sie philosophisch, naturwissenschaftlich, theologisch oder esoterisch, läuft letzten Endes auf eine Erklärung hinaus. Jedenfalls wüsste ich nicht, wie eine Erkenntnis aussehen sollte, die nichts erklärt. Eine Erkenntnis-Idee ist immer das intuitive Wahrnehmen von Zusammenhängen, Wirkungen oder Ordnungen, auf welchem Gebiet auch immer. Die daraus resultierende Erklärung (oder Erleuchtung) strebt nach Präzision, also nach Eindeutigkeit. Auch der Kunst-Mensch – und dazu rechne ich hier nicht nur den Maler oder Bildhauer oder Musiker, sondern auch den Schriftsteller oder Dichter – kann selbstverständlich nicht ohne Erkenntnis auskommen, er braucht sie, aber zugleich misstraut er jeder Erklärung und jeder Eindeutigkeit. Ihm geht es ja um die Darstellung von Erfahrungen, und Erfahrungen – im Guten wie im Bösen – sind niemals eindeutig. Darum ringt der Künstler um die *Gestalt-Idee,* die muss er aus der Verborgenheit in die offenbare Welt herüberholen. Freilich ist eine *Gestalt-Idee* selbst noch nicht Kunst, sondern erst deren adäquate Verkörperung in sinnlicher Form. Er hat es also mit einer Polarität zu tun – Idee und Sinnlichkeit –, die eine äußerste Spannung darstellt. Das Übersinnliche muss mit dem Sinnlichen identisch sein.

Deshalb geht es dem Künstler und dem Dichter nicht um eine Erklärung der Welt, sondern um das Darstellen von Welten. Zwar leben wir in einer Epoche, in der man ausgerechnet von den Künstlern und Dichtern fortwährend Botschaften erwartet und diese – falls sie sich nicht anbieten – mit allen möglichen und unmöglichen Methoden aus ihrem Werk herausinterpretiert, aber das ist im Grunde ein barbarisches Missverständnis. Kein Stück von Shakespeare, kein gotischer Dom, keine Symphonie von Mozart stellt eine Botschaft dar oder enthält etwas Derartiges. Wer etwa aus dem Othello herauskommt und meint, die Botschaft empfangen zu haben, dass Eifersucht schlecht und deshalb zu vermeiden sei, der hat ganz schlicht das Stück nicht verstanden.

Barbarisch nenne ich das Missverständnis deswegen, weil der heutige „verkopfte" Mensch ganz verlernt hat, Gestalt-Ideen wahrzunehmen und mit ihnen zu leben. Daher natürlich die völlige Ratlosigkeit des heutigen Kultur-Betriebes der Kunstfrage gegenüber. Aber ein griechischer Tempel oder eine Inka-Pyramide sind sinnlich wahrnehmbare Gestalt-Ideen. Das *Sacre du printemps* von Igor Strawinsky, die kapitolinische Venus oder Ernst Barlachs *Bettler,* Michelangelos *Sklaven* oder der *Ödipus* von Sophokles, die Fudschi-Bilder von Katsuschika Hokusai oder *Guernica* von Pablo Picasso, die *Zwitschermaschine* von Paul Klee oder Paul Celans *Todesfuge* – alles, alles, was wirklich Kunst ist, ist sinnlich wahrnehmbare Gestalt-Idee. Um die allein geht es, und nicht um Erkenntnisse oder gar Erklärungen.

Wenn ich darauf hinzuweisen versuche, bekomme ich oft zur Antwort, das sei nur der Standpunkt des „l'art pour l'art". Es ist zum Verzweifeln! Als ob nicht alles Wesentliche im Leben seinen Sinn in sich selbst trägt – die Liebe, das Streben nach Wahrheit, die Religion, die Ethik, die Würde des Menschen, der Humor ...

Besonders nahe liegt dieses Missverständnis natürlich in der Literatur, die eben mit dem Wort arbeitet als Material. Und das Wort sagt ja immer auch etwas aus, das heißt, es „bedeutet" etwas, anders als die Farbe oder der Klang, die eben sind, was sie sind. Musik *kann* überhaupt nichts anderes sein als Gestalt und nur Gestalt. Sie bedeutet nichts als sich selbst. Man kann sie erleben und erfahren, aber nicht erklären. In Dichtung und Poesie ist es selbstverständlich nicht anders, aber dort fällt es den Leuten besonders schwer, die Gestalt-Idee wahrzunehmen, eben weil sie sich von ihrer Suche nach einer „Aussage" den Blick verstellen lassen.

Gewiss sind nicht alle Gestalt-Ideen von gleichem Rang und gleicher Art. Es gibt monumentale (wie Homers *Odyssee*) und spielerische (wie Christian Morgensterns *Galgenlieder*), es gibt lichte (wie Fra Angelicos Madonnen) und finstere (wie Goyas *Capriccios*). Darüber hinaus ist aber auch die Inkarnation einer solchen Idee nicht schon per se adäquat, das heißt, eine Gestalt-Idee zu finden ist nur die Hälfte des Problems. Die andere Hälfte ist die Umsetzung in sinnliche Form, und das misslingt nur allzu leicht. Oft gibt es wunderbare Gestalt-Ideen in höchst unvollkommener Verkörperung, dann ist eben alles vergeblich gewesen. Man kann diesen Kampf in den Briefen und Notizen fast aller Künstler, Dichter und Komponisten nachlesen.

All diese Fragen der künstlerischen Qualität, des Niveaus, des Ranges entziehen sich der Argumentation: Man kann sie weder beweisen, noch widerlegen. Nur der Gebildete – im ursprünglichen Sinn des Wortes – vermag hier zu unterscheiden. In künstlerischen Fragen kann man nichts objektivieren, allerdings bedeutet das keineswegs, dass es sich deshalb nur um subjektive Kriterien handelte. Diese Kategorien mögen in der Naturwissenschaft berechtigt sein, in der Kunst sind sie unbrauchbar. Hier gilt nur und ausschließlich die persönliche Autorität (wieder so ein Begriff, der nicht recht zu definieren ist!), also der Könner und der Kenner. Können und Kennerschaft erwirbt man sich aber wiederum nur durch langen und intensiven Umgang mit Kunst. Alles Wissen und alle Erkenntnisse der Welt können ihn nicht ersetzen. Und nur der Kenner und der Könner vermögen ihresgleichen zu erkennen.

Diese beiden Faktoren, nämlich die Hilflosigkeit des argumentierenden Denkens vor der Qualitätsfrage und die undemokratische, ja fast möchte ich sagen elitäre Haltung des Kunstverständigen, ist dem Wesen der gegenwärtigen Gesellschaft natürlich ein Ärgernis. Darum versucht man beides ständig wegzuschaffen. Aber damit schafft man dann eben die Kunst weg.

Wenn ich hier so ausführlich auf die Frage der Gestalt-Idee eingegangen bin, dann nur, um Deiner Annahme entgegenzutreten, dass Kunst, Musik, Dichtung usw. weniger mit dem klaren Denken und mehr mit dem Gefühl oder, wie Du es nennst, der Gefühls-Erkenntnis zu tun hätten. Nach meiner Erfahrung wird unter Künstlern, Musikern, Dichtern mindestens so viel und so klar gedacht wie unter Philosophen, Wissenschaftlern oder Theologen – oft sogar mehr. Es wird nur über etwas anderes gedacht. Erkenntnis-Menschen wollen, wie Du ja auch, andere von ihren Einsichten überzeugen, letzten Endes wollen sie etwas lehren. Kunst-Menschen wollen ihre Ideen gestalten, sonst nichts. Wenn der Künstler anfängt, seine Kunst zu benutzen, um Weltanschauung zu lehren, hört er auf, Künstler zu sein. Daher meine „innere Opposition", die Du bisweilen als ärgerlich empfindest.

Beim Durchlesen dessen, was ich bis hier geschrieben habe, befällt mich ein heftiges Unbehagen – wie immer, wenn ich versuche, etwas durch Begriffe auszudrücken, was sich seinem Wesen nach gerade den Begriffen entzieht. Es ist richtig und falsch zugleich. Kunst und Dichtung lassen sich eben im Grunde nur wiederum durch Kunst und Dichtung erklären. Und es gibt für sie keine andere Rechtfertigung als ihr Vorhandensein.

Das, meine ich, haben sie mit den Erscheinungen der Natur gemeinsam.

Die ganze Schöpfung besteht ja aus verkörperten Gestalt-Ideen. Jedes Stachelschwein, jede Sonnenblume, jeder Berg, jedes Meer, jede Kieselalge und jede Galaxis zeigt mir eine Gestalt-Idee. Freilich handelt es sich hier nicht um vom Menschen

Geschaffenes, und doch gibt es eine innere Verwandtschaft zwischen Kunst und Natur, die nicht selten sogar zur Verwechslung beider führt. Aber davon ein andermal.

Ich habe im Vorigen versucht zu erläutern, inwiefern Kunst und Dichtung zwar Gut und Böse darstellen können, selbst aber außerhalb der moralischen Kategorien stehen. Die Darstellung des Verbrechens ist nicht böse, und die Darstellung des Heiligen ist nicht heilig. Darauf, glaube ich, können wir uns einigen. Ich muss nun aber doch noch einmal auf den Umgang mit Erkenntnis-Ideen zurückkommen, denn aus dem vorher Gesagten könnte der Eindruck entstehen, dass der Künstler und der Dichter ohne sie auskommen könnte. Das ist natürlich nicht der Fall, denn irgendeine Art von Weltanschauung, von Philosophie oder Religion muss man ja haben, wenn man Welten darstellen will. Aber der Künstler und Dichter betrachtet solche Erkenntnis-Ideen nicht als sein Ziel, sondern als Teil seines Materials. Er gebraucht sie, wie der Goldschmied seinen Vorrat an Edelsteinen, die er in ein Schmuckstück einsetzt. Aber das Schmuckstück ist nicht um der Edelsteine willen da. In Shakespeares Werk gibt es eine Menge Erkenntnis-Ideen, und doch weiß niemand, woran er selbst glaubte. Es sind seine Figuren, die ihre Wahrheiten aussprechen, und das jeweils in ganz bestimmten Situationen. Der Hamlet-Monolog *Sein oder Nichtsein* stellt nicht Shakespeares Meinung dar, sondern die des Dänenprinzen in seiner Lebensmüdigkeit. Natürlich hat der Dichter das alles selbst irgendwann einmal gedacht, aber er hat nicht die Absicht, uns diese Wahrheit zu lehren. Er zeigt sie uns ohne Absicht – es sei denn die der Komposition des ganzen Dramas, also seiner Gestalt-Idee. Shakespeare ist alle und keiner. Über diese „Niemandsverfassung" hat Jorge Luis Borges zwei unsterbliche Seiten geschrieben *(Everything and Nothing)*. Hier genau liegt, wie mir scheint, der Unterschied zwischen dem Erkenntnis-Menschen und dem Kunst-Menschen: Auch die Kategorien „Wahrheit" oder „Unwahrheit" treffen auf Kunst und Dichtung nicht zu.

Ich weiß, dass wir uns da einem äußerst delikaten Problem zuwenden. Zumal heute ja auch viele Künstler und Schriftsteller sich auf ihre Wahrheit berufen und damit alles Mögliche rechtfertigen, was sie für nötig halten. Was ich sagen will, ist Folgendes: Das Paris, das uns Marcel Proust beschreibt, gibt es nur in den Büchern von Proust, es ist seine Schöpfung. Das Petersburg, von dem Leo Tolstoi erzählt, existiert nur in Tolstois Romanen. Er hat es erfunden. Das „Moulin Rouge", das Henri de Toulouse-Lautrec gezeichnet und gemalt hat, gab es nie und nirgends außer auf seinen Bildern. Dass es ein Etablissement gleichen Namens gegeben hat, von dem er sich inspirieren ließ, ist im Grunde völlig gleichgültig. Nun sagt man im Allgemeinen, es handle sich da eben sozusagen um eine „höhere Wahrheit". Nein, es handelt sich um überhaupt keine. Da sich alle Kunst und Dichtung im Imaginären abspielt, also im „schönen Schein", wie Goethe es nennt, ist die Frage nach wahr oder unwahr einfach irrelevant. So irrelevant wie die Frage nach der Wahrheit eines geträumten Kängurus.

Die Überzeugungskraft von Kunst oder Dichtung liegt einzig und allein in der Vollkommenheit der Verkörperung einer Gestalt-Idee.

Picasso sagte einmal in einem seiner wenigen Statements: „Wir alle wissen, dass Kunst nichts mit Wahrheit zu tun hat. Kunst ist eine Lüge, die es uns – vielleicht – ermöglicht, die Wahrheit zu sehen." Das ist drastisch ausgedrückt, aber richtig. Und um gleich beim Beispiel Picasso zu bleiben: Sein Bild *Guernica* nimmt die grauenhaften Ereignisse der Bombardierung einer schutzlosen Stadt nur zum Anlass. Er macht daraus ein großartiges Bild, ein Bild, das – wenn man den Ausdruck nun nicht im Sinne von „gefällig" oder gar „angenehm" versteht – in seiner Schrecklichkeit schön ist. (Das Argument, dass es Picasso dabei um eine Anklage gegangen sei, möchte ich lieber beiseitelassen. Es hat mit dem Kunstwert nichts zu tun. Jede Fotografie der zerfetzten Leichen könnte dasselbe bewirken – vielleicht sogar mehr.) Das Gleiche gilt für den *Isenheimer Altar* des Matthias Grünewald oder Goyas *Erschießung der Rebellen* – im Grunde für alle Kunst und alle Dichtung. Immer dreht es sich um einen Umwandlungsprozess, der keineswegs unbedenklich ist. Wenn man Shakespeares Sonette liest, so könnte man sich durchaus fragen, ob ein Liebesschmerz, der sich ausgerechnet in dieser kompliziertesten und raffiniertesten Vers- und Reimform ausdrückt, denn wirklich gar so groß gewesen sein kann. Hätte er ihn einfach hinausgeschrien, wäre er vielleicht mitleiderregender, aber große Poesie wäre es nicht geworden. So saß er eben und bosselte wie ein Steinmetz an seinen Wort-Monumenten herum, denn dergleichen kommt natürlich nicht einfach so „aus dem Bauch“, auch bei einem Shakespeare nicht. Dabei spielt enorm viel künstlerisches Kalkül eine Rolle. Auch Goya hat sich das dunkle Weinrot der Blutpfütze auf seinem Bild und Grünewald das Grün des Leichnams am Kreuz sehr genau überlegt. Und von Beethoven weiß man aus seinen Notizbüchern, dass er manche Themen seiner Symphonien bis zu fünfzigmal umgeschrieben hat. Insofern irrst Du, lieber G., wenn Du annimmst, Kunst sei ihrem Wesen nach eher „regressiv“, der Künstler ginge weniger wach, instinktiver, unbewusster an seine Ideen heran als der Geistesforscher. Nein, der Künstler ist ganz und gar kein Medium, das sich in einer Art Trance befindet. Es liegt der Kunstgebärde keinerlei Scheu vor dem Bewusstsein zugrunde. Es dreht sich bei ihr nicht um ein mehr „dämmerhaftes Fühlen“, sondern um ein vollbewusstes, ja überbewusstes Gestalten.

Das Problem dieses Umwandlungsprozesses, das ich eben erwähnte, stellte sich mir zum ersten Mal, als ich sechzehn oder siebzehn Jahre alt war. Es war kurz nach dem Zweiten Weltkrieg in einer Aufführung der Matthäuspassion von Bach. Ich war tief ergriffen. Es kam die Stelle „Mein Gott, mein Gott, warum hast du mich verlassen“, dann „Und Jesus schrie abermals laut und verschied“. Stille; es erhob sich der Chor in Frack und Abendkleid und sang: „Wir setzen uns in Tränen nieder …“ Trotz meiner Erschütterung fragte ich mich, ob es wohl vorstellbar wäre, dass zur gleichen Musik der Text lauten würde: „Und er rannte in den elektrisch geladenen Stacheldraht, und er schrie …“, denn wir hatten natürlich noch alle die Bilder aus den KZs vor Augen. Nein, sagte ich mir, das ginge nicht. Aber warum nicht? Nur weil das eine gestern geschehen war, und das andere vor zweitausend Jahren und nur noch als Konvention galt? Aber so klang die Musik von Bach nicht! Und wenn das, was gestern geschehen war, in dieser Form beinahe zynisch geklungen hätte, galt es dann nicht auch für das, was vor zweitausend Jahren geschehen war? Durfte man so etwas überhaupt in Frack und Abendkleid und mit feierlicher Musik vortragen? Aber auch wenn man das Ganze in Sack und Asche und mit dissonanter Musik vortragen würde, wäre das Problem das gleiche, denn in jedem Fall würde es sich um eine inszenierte und oft geprobte Veranstaltung handeln. Zugleich begann ich zu begreifen, dass alle Kunst – Theater, Malerei, Literatur – nichts anderes tat, als diese verbotene Grenze fortwährend zu überschreiten. Mit welcher Berechtigung? Mit keiner anderen, als dass eben Kunst dabei entsteht. Umso schlimmer, wenn dieses Ziel verfehlt wird.

Wegen dieser Gratwanderung ist der ernsthafte Umgang mit Kunst in gewissem Sinne lebensgefährlich. Man geht sozusagen mit den stärksten Giften um, die nur in der Hand des Könners zum Heilmittel werden. Daher ist die Existenz des Künstlers stets problematisch, und die bürgerliche Gesellschaft hatte guten Grund, ihn mit Argwohn zu betrachten.

Ein Beispiel dafür ist aus dem Leben Leonardo da Vincis gut bezeugt. Wenn ich nicht irre, steht es bei Benvenuto Cellini nachzulesen. Der junge Leonardo ging mit einigen Kollegen – allesamt nicht gerade zimperliche Burschen – zu einer Hinrichtung. In einem Cortile wurde der Verurteilte mit einem Strick um den Hals aus einer Loggia im zweiten Stockwerk gestoßen und baumelte schließlich nur ein paar Fuß hoch über dem Boden. Die Szene war so entsetzlich, dass selbst die Kollegen Leonardos sich abwenden mussten. Leonardo aber zog seinen Zeichenblock hervor und begann „mit ruhiger Hand" das entstellte Gesicht des Gehenkten zu zeichnen.

Kurze Zeit später wurde er übrigens von den, weiß Gott, nicht kleinlichen Stadtvätern aus Florenz verbannt – wegen seiner „sodomitischen Exzesse", die selbst für die damaligen Verhältnisse zu weit gingen. All das gehört zur Person des Leonardo und ist keineswegs nur „ein Erdenrest, zu tragen peinlich".

Und noch ein anderes Beispiel fällt mir ein, das vielleicht zeigen kann, was ich meine. Es gab in Paris in der zweiten Hälfte des 18. Jahrhunderts einen berühmten Schauspieler namens

François-Joseph Talma. Dieser Mann hatte einen bestimmten tragischen Schrei, der allen Zuschauern und Zuhörern immer von Neuem die Schauer den Rücken hinunterjagte. Einmal fragte ihn ein Kollege, wie er diesen Schrei denn „mache“. Talma antwortete: „Das kann ich Ihnen leicht erklären. Als ich sieben Jahre alt war, wurde ich unvorbereitet an das Totenbett meiner Mutter geführt. Sie war vom Todeskampf schrecklich entstellt. Als ich sie sah, stieß ich diesen Schrei aus und wurde ohnmächtig. Aber den Schrei habe ich mir gemerkt.“

Er hat ihn sich gemerkt und nun gehörte er zu seinem künstlerischen Material, mit dem er arbeitete.

Verstehst Du, warum ich hier vom Überschreiten einer verbotenen Grenze spreche? Man könnte fragen, ob solche Leute eigentlich Menschen oder nicht vielmehr Eisbrocken sind. Aber es genügt ja, Leonardos Bilder zu sehen, um zu wissen, dass er ganz gewiss nicht gefühllos war, ganz im Gegenteil. Aber er war eben Künstler und er war „im Dienst“.

Wenn Kunst und Dichtung im allerhöchsten Sinne eine innere Verwandtschaft mit dem Spiel haben, so verwandelt der Künstler oder der Dichter alles – das Grauenhafte und das Liebenswürdige, das Profane und das Heilige, das Närrische und die höchste Wahrheit – in ein Spiel. Und mit diesem Spiel ist es ihm ernst.

Darf ein Mensch das?

Jeder wirkliche Künstler hat einen Pakt mit seinem ganz persönlichen kleineren oder größeren Dämon geschlossen, der lautet: „Du gehörst mir mit Leib, Seele und Geist – es sei denn, du erlöst mich.“ Und worin besteht die Erlösung des Dämons? Nun, eben darin, dass dem Künstler sein Werk gelingt. Andernfalls holt ihn der Teufel.

Du weißt, wie eifrig ich mich mit Philosophie beschäftige und mit welcher staunenden Bewunderung ich vor den großen Gedankenpalästen der Menschheitslehrer stehe. Ich kann eine Weile zu Gast darin leben, aber ich kann sie nicht für immer bewohnen. Auch in dem Deinen nicht. Ich gehöre nun einmal zum fahrenden Volk, wie alle anderen Gaukler und Künstler, die danach trachten, jeder und niemand zu sein.

Inhalt

Der Autor

© Caio Garrubba

Michael Ende (1929–1995) ist einer der erfolgreichsten deutschsprachigen Schriftsteller. Neben Kinder- und Jugendbüchern schrieb er poetische Bilderbuchtexte, Bücher für Erwachsene, Theaterstücke, Gedichte und Essays. Michael Endes Werke wurden in über 40 Sprachen übersetzt und erreichen heute eine Gesamtauflage von über 33 Millionen Exemplaren. Viele seiner Bücher wurden verfilmt und sind auch aus Funk und Fernsehen bekannt.

Mehr Infos zu Michael Ende unter www.michaelende.de

Weitere Titel von Michael Ende bei hockebooks

Zettelkasten
Skizzen & Notizen
E-Book 978-3-95751-340-3

Michael Ende ist nicht allein ein Erzähler großartiger Märchen und phantastischer Geschichten, er ist auch ein scharfsinniger Denker, der sich Gedanken macht über den Zustand der Welt und sich um positive Zukunftsbilder bemüht. Sein Zettelkasten belegt diesen Doppelaspekt, denn es ist ein aufschlussreiches Lesebuch aus der Werkstatt eines Autors, der in der realen Welt der Menschen und in der Welt der Vorstellungen zu Hause ist.

Das Lesebuch enthält bisher Unveröffentlichtes wie Geschichten und Gedichte, Balladen und Lieder voller Poesie und Phantasie. Aber auch von der realen Welt der Menschen wird im Zettelkasten erzählt: Beobachtungen, Überlegungen und Aphorismen vermitteln überraschende Sichten auf die Welt und schärfen unser Bewusstsein für die Probleme unserer Zeit. Michael Endes literarische wie philosophische Versuche sind Belege für seine Bemühungen, Poesie ins Leben zu verweben, im Leben selbst aber Anregungen für eine lebens- und wünschenswerte Zukunft zu geben.

Mit seinem Zettelkasten greift Michael Ende eine alte literarische Tradition auf. Dieses Werkstattbuch vermittelt ein umfassendes Bild von einem Autor, der zu den wichtigsten Schriftstellern unserer Zeit gerechnet werden muss.

Der Niemandsgarten
Aus dem Nachlass ausgewählt
und herausgegeben von Roman Hocke
E-Book 978-3-95751-327-4
Print 978-3-95751-336-6

In Michael Endes Nachlass finden sich ganz unterschiedliche, unveröffentlichte Texte: Gedichte, Hörspiele, Rätsel, Briefe, Erzählungen, Theaterstücke und auch Romanfragmente. Roman Hocke, Lektor und Freund des Schriftstellers, hat daraus ein buntes Lese- und Vorlesevergnügen komponiert. Der Leser wird auf eine spannende Reise in die faszinierende Welt und Schreibwerkstatt Michael Endes entführt. In allen Entwürfen ist die Kraft der Imagination spürbar, die die Welt verändern könnte, Zusammenhänge offenbaren sich. Die Texte verzaubern mit poetischen Bildern und wunderlichen Gestalten, machen nachdenklich oder verführen zum Träumen.

Phantasie / Kultur / Politik
Protokoll eines Gesprächs
(mit Erhard Eppler und Hanne Tächl)
E-Book 978-3-95751-003-7

Unsere Gesellschaft braucht mehr denn je positive Utopien. Anfang der 80er treffen sich Michael Ende, Hanne Tächl und Erhard Eppler im Tal der Seligen in den Albaner Bergen, nahe Rom. Zwei Tage lang diskutieren der Geschichtenerzähler, die Schauspielerin und der Politiker darüber, wie eine zeitgemäße Utopie aussehen könnte. Welchen Beitrag können und müssen Kultur und Politik für eine bessere Zukunft leisten? Durch den Austausch der Gesprächspartner, die aus ganz und gar verschiedenen Welten kommen, entstehen nach und nach neue Denkansätze für eine bessere und menschlichere Zukunft. Dabei spielt vor allem die Phantasie, die schöpferische Kraft des Menschen, eine überragende Rolle. Ein Debattenbuch, dessen Thesen bis heute Gültigkeit besitzen – denn die Kraft einer positiven Utopie, die die Menschen verbindet, ist in Zeiten globaler Krisen wichtiger denn je.

Die Archäologie der Dunkelheit
Gespräche über Kunst und das Werk des Malers Edgar Ende
(mit Jörg Krichbaum)
E-Book 978-3-95751-002-0

Die Archäologie der Dunkelheit ist die Niederschrift eines mitreißenden Künstlergesprächs. Michael Ende erzählt in noch nie dagewesener Weise von der Malerei seines Vaters und seiner eigenen Beziehung zur Literatur: Mitte der 80er treffen sich die beiden Schriftsteller Jörg Krichbaum und Michael Ende, um über einen Künstler zu sprechen, der von den Nazis als »entartet« verdammt wurde: Michael Endes Vater Edgar Ende. Ursprünglich als reines Informationsgespräch gedacht, entwickelt sich der Austausch rasch zu einem spannenden Gespräch über die Kunst und Malerei des 20. Jahrhunderts, das schließlich mehrere Tage dauert. Welchen Bezug gibt es von den visionären Bildern des Vaters zur magischen Zauberwelt des Sohnes wie in der »Unendlichen Geschichte«? Stößt man bereits in den Werken Edgar Endes auf Hinweise darauf, womit Michael Ende Leser auf der ganzen Welt begeistern wird?

Der Spiegel im Spiegel
Ein Labyrinth
E-Book 978-3-95751-046-4
Print 978-3-95751-315-1

Der Spiegel im Spiegel – Michael Endes Buch ist ein phantastisches Geschichten-Labyrinth der ganz besonderen Art. Für den Autor selbst war dieses Werk von großer Bedeutung: In Interviews nannte er es gerne seine »*unendliche Geschichte* für erwachsene Leser«. Der Leser wird in eine geheimnisvolle Erzählwelt entführt, voller skurriler Situationen und mysteriöser Schicksale, surrealer Bilder und philosophischer Gedanken. Wer sich staunend diesen Rätselvisionen öffnet und sich auf die phantastischen Geschichten einlässt, der gelangt aus Michael Endes Zauber-Labyrinth mit neuem Blick wieder ins Freie. Kernfrage ist: Was spiegelt sich in einem Spiegel, der sich in einem Spiegel spiegelt? Lesen zwei Leser das gleiche Buch, dann lesen sie dennoch nicht dasselbe. Denn jeder der beiden bringt sich selbst in die Lektüre ein. Das Buch wird zu einem Spiegel, in dem sich der Leser spiegelt. Aber genauso ist auch der Leser ein Spiegel, in dem sich das Buch spiegelt: Der Spiegel im Spiegel verweist den Leser auf sich selbst zurück. Die FAZ schreibt, dass Michael Ende mit dem Buch zeige, »wie viel Dunkles, Wildes, Rohes den Träumen innewohnt. Er verharmlost nicht. Seine Träume haben Bezug zur Realität, denn im Traum, schrieb Cicero ›wälzen und tummeln sich in den Seelen die Reste derjenigen Gegenstände umher, die wir wachend gedacht und getrieben haben‹.«

Gefängnis der Freiheit
Geschichten von Wundern und Zeichen
E-Book 978-3-95751-039-6
Print 978-3-95751-261-1

Michael Ende, dem Großmeister phantastischer Literatur, gelingt es mit seinen Geschichten, junge und alte Leser aus allen Ländern in seinen Bann zu ziehen. Mit den acht Erzählungen dieses Bandes entführt der große Geschichtenerzähler den staunenden Leser in die Welt der Phantasie, in eine Welt voller Wunder und Zeichen. In dem Erzählband »Das Gefängnis der Freiheit« erzählt Michael Ende von dem Korridor eines imposanten römischen Palazzo, dessen Ende niemals erreicht werden kann, von einer herrschaftlichen Villa, die durch ihr weites, einladendes Portal niemals zu betreten ist – und die Geschichte von einem, der auszog, das Wundern zu lernen. Und auch wenn es die magischen Orte, an denen die phantastischen Geschichten spielen, in Wirklichkeit nicht gibt, erkennen wir sie wieder: Sie führen in die Innenwelt eines jeden von uns, der sich mit den hier versammelten Abenteuern auf eine phantasievolle Reise zu sich selbst begibt.